商务智能与数据科学

胡涵清　鲁汇智　金苑苑　戴建华　马　昱　步　超　田天木◎著

中国城市出版社

图书在版编目（CIP）数据

商务智能与数据科学 / 胡涵清等著. -- 北京：中国城市出版社, 2024.6. -- ISBN 978-7-5074-3724-9

Ⅰ．F713.36

中国国家版本馆 CIP 数据核字第 2024RW9714 号

责任编辑：刘颖超　李静伟
责任校对：李美娜

商务智能与数据科学

胡涵清　鲁汇智　金苑苑　戴建华　马　昱　步　超　田天木　著

*

中国城市出版社出版、发行（北京海淀三里河路 9 号）
各地新华书店、建筑书店经销
国排高科（北京）信息技术有限公司制版
北京市密东印刷有限公司印刷

*

开本：787 毫米 ×960 毫米　1/16　印张：19　字数：358 千字
2024 年 6 月第一版　　2024 年 6 月第一次印刷
定价：50.00 元
ISBN 978-7-5074-3724-9
（904734）

版权所有　翻印必究
如有内容及印装质量问题，请联系本社读者服务中心退换
电话：（010）58337283　　QQ：2885381756
（地址：北京海淀三里河路 9 号中国建筑工业出版社 604 室　邮政编码：100037）

序

在数字化转型的浪潮中,商务智能与数据科学作为新质生产力,正日益成为推动企业创新和经济增长的关键因素。《商务智能与数据科学》是作者们多年数据科学学术探索的成果,也是大数据技术在商业领域应用的结晶。

作为长期从事数据分析、人工智能及其在商业领域应用研究的学者,我深知理论与实践相结合的重要性。本书通过深入浅出的语言,将复杂的技术概念转化为易于理解的知识,使读者能够迅速把握商务智能的核心要义,并洞察数据科学在商业决策中的巨大潜力。

书中对数据挖掘技术、在线分析处理、回归分析、分类分析等关键技术领域的探讨,不仅体现了作者深厚的学术功底,更彰显了其对技术发展趋势的敏锐洞察力。这些内容对于希望在商务智能领域取得突破的研究人员、企业家以及政策制定者来说,都是极具价值的学术资源。

特别值得一提的是,本书对中国商务智能的发展趋势进行了深入分析,为我们提供了一个独特的视角,以理解这一领域在全球化背景下的特殊性和重要性。这对于推动我国商务智能技术的发展,以及在全球竞争中保持领先地位具有重要意义。

在此,我想对每一位即将翻开这本书的读者说:"无论您是一位对商务智能充满好奇的初学者,还是一位在数据科学领域深耕多年的专业人士,这本书都将为您打开新的视野。"它不仅提供了丰富的知识,更激发了探索未知的热情。愿您在阅读的过程中,能够发现数据背后的故事,洞察商业世界的奥秘。

复旦大学教授　李元旭
2024 年 5 月

前　言

商务智能（Business Intelligence，BI）作为信息技术和数据科学领域的关键分支，正在迅速成为企业决策和战略制定的核心。随着信息技术的蓬勃发展，企业面临着愈发庞大和复杂的数据挑战。《商务智能与数据科学》旨在为读者提供深入了解商务智能及数据科学领域的全面指南。我们希望读者通过学习本书，能够全面了解商务智能的核心理论和实际应用，从而在不断变化的商业环境中保持敏锐的洞察力和高效的决策能力。为确保读者全面理解商务智能的核心概念和应用，本书分为四个主要部分，每一部分涵盖了关键领域的理论和实践知识。

第 1 部分介绍商务智能的基础概念和发展历程。第 1 章概述了商务智能的定义和重要性，为读者提供了整体的框架。第 2 章深入研究商务智能与数据的紧密关系，揭示数据在商务决策中的基础作用。第 3 章则回顾了商务智能的应用领域和发展趋势，为读者建立对商务智能全貌的深刻认识。

第 2 部分深入探讨商务智能的数据挖掘技术。从数据库和数据仓库的基础开始，第 4 章介绍了支撑商务智能的数据存储基础。接着，第 5~11 章系统地涵盖了在线分析处理、数据挖掘基础、回归分析、分类分析、聚类分析、关联分析和深度学习等关键技术。这些章节形成了一个有机整体，为读者提供了从基础到深度学习的渐进学习路径。

第 3 部分关注商务智能在实际场景中的应用。第 12 章聚焦于数据挖掘在电子商务中的具体应用，突显了商务智能在优化商业流程和提升用户体验方面的实际效果。接着，第 13 章和第 14 章分别深入探讨了商品信息的检索和商务智能中的推荐系统，为读者提供了在具体业务环境中应用商务智能的思考和方法。

第 4 部分回顾了商务智能在不同行业中的应用实践，并展望了未来的发展方向。第 15 章总结了商务智能的广泛应用，强调了其在各个领域中的不可替代性。第 16 章则深入研究了商务智能的未来，讨论了新兴技术对商务智能领域的挑战和机遇。

在编写这本书的同时，我们怀着对商务智能与数据科学无限探索的热情，期待与读者共同踏上这段充满挑战与机遇的旅程。信息时代的潮流汹涌而至，商务智能正是应对这一挑战的利器。我们真诚地希望本书能够为您带来深度的学习体验，激发您对商务智能的浓厚兴趣，并为您在数据的浩瀚之海中航行时提供清晰的指引，汲取丰富的营养，为未来的探索和决策积累坚实的智慧。

胡涵清
2024 年 5 月

注：本书受北京信息科技大学数学经管教学改革项目（5112410816）资助。

目 录

第1部分 商务智能基础

第1章 商务智能概论 ······ 3
    1.1 商务智能的产生背景 ······ 3
    1.2 商务智能的概念界定 ······ 5
    1.3 商务智能的支持理论及技术 ······ 6
    1.4 商务智能的研究内容和范式 ······ 11

第2章 商务智能与数据 ······ 14
    2.1 数据科学 ······ 14
    2.2 管理决策 ······ 14
    2.3 信息和知识 ······ 15
    2.4 商务智能的体系结构及数据流 ······ 16
    2.5 智能型企业 ······ 20
    2.6 商务智能支持商业决策 ······ 21

第3章 商务智能应用与发展 ······ 22
    3.1 商务智能系统的功能 ······ 22
    3.2 商务智能的价值 ······ 25
    3.3 商务智能分析过程 ······ 28
    3.4 商务智能的应用 ······ 29
    3.5 商务智能的发展趋势 ······ 29
    3.6 商务智能与其他系统的关系 ······ 30

第 2 部分　商务智能数据挖掘技术

第 4 章　数据库与数据仓库 35
4.1　数据管理及其发展 35
4.2　数据库 36
4.3　数据仓库的产生与发展 36
4.4　数据仓库的概念与特征 37
4.5　数据集市 38
4.6　元数据 40
4.7　ETL 44
4.8　数据仓库的数据组织 48
4.9　数据仓库的体系结构 48
4.10　数据仓库的开发步骤 49

第 5 章　在线分析处理 55
5.1　OLAP 简介 55
5.2　OLAP 的定义和相关概念 56
5.3　OLAP 与 OLTP 的区别 58
5.4　OLAP 的分类 59
5.5　OLAP 多维数据分析 60
5.6　OLAP 操作语言 63

第 6 章　数据挖掘基础 67
6.1　数据挖掘概念及原理 67
6.2　数据挖掘系统的分类 67
6.3　数据挖掘过程 68
6.4　数据挖掘方法及评价指标 71
6.5　数据挖掘工具及发展方向 72
6.6　数据挖掘的隐私保护 74
6.7　数据挖掘的典型应用领域 76
6.8　数据挖掘的发展 79

目录

    6.9   数据挖掘在商务智能中的定位 ·················· 80

第 7 章　回归分析 ·················· 82
    7.1   基本概念 ·················· 82
    7.2   一元回归分析 ·················· 83
    7.3   多元线性回归分析 ·················· 87
    7.4   其他回归分析 ·················· 91
    7.5   时间序列分析 ·················· 92

第 8 章　分类分析 ·················· 96
    8.1   基本概念 ·················· 96
    8.2   贝叶斯分类器 ·················· 99
    8.3   贝叶斯信念网络 ·················· 105
    8.4   决策树 ·················· 110
    8.5   支持向量机 ·················· 118
    8.6   粗糙集 ·················· 121
    8.7   其他分类算法 ·················· 125
    8.8   评估分类器的性能 ·················· 127

第 9 章　聚类分析 ·················· 129
    9.1   聚类的概念 ·················· 129
    9.2   常用聚类算法 ·················· 134
    9.3   聚类趋势 ·················· 151
    9.4   聚类与分类比较 ·················· 152

第 10 章　关联分析 ·················· 153
    10.1   基本概念 ·················· 153
    10.2   关联规则的分类 ·················· 156
    10.3   关联规则挖掘算法 ·················· 158
    10.4   改善关联规则挖掘质量问题 ·················· 169

第 11 章　深度学习 ·················· 172
    11.1   深度学习概述 ·················· 172
    11.2   深度学习的经典方法 ·················· 175

11.3 深度学习的应用 ··· 181
11.4 深度学习的总结与展望 ··· 185

第 3 部分　商务智能应用

第 12 章　数据挖掘在电子商务中的应用 ·································· 191
12.1 网站结构优化 ··· 191
12.2 智能搜索引擎 ··· 194
12.3 移动商务智能 ··· 199
12.4 客户关系管理 ··· 200
12.5 客户分类 ··· 203

第 13 章　商品信息检索 ·································· 206
13.1 信息检索概述 ··· 206
13.2 信息检索的过程 ··· 210
13.3 特征选择 ··· 213
13.4 特征提取 ··· 222
13.5 经典的信息检索模型 ··· 226
13.6 信息检索的评价指标 ··· 231

第 14 章　商务智能中的推荐 ·································· 242
14.1 推荐系统概述 ··· 242
14.2 推荐系统评测指标 ··· 247
14.3 基于用户行为的协同过滤算法 ··································· 252
14.4 推荐系统冷启动问题 ··· 255
14.5 利用社交网络数据进行推荐 ····································· 258

第 4 部分　商务智能发展

第 15 章　商务智能的应用 ·································· 273
15.1 商务智能应用场景 ··· 273
15.2 新型商务智能企业 ··· 275

第 16 章　商务智能的未来 ··· 285
　　16.1　商务智能的发展趋势 ··· 285
　　16.2　商务智能在中国的发展及展望 ······································ 287

第 1 部分

商务智能基础

第 1 章

商务智能概论

1.1 商务智能的产生背景

1.1.1 商务智能的分析型需求

自 20 世纪 90 年代以来,中国经济发展速度非常快,在近 20 年时间里,涌现出了一大批有财力、有活力的公司,特别是改制后的垄断企业和沿海的知名民营企业,整体建设都逐步向国际领先企业靠拢,在 2000 年前后,许多行业都积极投资并建设了核心业务系统,以满足不同行业的需求。这些系统包括电信行业的计费系统、制造业的制造执行系统(MES)、零售和分销行业的企业资源计划(ERP)系统等。这些系统在工作流程的规范化方面取得了显著进步,帮助操作人员更加高效地工作,同时这些系统也有助于更严格地控制和监管资金流动。

随着这些系统的不断完善,特别是业务系统数据的积累,公司的业务分析和决策人员逐渐认识到,用业务系统的核心数据来进行各种分析对他们的决策非常有帮助,而且他们在工作中越来越依赖系统提供的数据。在这一时期,通常业务分析的工作流程如下:

(1)从业务系统中将数据导入 Excel 表格;

(2)通过 Excel 的灵活功能对数据进行加工和处理;

(3)生成漂亮的报表;

(4)这些报表不仅用于支持自己的工作,还需要传递给相关部门和领导,以供参考和决策。

而在这个分析过程中普遍存在如下突出问题:

(1)业务系统压力大:随着时间的推移,业务系统中的数据量不断增加,导致从业务系统中提取数据变得越来越慢,频繁的数据导出也可能对业务系统造成性能压力，影响正常运行；

（2）手工报表时间长：数据导出、Excel 数据加工和报表生成通常需要花费 1~2 天的时间，整个过程非常耗时，影响了及时性和效率；

（3）数据不统一：各个部门的分析人员都在制作各自的报表和分析报告，导致数据和分析结果难以共享，而且在领导层面容易出现数据不一致的情况；

（4）决策难以深化：由于大部分时间都花在数据处理上，分析人员很难深入进行有价值的分析，解决问题需要更多的时间，导致员工忙碌，领导急于得到结果。

在电子商务行业，核心数据通常是日志数据，如点击日志和搜索日志等，这些数据量庞大，无法通过 Excel 进行有效处理，只有通过商务智能（Business Intelligence，BI）工具才能够进行这种类型的深度分析。

这些问题在业务系统运营一段时间后会逐渐显现，尤其是在快速发展的公司，数据量急剧增加时，这些问题变得更加明显。解决这些问题可能需要采取更高效的数据分析和决策方法。

1.1.2 企业精细化管理需要 BI 支撑

精细化管理的核心思想可以总结为"快、精、准"，而实现这些要求确实需要强大的商务智能支持：

（1）快（Real-time）：能够实时监控业务流程，快速发现问题。高层领导需要能够第一时间发现公司各个层面的问题，这要求能够从各种流程控制系统中提取数据进行分析，及时发现异常情况。商务智能可以提供实时数据分析和监控功能，帮助高层领导快速做出决策。

（2）精（Precision）：精细管理要求对问题进行深入追踪和分析，需要利用 BI 工具提供的向下钻取、向上汇总、交叉分析、关联分析等技术支持。这些功能帮助识别问题的根本原因，而不仅仅是看到问题的表面。

（3）准（Accuracy）：精准管理要求问题能够准确地追溯到个人，确定问题的责任人，采取相应的措施，无论是奖励还是惩罚，以及改进工作流程。BI 可以帮助建立关联性，将问题与具体人员和部门相关联，支持准确定位和解决问题。

总的来说，BI 工具在实现快、精、准的精细化管理方面发挥了关键作用，它们提供了实时数据分析、深度分析和关联分析的功能，有助于高效地进行决策和解决问题。

1.1.3 数据里面的知识可以帮助企业进行优化升级

将数据转化为知识，然后将知识应用于操作，形成一个信息闭环，这被视为一个螺旋式上升的过程。在这个过程中，如果缺少从数据到知识的阶段，那么只会进行简单的重复操作，而引入知识总结和分析之后的实践则会提升操作质量。这种闭环过程有助于不断修正和优化工作流程。因此，将商务智能系统用于将数据转化为知识是企业优化和升级的必然需求。BI 系统可以帮助企业更好地理解数据，发现模式和趋势，从而支持更有深度和智慧的决策和操作，进一步提升效率和效果。

1.1.4 知识还可以产品化

在电子商务领域，不管是 B2B 还是 B2C，知识的应用对于多个方面都具有关键作用。这包括了：

（1）提升用户体验：通过洞察用户的行为和偏好，知识的利用能够协助网站设计者更深入地理解用户需求。这有助于设计出更符合用户操作习惯的界面和功能，提高网站的友好性。

（2）个性化推荐：基于用户行为数据，利用知识，可以实现个性化的商品推荐。这有助于用户提高工作效率，增强采购效果，也有利于提高用户对网站的满意度。

（3）效果评估和改进：对于卖家而言，在网站进行推广后，他们迫切希望了解推广活动的效果。知识的分析可以帮助他们了解哪些策略有效，哪些需要改进，从而优化广告投放并找到改进的机会。

所有这些需求都需要商务智能系统将数据转化为可操作的知识。这些知识不仅提升了网站对买卖双方的支持能力，还可以被产品化，为电子商务企业提供了第二条盈利模式——知识收费。这种模式通过提供高价值的数据分析和洞察，为企业创造了额外的收入来源，除了传统的功能性收费以外，如搜索排名等。

简单来说，商务智能是随着信息进步和企业需求变化产生的。一是因为很多企业内部都存在信息孤岛，无法方便地对数据进行统一分析；二是传统的数据分析工具、报表工具要写 SQL，效率不高，而且只是数据汇总呈现，无法辅助决策者看到最核心、最关心的数据信息；三是企业积累的数据量越来越大，对即席多维自由分析的需求越来越强烈。

1.2 商务智能的概念界定

商务智能也叫作商业智慧，是一种利用现代技术进行数据分析的方法，旨在帮助企业做出更明智的商业决策。

BI 的概念最早是在 1996 年由 Gartner 集团提出的。他们将 BI 定义为一组方法和工具，通过使用基于事实的支持系统，协助企业制定商业决策。BI 技术包括数据的收集、管理和分析，将数据转化为有用的信息，然后将这些信息传达给企业各个部门，帮助他们更好地理解和应用数据。

目前，中国的商务智能市场有多家主要的供应商，如 IBM Cognos、SAP Business Objects、Arcplan、微软 Microstrategy、帆软 FineBI、QlikView 等。这些软件提供各种功能，有助于企业更有效地处理和分析数据，以支持更明智的商业决策。

1.3 商务智能的支持理论及技术

商务智能常涉及数据仓库设计理论，其中有两大流派：Ralph Kimball 和 Bill Inmon。

（1）Ralph Kimball

Ralph Kimball 是数据仓库设计领域的实践大师，他提出了一种"维度建模"的方法。在 Kimball 方法中，数据仓库被看作是一个集成的、主题导向的数据存储，旨在支持决策。Kimball 强调将数据组织成维度表和事实表的结构，以便用户可以轻松理解和查询数据。他的著作系列，如《数据仓库工具箱》等，被视为数据仓库建设的经典参考资料。

（2）Bill Inmon

Bill Inmon 被誉为"数据仓库之父"，他提出了"企业数据仓库（EDW）"的概念。在 Inmon 方法中，数据仓库被视为一个集成的、全面的数据存储，以支持企业范围的数据分析需求。他强调数据的一致性和稳定性，数据仓库应该包含完整的、可追溯的数据。Inmon 的定义侧重于数据仓库具备面向主题、集成、相对稳定和反映历史变化的 4 个特性，这种方法在国内被广泛接受。

这两种方法在数据仓库设计中都有其独特的优点和适用场景，因此在学习商务智能时，了解这两大流派的理论知识对于建立坚实的数据分析基础非常重要。

1.3.1 基础理论

（1）Kimball 方法

Kimball 支持数据仓库总线结构，这意味着数据仓库可以被分为多个数据集市，每个数据集市专注于特定的主题域。他提倡维度建模，使用星形模型或雪花模型等构建维度数据仓库，使数据易于理解和查询。前端工具可以直接访问和使用维度数据仓库，从而简化了数据访问和分析。

（2）Inmon 方法

Inmon 提倡构建集中式的企业数据仓库（EDW），作为整个系统的核心。EDW 包含了全面和一致的企业数据。在 EDW 之上，他建议再建设若干面向主题的数据集市，这些数据集市遵循维度模型的设计原则，以支持特定的业务需求和主题分析。前端工具通常访问数据集市，而不是直接访问 EDW。这种架构有助于维护数据的一致性和集中性。

1.3.2 数据仓库建设方式

（1）Kimball 方法——自底向上

Kimball 方法建议从底层开始，首先满足各个部门的特定分析需求，构建若干个独立的数据集市。这些数据集市专注于满足部门级别的需求，并使用维度建模方法构建，以便快速响应业务需求。随后，通过总线架构将这些独立的数据集市集成到一个统一的"联合数据仓库"中，从而实现企业级的数据集成和共享。

（2）Inmon 方法——自顶向下

Inmon 方法强调从企业级的角度出发，首先将来自各个源业务系统的数据集成至一个集中式的 EDW 中。EDW 包含了全面的企业数据，确保了数据的一致性和集中管理。在 EDW 的基础上，再建设满足不同部门和应用需求的数据集市。这些数据集市可以根据特定的主题和需求构建。

1.3.3 如何选择

（1）Kimball 方法——优势和适用场景

对团队技术水平的要求不太高，更易于实现。它适用于小型的主题域数据集市建设，可以从小规模开始。适合战术层级的规划，或在有迫切目标需要实现的情况下使用。由于实施门槛较低，可以快速地响应特定业务需求。

（2）Inmon 方法——优势和适用场景

具有较高的规范性，强调数据的一致性和集中管理，适用于大型企业级、战略级的规划。解决了数据集成和数据一致性的问题，有助于确保数据的高质量和可信度。尽管实现周期较长且成本较高，但能够满足复杂的企业需求，并为长期发展提供了稳定的数据基础。

Kimball 方法与 Inmon 方法对比见表 1-1。

表 1-1 Kimball 方法与 Inmon 方法对比

出发点	Kimball 方法	Inmon 方法
规划层级	战术	战略
数量集成	满足部分指定需求即可	企业级范围数据集成
技能相关	可小型团队，技能要求一般	需大型团队，技能要求高
时间约束	有迫切的需求	允许长周期建设
建设成本	较低成本实现	高成本

因此，组织需要根据其具体情况、团队技术水平、预算和业务需求来选择适合的方法。有时候，也可以在不同阶段采用不同的方法，以平衡快速实现需求和长期数据治理的要求。

1.3.4　商务智能的四大关键技术

商务智能是一套综合的解决方案，它将数据仓库、联机分析处理（OLAP）和数据挖掘等技术应用于商业活动中。它的工作流程包括以下步骤：

数据收集：从不同的数据源中收集数据。

数据处理：经过抽取（Extract）、转换（Transform）和加载（Load）的过程，将数据整理和准备好，以便存储和分析。

数据存储：将处理后的数据存储到数据仓库或数据集市中。

数据分析：使用适当的查询工具、分析工具、数据挖掘工具和 OLAP 工具对数据进行分析和查询，以获得有用的信息。

知识生成：将分析后的信息转化为可用于辅助决策的知识。

知识呈现：将生成的知识以可视化的方式呈现给用户，以支持技术服务和决策制定。

商务智能的核心技术包括：

ETL 技术（数据的提取、转换与加载）：用于数据的抽取、清洗、转换和加载到数据仓库。

数据仓库与数据集市技术：用于存储和管理数据的仓库和集市，以便进行高效的查询和分析。

OLAP 技术：用于多维数据分析，使用户能够以不同的角度查看数据。

数据挖掘技术：用于发现数据中的模式、趋势和关联，以提供更深入的见解。

数据发布与表示技术：用于将分析结果以易于理解和使用的方式呈现给用户。

商务智能的目的是帮助组织更好地理解数据、做出明智的决策，并提供有关业务活动的有价值的见解。

（1）数据仓库技术

商务智能的首要实施任务是从多个数据来源，包括企业内部和外部的数据源，如客户关系管理（CRM）、供应链管理（SCM）、企业资源规划（ERP）系统以及其他应用系统，收集有价值的数据。这些数据需要经过转换和合并的处理，因此数据仓库和数据集市技术的支持至关重要。这一过程是 BI 实施的基础，为后续的数据分析和决策提供了可靠的数据基础。

数据仓库（Data Warehouse）是一个涵盖多个数据来源的信息存储系统，其目的是以一致的方式储存这些数据集合。这一概念是由数据仓库的先驱之一 W.H. Inmon 定义的:"数据仓库是一个面向主题的、综合的、稳定的并包含历史数据的数据集合,用于支持管理层的决策制定过程。"数据仓库的构建过程包括数据清洗、数据抽取转换、数据整合和数据加载等环节。这一过程旨在满足不同需求,包括数据清洗以确保数据准确性,然后将数据抽取并转换为适合数据仓库的格式,最后将其加载到数据仓库中,以供后续分析和决策使用。

数据仓库通常是大型企业级应用,因此其规模和投入相当庞大,这使得一些企业难以负担。因此,一些企业选择在关键部门中创建定制的、适用于其特定应用需求的数据仓库子集,以满足其需求。这正是数据集市(Data Mart)应运而生的原因。数据集市是专注于特定主题的、部门级别的数据存储区域。根据数据来源的不同,数据集市可以分为两种类型:独立的和依赖的。在独立的数据集市中,数据可能来自多个操作系统或外部数据提供者,或者源自特定部门或地区的局部数据。而依赖型数据集市的数据直接来源于企业数据仓库。这种分层的数据管理方式有助于提供更加精细化的数据支持,同时降低管理复杂性。

(2)联机分析处理技术

联机分析处理(On-Line Analytical Processing,OLAP)又称为多维分析,是一种由 E.F. Codd 于 1994 年提出的数据处理方法。它旨在对数据仓库中的数据进行多维分析和展示,以便分析人员、管理人员和执行人员可以从不同的角度快速、一致和交互地访问数据,从而更深入地了解数据并获取有关企业特性的信息。OLAP 的核心概念是"维度",因此它也可以被看作是多维数据分析工具的集合。OLAP 技术使用户能够更容易地理解和探索复杂的数据关系,有助于更好地支持决策和业务分析。

进行 OLAP 分析的前提是已经建立好数据仓库,然后利用 OLAP 的强大查询能力、数据对比、数据提取和报表生成功能来进行探索性数据分析。这被称为探索性数据分析,因为用户可以在选择相关数据后,通过不同的操作方式,如切片(在二维数据中选择数据子集)、切块(在三维数据中选择数据子集)、上钻(查看更高层次的数据和详细信息)、下钻(展开同一层级的数据详细信息)、旋转(切换不同的数据视图)等,以不同的粒度分析数据,获得多样化的见解和结果。OLAP 研究主要关注于基于关系数据库的 OLAP(ROLAP)查询优化技术和基于多维数据组织的 OLAP(MOLAP)方法,以减少存储空间并提高系统性能。这些技术和方法有助于用户更有效地利用数据仓库进行深入的数据分析。

(3)数据挖掘技术

数据挖掘与 OLAP 的探测数据分析有所不同,它是基于既定规则,对数据库和数据仓库中的现有数据进行深入的信息挖掘和解析。该研究旨在从数据集中挖掘和识别潜在的模式以及吸引人的知识，为政策制定者提供有力的决策支持。数据挖掘的核心目标是从数据中挖掘出各种不同的模式，这些模式大致可以分为预测型（Predictive）模式和描述型（Descriptive）模式，并根据它们各自的功能特点进行分类。预测型模式用于预测未来的事件或趋势，而描述型模式用于描述和总结数据的特征和关系，帮助人们更好地理解数据。数据挖掘技术的应用范围广泛，可以帮助企业发现潜在的商业机会、改进决策过程、优化业务流程等。

预测型模式能够基于数据项的具体数值来准确地预测某一特定结果。这类模式挖掘所依赖的数据往往涵盖了已知的结果信息，这有助于进行精确的预测分析。描述型模式主要是描述数据中的固有规律和特性，或者是基于数据之间的相似度来对其进行分类。描述性的模型往往不适合直接预测将来的成果。在真实的应用场景中，根据数据挖掘模式的功能和影响，我们可以将其划分为6个主要的类别：分类模式（Classification）、回归模式（Regression）、时间序列模式（Time Series）、聚类模式（Clustering）、关联模式（Association）以及序列模式（Sequence）。这些模型包括了多种具体的算法和方法，如货篮分析、聚类检测、神经网络、决策树方法、遗传算法、连接分析、基于范例的推理和粗集等，以及各种统计模型。这些模式挖掘技术在各种不同的领域和应用场景中都得到了广泛运用，有助于人们更深入地理解数据，并据此进行更准确的预测和决策。

OLAP 与数据挖掘在以下方面存在区别和联系：首先是重点不同，OLAP 侧重于提供多维视图，以及与用户的交互和快速响应用户查询的能力。它主要用于多维数据分析和报表生成，帮助用户深入探索数据的不同维度。数据挖掘侧重于自动发现隐藏在数据中的模式和有用信息，通常通过算法来实现。它的目标是发现数据中的潜在规律和趋势，有时允许用户指导挖掘过程，但更强调从数据中发现新的见解。其次是互补关系，OLAP 的分析结果可以为数据挖掘提供有用的分析信息作为挖掘的依据。数据挖掘可以借助 OLAP 的分析结果来拓展其深度，发现更为复杂和细致的信息。数据挖掘可以补充 OLAP 分析，因为它可以发现那些 OLAP 无法轻松发现的更复杂和隐蔽的模式。通过数据挖掘，用户可以发现数据中的非显而易见的关系和规律。最后是研究重点，OLAP 的研究重点在于提供多维数据分析工具和技术，以及如何更好地支持用户的交互式数据分析。数据挖掘的研究重点主要集中在算法的开发和优化，以及如何应对不同数据类型和应用环境中出现的新挑战，如非结构化数据挖掘、标准化数据挖掘语言以及可视化数据挖掘等方面。

综合而言，OLAP 和数据挖掘是互补的数据分析方法，它们在不同方面有各自的优势，可以共同用于从数据中获取更丰富的信息和见解。OLAP 提供了多维数据的直观分析，而数据挖掘则通过算法挖掘数据中的潜在规律，使分析更深入和全面。

（4）BI 的表示和发布技术

为了以更简明的方式呈现分析后的数据，通常使用不同的格式和发布方法，包括查询工具和报表。然而，当前信息可视化技术的兴起为数据呈现提供了新的途径。

信息可视化是一种通过图形、图像、虚拟现实等易于理解的方式展示数据的方法，有助于揭示数据的复杂关系、潜在信息和趋势，使人们更容易理解和利用信息资源。随着 Web 应用的普及，商务智能解决方案也可以通过基于 Web 的应用服务来扩展。这些服务包括基于 Web 的商务智能服务器、会话管理、文件管理、调度、分发和通知服务、负载平衡服务以及应用服务。通过这些组件，用户可以更轻松地访问和与商务智能的分析结果进行交互，从而更好地理解和利用数据，支持更明智的决策和行动。

1.4 商务智能的研究内容和范式

1.4.1 商务智能的研究内容

商务智能（BI）是一种综合性系统，其发展是在现代管理理论的指导下，以信息技术为支持的。近年来，BI 领域的研究主要集中在 3 个关键方向，即支撑技术、体系结构以及应用系统。

（1）支撑技术

支撑技术方面包括计算机技术和现代管理技术。计算机技术领域涵盖了数据仓库与数据集市技术、数据挖掘技术、各类分析技术（如 OLTP、OLAP、Legacy）、数据可视化技术以及计算机网络技术等。现代管理技术包括统计学方法、预测技术，以及客户管理、供应链管理、企业资源规划等管理理论与方法，还包括企业建模方法。研究关注如何追踪和应用这些技术的最新进展，例如数据仓库中数据模式的设计、数据清洗与转换方法、数据挖掘算法，以及在不同数据类型和应用环境下解决新问题的方法。

未来，BI 将更加依赖先进的支撑技术。首先，数据仓库技术将朝向基于关系对象数据库的方向发展，以提高数据仓库的性能和效率。其次，数据挖掘方法和算法的深化将成为研究重点，特别是专门用于知识发现的数据挖掘语言有望标准化，使知识发现更为精确。此外，数据仓库和 OLAP 技术将更加融合，实现更智能和有针对性的分析操作。信息可视化将进一步发展，以提供更具洞察力的数据呈现方式。对于非结构化数据，如文本挖掘和 Web 挖掘，将有望获得更强大的处理和分析能力。

（2）体系结构

BI 的体系结构是 BI 系统应用的核心框架，它包括了数据的预处理、数据的仓库、数据的分析以及数据的展示等多个方面。该研究主要集中在如何构建一个高效的系统架构，以确保 BI 系统能够展现出卓越的性能表现。

未来，BI 的组织架构将有更大的进步，更加注重合作与开放的精神。企业有能力借助其合作伙伴的数据仓库以及互联网系统内的多维数据集来进行深入的决策分析。另外，OLAP 以及其他的 BI 应用会以 Web 服务的方式提供，并且分析的结果会以 XML 格式公布，这被视为未来的一个发展方向。

（3）应用系统

应用系统研究的核心是对不同应用场景中的决策难题进行深入分析，并借助互联网、信息科技以及人工智能等多个领域的进步，为 BI 系统的持续优化提供坚实的技术后盾。在未来，BI 有潜力实现更多的进步，并从深层次上转变其决策模式。

未来，BI 系统将展现出更加专业和行业化的特质，而具有通用性的 BI 系统也将逐步从市场中消失。BI 会依据各个行业和领域的焦点及需求分析，给出有针对性的解决策略。为了满足不同部门的多样化需求，商业分析模型与数据挖掘算法将被融合进 BI 软件以及分析应用程序中。与此同时，BI 应用将与企业门户和其他企业应用更加紧密地整合，不再是一个孤立的系统，而是一个与其他业务流程无缝连接的组成部分。这会增强企业在决策和业务优化方面的能力。

1.4.2　商务智能的范式

商务智能是一个综合性的概念，包括了一系列方法、工具和流程，旨在收集、分析和提取有用的信息以支持战略性决策。BI 的有效实施需要密切协调战略、组织、技术等多个方面的要素。它的关键目标之一是监控企业的关键绩效指标（KPI），不仅包括内部方面，还包括了企业外部环境、顾客、供应商和竞争对手等方面的数据。通过及时提供智能支持，BI 有助于企业更好地理解和应对变化的外部环境，进而构建更为优化的盈利模式。这使得 BI 成为战略性决策制定的有力工具。

Inmon 于 1996 年首次提出了"信息工厂"的概念，该观点主要集中在数据集市、运营数据存储和 ETL 等特定领域，并没有深入探讨整个信息工厂中的价值链。M.Kathryn Brohman 等学者在 2000 年引入了"BI 价值链"的概念，并进行了实证研究，但他们的研究主要集中在链上各个活动的具体细节，而没有从组织层面和战略层面对这一概念进行深入分析。

结合企业界和学术界对 BI 的研究，我们整理出了 BI 的研究框架，如图 1-1 所示。

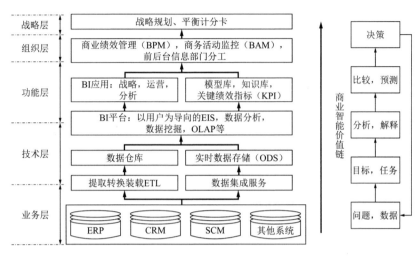

图 1-1 BI 框架

在 BI 系统的实施中，各个层面的因素相互交织，共同构成了系统的关键要素。在战略层面，平衡计分卡等工具用于衡量财务和非财务指标，推动战略目标的有效执行。在组织层面，企业绩效管理、活动监控以及前后台信息部门的协作分工至关重要，以确保数据的顺畅流通和有效监控。功能层面需要提供查询、报告和 OLAP 工具，并建立模型库、知识库、关键绩效指标，以支持多样化的数据分析。技术层面涵盖了 ETL 工具、数据仓库、数据挖掘、数据集成服务和数据存储等关键组件，确保数据的高质量和可用性。业务层面需要具备良好的结构和标准，以满足各个部门的需求，确保各个系统间数据的流通和一致性。这些层面共同构成了 BI 系统的关键要素，需要综合考虑和管理，以确保 BI 系统能够成功支持企业的决策和运营。

BI 作为一个综合解决方案，涵盖了企业战略、组织、功能、技术和业务 5 个关键层面。其目标是将企业整合成一个高效的信息工厂，通过这个工厂，数据升华为信息、知识、智能，并最终创造出利润，从而使企业在竞争激烈的市场中保持竞争优势。此外，BI 系统还确保了信息在问题识别和决策执行之间的流动和反馈，使企业能够更灵活地应对不断变化的外部环境，实现战略决策与执行的高度适应性。因此，BI 在 5 个层面的综合应用为企业提供了强大的决策支持和竞争优势。

第 2 章

商务智能与数据

2.1 数据科学

20 世纪 60 年代，计算机的小型化和储存技术的进步开启了计算机的启蒙时代。随着第一台电脑的诞生，人们开始认识到计算机的潜力。随后，类似 Excel 电子表格这样的数据存储工具出现，使得数据可以被有效地组织和管理。同时，互联网的兴起为机器之间的通信提供了可能性。企业也逐渐意识到，这些技术可以用于促进不同部门之间的信息共享和协作。例如，财务和运营部门可以通过将各自产生的信息存储在中心数据库中，实现更好的物料采购管理。

随着企业意识到不同部门之间的信息可以互通互联，它们开始思考如何将不同企业直接连接起来。自 20 世纪 90 年代末到 2000 年初，电子商务模式应运而生，其中亚马逊和戴尔等企业成为典型案例。这种模式通过有效地连接企业，实现了更高效的协作。例如，亚马逊和戴尔虽然不生产产品，但分别成为美国著名的零售商和计算机制造商，展现了全新的商业模式。在这一阶段，数据驱动业务，意味着数据仅在事件发生时才会生成，并用于记录和追踪事件的发展。

2.2 管理决策

管理学家西蒙指出，管理即决策，这一观点强调了决策在企业管理中的核心地位，它贯穿了管理的全过程。从决策活动的性质来看，企业管理可以分为战略层、中间管理层和运营层 3 个层次，而每个层次都需要进行决策。

（1）战略层：这是企业管理的最高层次，负责管理、控制和协调整个企业的正常运营。战略层的决策范围涵盖了重大决策，如厂址选择、资金分配计划、管理体制确定等,这些决策直接影响着企业的长期发展和战略方向。

(2)中间管理层:位于企业管理的中间层次,包括销售、财务、生产、人力资源等部门。中间管理层在实施战略层制定的计划、管理控制运营层业务方面起着关键作用。例如,他们需要制定作业计划、作业调度、广告部署等具体策略,以支持战略层的决策。例如,某大型企业的区域销售主管需要正确推断业务的发展方向,以确定该地区未来的业务重点。

(3)运营层:也被称为业务操作层。随着科技的不断发展,员工素质的提高以及组织结构的扁平化,决策权逐渐下放到运营层。运营层的决策涉及一系列的具体业务操作,如超市货品的陈列方式、银行针对哪一类顾客推广业务以获得最佳响应率、电子商务网站的布局等。这些决策直接影响到业务的绩效,同时也为中高层管理者提供有价值的信息和知识,有助于实现企业资源的优化配置。

2.3 信息和知识

决策是企业管理中的重要环节,然而,它并不是一个简单的任务。直觉式的决策有时并不可靠,这在商业环境中尤为突出。根据微软公司的统计数据,超过74%的商业决策要么无法按计划实施,要么以失败告终,每年造成的损失高达740多亿美元。实际中存在大量决策失误导致企业巨大损失的案例。

以2005年世界第二大零售商家乐福(Carrefour)在日本的失败经历为例,这是一个典型的决策失误案例。Carrefour未能根据日本消费者的消费习惯和文化特点来调整其经营策略。在欧美国家,许多家庭会在周末驱车到位于郊区的大型超市购买价格便宜的食品和日常用品,然后将其存放在家中。然而,日本人的饮食文化强调新鲜食材,因此,日本的超市通常设在交通繁忙的车站附近或人口密集的住宅区。Carrefour未能根据这种不同的商业文化和消费习惯来调整在日本的经营策略,导致在日本市场上表现不佳,最终撤离了日本市场。

这个案例表明,企业各层级的决策者都需要获得足够的信息,而高层决策需要更全面的信息和更高的信息粒度,因为这些信息对决策的影响更为重要。决策是基于充分信息和知识的判断,同时也伴随着一定的风险。决策的公式可以表示为:决策 = 信息 + 知识(经验)+ 冒险。充分的有价值信息、知识和经验可以降低决策的风险,提高决策的准确性和成功率。因此,信息的质量和可用性对于企业决策至关重要。

2.4 商务智能的体系结构及数据流

2.4.1 商务智能的体系结构

正如前面第 1.4.1 节中所介绍的,商务智能的体系结构主要包括数据预处理、数据仓库、数据分析以及数据展现几部分(图 2-1)。

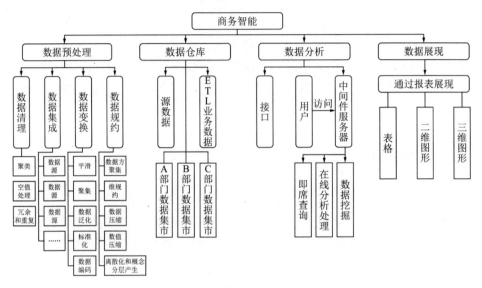

图 2-1 商务智能平台架构

1. 数据预处理

根据有关调查,每两三年企业的数据量就会翻一番,而 93%～95%的数据进入数据库后并没有得到有效利用,而这些海量的、未被利用的数据就成了企业的负担。如何使这些数据得到充分的利用发挥其真正的价值,是企业首要思考的问题。首先要进行的是数据提取和预处理工作,这是数据挖掘过程中最耗时和费力的工作。数据提取包括理解业务问题、搜集并分析数据源、确定数据的相关性以及使用工具提取数据等。这些数据包括外部数据和内部数据,其规模庞大且具有复杂性。数据预处理技术主要包括以下方面:

1) 数据清理

数据清理是指删除噪声和不一致的数据。在我们收集到的数据中,很多情况下都存在不一致、不完整和噪声等影响数据质量的杂质。通常,在低质量的数据中很难挖掘到有用的信息,因此,就需要通过数据清理来修补空缺的值,识别出数据中的孤立点、去除噪声，消除数据中的不一致。下面就介绍几种数据清洗的方法。

（1）聚类

通过聚类可以检测孤立点，如图 2-2 所示，落在聚类集合外的点被视为孤立点。

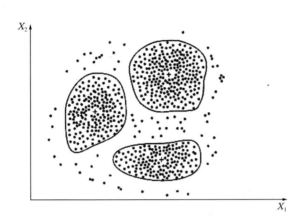

图 2-2　聚类分析检测孤立点

此外，消除噪声的方法还有人工检测和回归分析两种。人工检测是指由专业人员识别孤立点。通过人与计算机的结合，相比单纯手动检查整个数据库，人工检测可以提高效率。回归分析是通过回归函数平滑数据，也可以利用一个变量预测另一个变量。当涉及多个变量时，使用回归分析可以找出合适的数学模型，帮助消除噪声。

（2）空值处理

忽略空值：这种方法比较简单，但当每个属性缺失值的百分比很高时，它的实用性会非常差。

人工填写：这种方法很费时，并且当数据集很大，缺少很多值时，该方法可能行不通。

使用一个全局常量填充：把遗漏的属性值用一个常数替换，但空值都用同一个值替换也会影响结果的准确性。

平均值填充：使用与给定元组属同一类的所有样本的平均值，但这种方法在挖掘一些特殊规则时并不适用。

使用最有可能的值填充遗漏值：这种方法基于已有数据的信息，通过回归分析、贝叶斯形式化方法或决策树归纳等推导工具，来估计缺失值的合理取值。这样的数据填充方法利用了现有数据的最大信息，有助于提高数据的完整性和可用性，为后续的分析和建模提供了更可靠的基础。然而，在使用这些方法时，需要谨慎考虑模型的假设和潜在误差，以确保所填充的数据具有合理性和可信度。

（3）冗余和重复

冗余和重复也是在数据集成过程中非常值得注意的问题。数据属性命名或维命名的不一致都可能导致数据集中的冗余。重复是指相同的数据在数据库中储存了多次，这种重复的数据会使数据挖掘的结果产生倾斜，所以需要进行检测。

2）数据集成

数据集成是将来自多个不同数据源的数据合并和存储的过程。在数据集成过程中，一个关键问题是实体识别，即如何确定来自不同数据源的数据中的实体是相同的。这通常需要考虑元数据，即关于数据的数据。元数据可以提供关于数据源中实体的信息，帮助系统准确地匹配来自不同数据源的实体，并将它们合并在一起。

另一个数据集成的挑战是解决数据中的冗余和不一致性。由于来自不同数据源的同一实体可能具有不同的属性值，例如不同国家的商品定价、货币单位或税额可能不同，这种语义上的差异性会导致数据集成中的问题。通过将多个数据源的数据集成在一起，可以减少或避免数据的冗余和不一致性，从而提高数据挖掘的准确性和速度。

3）数据变换

数据变换通过规范化的方法改善数据挖掘算法的精度和有效性。方法主要有以下几种：

平滑：旨在去除数据中的噪声或波动，以获得更平稳、更稳定的数据趋势，方法有分箱（binning）、聚类和回归分析。

聚集：用于将数据汇总和合并，以便获得更高层次的分析和报告。这有助于将庞大的数据集变成更具信息价值和易于理解的汇总结果。例如，可以把某些产品的日销售量汇总在一起，由此计算产品的周销售额和月销售额。

数据泛化：将数据从较低的概念层次抽象到较高的概念层次，以便更好地保护数据隐私，减少敏感信息的泄漏，并促进数据的分享和分析。例如，在分析顾客的属性地区时，可以由市上升到省。

标准化（standardization）或规范化（normalization）：如果描述像本或记录的变量单位不统一，数值差别比较大，那么需要通过数据的归一化、指数化或标准化，将不同的属性进行比例缩放，使它们的值落在大致相同的范围。这在聚类分析、神经网络等数据挖掘算法的数据预处理中经常用到。

数据编码：分类变量变换为数值型变量通常采用 one-hot 编码转换和二分法

(0-1 标记)编码转换存储。

4) 数据规约

数据规约是一项关键的数据处理技术,它通过删除冗余属性,采用聚集或聚类方法对数据进行压缩,从而获得一个更紧凑但保持了原始数据关键信息的表示形式。这种规约后的数据集在进行数据挖掘和分析时能够提高效率,同时产生与原数据相似甚至几乎相同的分析结果,为有效的信息提取和决策支持提供了有力的基础。常见的规约技术有以下几种:

数据方聚集:数据立方体聚集是一种用于处理数据立方体中数据的关键技术,其基础在于将数据按照不同的概念分层进行汇总。举例来说,对于某公司过去每月的销售额数据,通过数据立方体聚集,可以迅速生成年度销售数据。这种数据聚集技术为在线分析处理中的上钻(drill-up)等操作提供了高效的途径,使用户可以快速访问各种汇总层次的数据,从而更便于深入分析和决策制定。

维规约:其主要目标是检测并删除与决策分析无关、关联较弱或者冗余的属性或维度。在实际数据分析中,某些属性可能并不对最终结果产生实际影响,例如,在分析某产品的购买情况时,顾客的生日和电话号码等信息可能对结果没有显著影响。过多的无关属性会降低数据挖掘的效率,但过于严格的属性删除也可能导致结果不准确。因此,维规约的目标是从与决策分析相关的属性集中,选择出最重要的属性子集,以便提高数据挖掘的效率和结果的准确性。这样可以在保持关键信息的同时降低数据集的复杂性。

数据压缩:使用编码机制压缩数据集的存储空间。

数值压缩:采用替代的、较小的数据表示来替换或估计原始数据。

离散化和概念分层产生:将原始数据替换为区间或更高层次的抽象概念来减少数据集的复杂性。这种方法可以使数据挖掘更容易,允许在不同的抽象层次上进行分析。概念分层尤其强大,因为它允许在多个抽象层次上挖掘数据,从而提供更全面的视角和更深入的洞察。

2. 数据仓库

数据仓库是一个关键的信息管理系统,由元数据和经过 ETL 处理的业务数据两大主要部分构成。元数据在数据仓库中具有关键作用,它描述了数据的各种属性和规则,包括数据源的特征、数据抽取的方式、数据转换的规则以及数据加载的频率等信息。此外,元数据还包括数据仓库的模型,用于定义数据在数据仓库中的组织结构,如事实表和维度表等。业务数据则是从多个数据源抽取后,经过 ETL 处理并按照元数据规则重新组织和存储的数据,旨在支持决策和数据分析。此外,根据不同的业务需求,数据仓库还可以创建数据集市,这些数据集市是数据仓库的子集，专注于特定的业务主题，通常在特定部门或范围内使用。还有一些数据仓库系统包括操作数据存储（Operational Data Store，ODS），用于管理操作性的业务数据，以支持日常业务流程和查询需求。此外，随着企业数据量的急剧增加，为应对业务的迅速变化，及时了解业务的情况，最近几年内存计算技术逐渐投入使用，极大地增加了大数据量的业务分析速度。内存计算技术与传统的数据存储和处理方法不同，这种技术把大量的业务数据直接导入到内存中，并以列存储方式存储，分析也直接在内存中进行。

3. 数据分析

数据分析工具涵盖了用户界面和中间件服务器，其中数据库中间件允许用户以透明的方式访问数据仓库服务器，以支持即席查询、在线分析处理和数据挖掘等操作。

4. 数据展现

数据通过报表工具呈现出来，利用表格、二维图形、三维图形（仪表盘、柱状、饼状和折线等）等报表对象动态形象地展现数据，对企业业务进行汇总、分析，真实地反映公司业务的状况，也是建立一个商务智能系统的基础。

除了 Excel 等常用的报表工具外，目前市场上比较流行的国外报表软件还有 Business Objects（SAP）的水晶报表（Crystal Reports）以及 Cognos（IBM）等。

2.4.2 数据流

数据流最初源自通信领域，用于描述传输中的数字编码信号序列。然而，我们所指的数据流概念与通信领域的定义有所不同。这一新概念最早由 Henzinger 于 1998 年提出，他将数据流定义为"一系列数据，只能按照预定的顺序被读取一次"。

2.5 智能型企业

企业有智能吗？智能是生物体获取知识、利用知识的能力。从仿生学的角度而言，企业在激烈竞争的商业生态环境中生存和发展，也必须学会获得有关商业环境、供应商和顾客的知识。在这个"快吃慢"的电子商务时代，不管企业的规模大小，都需要对瞬息万变的市场做出及时、高效的反应，而这些反应是建立在全面、准确和及时的信息以及决策所需要的充分知识的基础上的。智能型企业，又被称为随需应变（on demand）的企业，是那些智能资产成为关键要素的企业。这些企业以快速响应、适应客户需求的变化以及提供准确的客户解决方案为特征，因此，需要采用信息随需应变的战略，以从信息投资中真正获得价值。

2.6 商务智能支持商业决策

在经历了数年的数字化进程后，企业资源规划（ERP）、客户关系管理（CRM）和供应链管理（SCM）这些旨在提升企业及供应链效益的平台，已经累积了众多的商业数据。但是，这批数据的潜在价值还没有被完全挖掘和应用。商务智能为企业提供了一个全方位了解业务运营核心环节的平台，使其能够准确掌握"历史上发生的事件""这些事件发生的原因""当前正在发生的事件"以及"未来的发展方向"等关键信息。如何将收集到的数据转化为企业经营者最迫切需要的信息和知识，以便更好地辅助他们的决策过程，是商务智能领域主要关注的议题。

商务智能技术的核心组成部分包括数据仓库（Data Warehouse, DW）、在线分析处理（On-Line Analytical Processing, OLAP）和数据挖掘（Data Mining, DM）。数据仓库的核心功能是存储和管理数据，而这些数据主要来源于企业的运营部门。在线分析处理的主要职责是将这些数据转换成有用的信息，以便支持各级决策者进行复杂的查询和在线数据分析，并以直观和易于理解的图形方式呈现分析结果。数据挖掘技术能够从海量数据中挖掘出有价值的知识，这有助于企业做出更为明智的决策，进而提高其智能化水平。民生银行在推进商务智能的过程中，选择了 Hyperion（Oracle）下属的 Hyperion Intelligence 产品，这是为了帮助各级员工更好地进行数据检索、报告展示和决策分析等工作。业务团队能够利用基于 Web 的客户端来查询和分析数据，从而产生多种形式的图表报告。管理团队采用 Hyperion Intelligence 软件进行互动式的分析，目的是跟踪业务的机会和发展趋势，以便及时解决在经营活动中遇到的各种问题。商务智能运行示意图如图 2-3 所示。

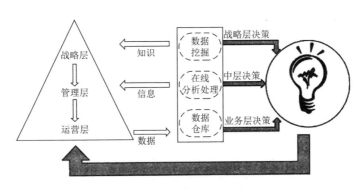

图 2-3　商务智能运行示意图

一个好的商务智能解决方案可以帮助企业从大量数据中获取有价值的信息和知识，并提供分析和统计预测的工具。

第 3 章

商务智能应用与发展

3.1 商务智能系统的功能

商务智能系统作为一种辅助决策工具，其主要目的是为决策者提供必要的信息和知识，帮助他们提高决策质量。以下是商务智能系统的核心功能描述。

3.1.1 数据集成

在企业中，由于不同信息系统的异构性和不同的开发条件，常常存在多个独立运行在不同软硬件平台上的系统。这些系统之间的数据源相互孤立，难以互通、共享和整合，导致了所谓的"信息孤岛"问题。随着信息技术应用的深入，企业内外信息交流需求不断增加，迫切需要整合现有信息资源，消除"信息孤岛"，实现信息共享。

数据集成是一种方法，它能够将来自不同来源、格式和性质的数据整合在一起，为企业提供全面的数据共享。在企业数据整合的领域中，已经涌现出许多成熟的技术框架供人们参考和应用。现阶段，集成系统的构建通常依赖于联邦式、中间件模型以及数据仓库等多种技术手段，这些方法在数据共享和决策支持方面有着广泛的应用潜力。

1. 联邦数据库系统

联邦数据库系统（FDBS）由若干个半自治的数据库系统组成，这些系统之间共享数据，并为联盟内的各个数据源提供了访问接口。联盟的数据库系统可以是集中式的、分布式的，或者是其他的联邦式系统。在此模型中，可以将其划分为紧密耦合和较为松散的耦合两大类。紧密耦合的系统能够提供统一的访问模式，这通常是静态的，因此增加新的数据源是相当困难的。尽管松耦合系统没有提供一个统一的接口，但它能够通过统一的查询语言来访问数据源，其中最核心的挑战是解决所有数据源之间存在的语义差异问题。

2. 中间件模式

中间件模式是一种被广泛采用的数据集成方法，其核心思想是通过创建一个全局的数据模型，以实现对异构数据库、应用系统和 Web 资源等的统一访问。中间件通常位于异构数据源系统（数据层）和应用程序（应用层）之间，其作用在于协调底层数据源系统，向上层应用程序提供一致的数据模型和通用的数据访问接口。在这一模式下，各个数据源系统继续执行其原有的应用任务，而中间件系统主要负责为异构数据源提供高层次的中间层服务。

这一模式的关键在于构建逻辑数据视图，并实现不同数据源到这个中间层的映射，以使用户能够将整合后的数据源视为一个统一的整体。这种方法有助于隐藏底层数据细节，提供对数据的一致性访问，并促进数据的有效整合和共享。

3. 数据仓库模式

数据仓库是一个专门针对特定主题、整合的、与时间有关且不可更改的数据集，它被应用于企业的管理和决策制定中。这批数据按照不同主题划分，这些主题在功能上是相互独立的，并且没有交集。

虽然联邦数据库系统和数据仓库技术都在努力解决应用程序间的数据共享和互操作性问题，但它们在方法和应用范围上仍然存在一些差异和相似之处。联邦数据库系统主要聚焦于多个数据库系统的整合，这可能涉及将数据源映射到各种数据模式上，这在整合大型系统的过程中可能会遭遇复杂的挑战。与此不同，数据仓库技术更侧重于特定企业应用领域的数据集成，针对主题进行组织，并提供数据挖掘和决策支持功能，以满足企业的需求。

3.1.2 信息展现

信息展现是商务智能的首要功能，旨在将数据以报表的形式呈现给用户，帮助他们了解企业和市场的现状。信息展现通过从多个数据源收集信息来实现，使报表分析人员能够快速、轻松地设计各种报表。信息展现的形式不仅限于报表和图表，还可以以更直观的方式来呈现数据。此外，在线分析处理（OLAP）技术也允许用户从多个维度分析数据。这一功能有助于用户更全面地了解企业数据，支持更明智的决策。

3.1.3 运营分析

运营分析覆盖了众多领域，包括运营指标的研究、运营绩效的评估以及财务状况的分析。首先，运营指标分析主要集中在不同的业务流程和环节的指标上，目的是更深入地了解这些关键指标的表现和发展趋势。再者，运营业绩的分析主要集中在收集各部门的营业收入、销售数量等关键数据，并对这些数据进行同期对比、营业收入分析、盈亏状况分析以及各类商品的风险评估等。最终，财务分析主要集中在利润、费用支出、资金使用等经济指标上，同时也关注与企业资金使用有关的其他方面，以便能够及时掌握企业的财务健康状况，并据此调整和降低运营成本。运营分析涵盖了多个方面的内容，具体如表3-1所示。

运营分析　　　　　　　　　　　　　　表 3-1

分析功能	应用举例
销售分析	产品定价、销售品类、渠道与定向销售、代理商或加盟店销售以及销售变化情况分析等
顾客分析	顾客特征、顾客信用度与忠诚度分析，顾客发现以及顾客发展情况分析，包括顾客总量、新增顾客和顾客流失原因分析等
供应链分析	业务资源情况、供应商货源与缺货、商品流动、库存与需求预测以及供应商绩效分析等
绩效分析	人力资源分配的绩效、代理商与加盟店的绩效分析等
财务分析	运营成本与收入、财务状况与效益分析等
业务预测与评估	通过分析得到的各种数据模型，进行业务仿真、预测和评估等

3.1.4　战略决策支持

战略决策支持指的是在公司的各个战略业务部门（Strategic Business Unit，SBU），基于其业务表现和市场定位，选择一个合适的投资组合策略的整个流程。商务智能系统的核心功能是整合外部数据，包括外部的环境和行业的详细信息，从而帮助各个战略业务部门更有效地制定他们的竞争策略。此外，商务智能系统还能够利用业务运营数据，为营销、生产、财务、人力资源等方面的决策提供支持。

Gartner定义的商务智能平台可以提供以下三大类功能：信息交付、整合和分析。目前商务智能项目关注的重点是信息交付，但增长性需求在于数据整合和分析。

1. 信息交付

（1）报告：能够创建规范化和交互式的报表，具备高度可升级的分发和安排功能，包括宽窄表。

（2）仪表盘：支持不同形式的仪表盘，如刻度盘、标量尺、交通灯等，用于直观展示绩效指标的状态与目标值对比。此外，仪表盘还可以用于实时数据的展示。

（3）即席查询：允许用户独立创建报表，无需依赖IT部门。这些工具提供简单的语法界面，帮助用户导航可用的数据源，并提供查询管理和审核功能，以确保查询的执行效率。

（4）与 Microsoft Office 的整合：商务智能系统与 Microsoft Office 集成，支持多种文档格式、公式、数据刷新和透视表等功能，提供更高的灵活性和便捷性。

2. 整合

（1）商务智能基础架构：商务智能平台应提供一致的基础架构，包括安全机制、元数据管理、管理工具、门户整合、对象模型和查询引擎等。这些要素的统一性有助于确保系统的协同工作和一致性。

（2）元数据管理：商务智能工具需要共享相同的元数据。元数据管理包括业务词汇表的建立、数据元素和实体的定义、业务规则和算法以及数据特性等。它是确保数据一致性和可理解性的基础组成部分。

（3）开发工具：商务智能平台应提供一组编程开发工具，支持应用程序的创建和整合。这些工具允许开发者构建商务智能应用程序，并将其集成到业务流程中，或嵌入到其他应用程序中。此外，商务智能平台还应提供非编程的图形化开发方式，以简化集成过程。开发环境应支持 Web 服务，以便于安排、分发、执行和管理。

（4）工作流和协作：商务智能系统应支持用户之间的协作和工作流。用户可以共享想法、安排任务和跟踪事件，基于预定义的业务规则。这通常需要整合独立的门户或工作流工具来实现。

3. 分析

（1）在线分析处理（OLAP）：提供快速查询和计算性能，允许终端用户以"切片"和"切块"的方式分析数据，跨越多种存储结构，包括关系型数据库、多维数据库和内存数据库。

（2）高级可视化：通过交互式图表和可视化界面，直观地呈现多方面的数据，帮助用户更好地理解工作流程和数据关系。

（3）预测模型和数据挖掘：支持企业对数据进行分类和连续变量的估计，允许发现隐藏在数据中的模式和趋势，以便进行预测和决策。

（4）计分卡：利用仪表盘显示的关键绩效指标，利用计分卡，根据战略目标对指标进行排列和监控，帮助企业实现战略目标。

3.2 商务智能的价值

随着企业信息化的不断推进，企业开始更加注重信息技术投资的回报率，以及信息技术投资对战略价值的贡献。他们也开始思考如何最大限度地利用自身的数据资产。这种注重实效和价值的做法表明，企业在多年的信息化浪潮之后，逐渐走向了更为理性和成熟的阶段。

商务智能在挖掘企业业务数据潜在价值、支持管理决策等方面，展现了与其他管理应用软件无法相提并论的价值。以往，决策者往往花费大量时间来搜索各种相关信息，这是信息分散、数量庞大且业务需要实时性处理等原因导致的。然而，商务智能的应用可以帮助管理者大大减少搜集和处理信息的时间，从而将更多精力投入到决策制定上。根据 Gartner 公司的调查，企业的竞争优势与其能否有效地收集和分析与业务相关的信息以作出高效的决策密切相关。通过有效地利用商务智能，企业可以显著地减少信息搜集与分析所需的时间，将主要精力集中于决策的制定和执行上。相对于那些未采用商务智能的企业，决策效果可能会有显著差异。商务智能的价值主要体现在以下几个方面。

3.2.1 制定合适的市场营销策略

企业可以利用商务智能技术来构建商业模型，并据此制定更为精确的市场策略。Sears 公司作为美国零售巨头，曾在 20 世纪 90 年代经历了濒临破产的困境。但是，Sears 公司在引进商务智能系统之后，将其业务系统中的数据整合到了数据仓库，并利用这些数据揭示了不同家庭的消费习惯。通过这条信息，Sears 公司成功地制定了精准的广告策略和促销方案，从而达到了精确的市场营销目标。Sears 公司凭借这一战略的成功实施，在竞争异常激烈的市场环境中取得了胜利，如今已经崭露头角，成为美国零售行业的第二大企业。与此相似，全球著名的快餐品牌麦当劳也采用了商务智能系统来应对其经营策略上的挑战。鉴于麦当劳拥有庞大的客户群，制定适当的商业战略变得尤为棘手。尽管如此，商务智能系统的研究揭示了各种顾客在点餐时的不同喜好。例如，许多顾客在选购汉堡时会选择一杯可乐，同时也有部分顾客在购买薯条时会选择鸡翅作为搭配。麦当劳根据收集到的消费数据，推出了特定的套餐，并给予了特别的折扣，这一策略不仅成功地引起了消费者的关注，还有效地减少了交易的成本。除此之外，电信公司也普遍采用商务智能技术来进行用户成长分析、预测优惠政策、分析套餐选择以及进行促销活动的分析。这类分析有助于企业评估市场营销战略的成本与收益，提升其运营效能。

3.2.2 改善顾客管理

顾客智能是商务智能在顾客关系管理（CRM）领域的强大应用，标志着企业正在逐渐从过去以产品为核心的经营模式向以顾客为中心的模式转变。这一转变能得以实现，部分要归功于商务智能技术，尤其是在线分析处理和数据挖掘等方法。这些技术允许企业有效地处理大量的交易记录和与顾客相关的数据。在实际应用中，顾客智能涵盖了多个关键任务，其中包括对顾客进行精细分类，然后基于不同类型的顾客需求和行为制定相应的服务策略。以电信企业为例，他们利用分析型 CRM 系统，运用顾客智能技术来实施多项关键任务，包括顾客分类、信用度评估、大客户管理、通话记录分析、欠费与欺诈监测、顾客流失分析、网络性能监测、未接通呼叫分析以及顾客投诉分析等。这一系列的应用使企业能够更深入地了解顾客的需求，提供个性化的服务，改善产品和服务质量，增强顾客满意度，促进忠诚度的提升，从而最大化了顾客的价值。

3.2.3 经营成本与收入分析

借助商务智能企业的绩效管理功能，企业能够迅速、轻松地制定各种成本收益报表，这对于成本核算和深入分析偏差以及寻找改进方法具有极大的帮助。这些分析的结果有助于企业降低成本、提高收入，从而获得更高的经济效益。以一个实例来说明，考虑汽车制造业中的一个小零部件，比如一个普通的螺母，其价格看似微不足道。然而，当年产数百万辆汽车时，即使每个螺母的价格仅有 0.1 美元的偏差，这也将导致成本支出产生上百万美元的巨大差异。在这方面，以汽车制造企业菲亚特公司为例，该公司在引入商务智能解决方案后，立刻察觉到了螺母价格的问题，并及时与螺母供应商展开协商。通过降低螺母价格，菲亚特公司成功降低了生产成本，提高了公司的利润水平。

3.2.4 提高风险管理能力

商务智能在银行、保险、电信等领域发挥着重要作用，其中之一就是识别潜在的风险和欺诈行为，以提供更有效的预警和风险管理机制。举例来说，在银行的贷款业务中，商务智能利用数据挖掘技术可以进行客户信用分析，识别潜在的欺诈行为特征，从而建立有效的预警系统，帮助银行及时发现并应对潜在的风险，降低损失。同样，电信企业也能通过商务智能系统对重大事件和核心业务的动态进行跟踪和监控。这种监控可以帮助企业及时发现业务收入下降的原因，从而采取相应的措施，避免进一步损失。

3.2.5 改善业务洞察力

商务智能在管理层中起到了关键的作用，它显著减少了管理者收集数据和获取信息所需的时间，从而加速了决策过程。这意味着正确的信息能够及时地流向决策者,有助于更迅速地作出决策。商务智能系统通常提供仪表盘功能,用于监控 KPI,这有助于管理层实时了解业务执行的状况,使他们能够及时调整战略和决策。举例来说,电信企业通过使用业务分析支撑系统(BASS)对整合的数据进行分析,为高级管理层提供了关键业绩指标分析、竞争对手分析、新业务可行性分析和投资回报率分析等支持,从而帮助他们更明智地制定战略和决策。

3.2.6 提高市场响应能力

商务智能在市场预测、流程优化和环节改进等方面发挥了重要作用,帮助企业适应不断变化的外部环境。根据埃森哲(Accenture)的研究,领先的高绩效企业已经大量投资建设强大的商务智能系统,这些系统将成为他们提高市场响应能力和制定成功战略的关键工具。

为了说明预测的威力,可以以一个故事为例。3 名赌徒在伦敦里兹俱乐部的轮盘赌中赢得了 130 万英镑。虽然许多人认为这是偶然,但实际上这三人使用手机拍摄了轮盘开始旋转时的图像,然后将这些信息输入计算机,计算出了球的轨迹和停止位置的预测,将每次获胜的机会从 37:1 提高到了 6:1。通过在所有可能的 6 个数字上下注,他们一次又一次地赢得了比赛。这个故事突显了预测的力量,而在商业运作中,预测能力也同样至关重要。

通过商务智能方法,一些行业领袖正在探索如何提高他们的预测能力,以便抓住市场机遇。例如,WalMart 运用预测能力提前备货,以满足顾客需求,并为即将到来的严重风暴做好准备,从而获得了巨大的利润。当飓风即将袭击美国海岸时,WalMart 从数周前风暴袭击时搜集的数据中提取有用信息,以应对即将到来的灾害。通过分析大量存储的数据,分析人员发现,手电筒、啤酒、草莓、果酱和馅饼的销售量与平时相比有显著增加,因此,WalMart 迅速将这些库存商品送到了商店,以迎接飓风的到来。

3.3 商务智能分析过程

企业常常需要从海量的运营数据中提取信息和知识,以协助决策过程,但现有的管理信息系统难以满足这样的需求。常见的查询、统计和报表都是对指定的数据进行简单统计处理,而不能对这些数据所蕴含的模式进行有效的分析。在这种情况下,数据挖掘技术发挥了关键作用。数据挖掘是一种处理大规模、不完整、带有噪声、模糊、随机性的数据的方法,其目标是从中提取正确的、有用的、未知的、综合的信息,以满足用户的兴趣和支持决策过程。图 3-1 为商务智能分析流程。

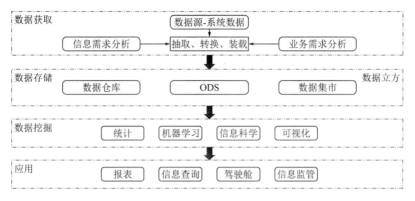

图 3-1 商务智能分析流程

3.4 商务智能的应用

商务智能目前的市场价位还处在高端层次，在中小企业领域尚未达到普及的程度，所以商务智能业务大多集中在对商务智能需求比较迫切的中高端或大型企业。这些企业大多数已经具备了数据积累的基础。

商务智能应用在各个领域中，均可以发挥出"1+1＞2"的作用，作为一种提高企业智能化程度的手段，能够增强企业的竞争力，为企业带来价值，所以也会吸引越来越多的企业。商务智能目前广泛应用于银行、保险、证券、通信、制造业、零售、医疗、电子政务、能源和烟草等行业，尤其在金融、通信和制造业等信息化较为成熟的领域表现出卓越的应用潜力。具体内容在第 15 章展开。

3.5 商务智能的发展趋势

商务智能作为企业信息化的高端产品，已经被越来越多的企业管理者所接受。未来随着企业对其的需求以及依赖程度的日益增加，开发者将不断完善其技术、业务，使商务智能软件可以更好地为使用者服务。全球 IT 咨询企业 Gartner 的研究指出，企业的竞争优势程度在很大程度上取决于它们在数据收集、数据分析、决策制定以及决策执行等环节所投入的时间。通常，企业的运营流程包括数据收集、数据分析、决策制定和决策执行等多个阶段。然而，有效地利用商务智能系统的企业能够显著缩短前两个阶段所需的时间，从而能够将更多的精力集中于决策的制定和执行阶段。

由此可以看出，商务智能的分析结果将会对企业产生巨大的影响。随着时间的推移，企业对商务智能的认知将从感性逐渐演变为理性，重点将从数据驱动式决策逐渐转向业务驱动，技术关注将逐步演化为应用关注，工具的关注将更加注重工具所带来的绩效提升。

商务智能目前正处于全面发展的新阶段，利用商务智能技术，企业不仅在数据利用和决策分析方面有了更高的智能化水平，还在流程优化和绩效管理等方面取得了显著进展。

3.6 商务智能与其他系统的关系

商务智能作为一种企业信息集成解决方案，具有分析型系统的特点。一方面，它搭建了不同企业应用系统之间的互通桥梁，例如企业资源规划（ERP）、客户关系管理（CRM）、供应链管理（SCM）、办公自动化（OA）、电子商务（E-Commerce）以及外部环境扫描（Environmental Scanning）等系统，同时也依赖于这些信息化系统作为数据源。另一方面，商务智能系统的价值体现在这些系统之上，它有能力发现数据背后的商机或威胁，提供了深刻的洞察力，帮助企业了解当前情况、把握市场趋势、识别异常情况、理解企业运营的关键因素、识别对业务的影响以及了解这些影响的程度等。总而言之，商务智能能够为企业提供快速、准确的决策支持，及时发现问题，还可以揭示对手尚未发现的潜在知识和规律。图 3-2 为 BIS、DSS、MIS、EIS 和 TPS 之间的区别。

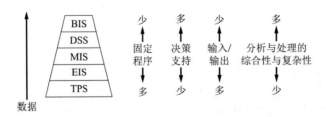

图 3-2　BIS、DSS、MIS、EIS 和 TPS 之间的区别

3.6.1　BI 与其他系统之间的区别

BI 与其他系统之间的区别可以从以下两个方面来理解：

1. 系统设计的区别

交易系统通常是建立在一组固定的规则和程序之上的，其主要任务是处理事务性操作，确保这些操作按照既定的规则执行。这类系统一旦设计和部署，通常不会经常变化，因为稳定性和一致性对于交易处理至关重要。这些系统适用于重复性的、标准化的业务流程。

相比之下，商务智能是一种学习和分析型系统，其灵活性更强。商务智能系统的主要任务是收集、整合、分析和呈现数据，以支持决策制定。由于商务环境经常发生变化，企业需要不断地适应新的挑战和需求。因此，商务智能系统必须能够应对数据、元数据、报告和应用软件的变化，以满足不断演化的商务需求。

商务智能的挑战之一是如何设计和管理一个灵活的系统，能够在不破坏稳定性的前提下应对变化。

2. 数据类型的区别

交易系统和商务智能系统在数据管理方面存在明显差异。交易系统专注于处理最近的交易操作，通常只保留短期的历史数据，以迅速而高效地处理当前事务。这些系统的数据量相对较小，生命周期较短。相比之下，商务智能系统需要维护大规模的历史数据，包括来自多个交易系统的多年交易记录以及其他关键数据。这些数据用于深度分析和长期趋势识别，因此需要长期保留，并存储在大规模的数据仓库中，其数据量可达数十 TB 以上。

3.6.2 BI 与报表系统

传统的报表系统与商务智能系统存在根本差异。传统的报表系统通常是扁平的，专注于处理离散的事务数据，但在结构化分析和统计方面表现有限。相比之下，商务智能系统是复杂的，能够从多个异构应用系统中提取各种业务数据，并利用数学模型构建多层次的分析体系，将数据转化为有商业价值的信息。商务智能应用的需求通常复杂多样，实施过程也较为复杂，远远超出了传统报表系统的范畴。此外，它们的应用对象和目标也不同。商务智能更关注长期战略决策，强调商业趋势和不同业务单元之间的联系，而传统报表系统更专注于短期运营支持，注重具体数据和精确性。

3.6.3 BI 与 ERP

BI 和 ERP 具有一些共性，它们都旨在提高企业运营效率、实现更及时的响应和促进信息整合。从基础架构的角度来看，BI 和 ERP 存在以下相似之处：

（1）分布式数据存储：BI 和 ERP 都采用分布式结构来存储大量数据。

（2）深度访问能力：两者都提供深度访问数据的能力，以满足广泛的终端用户需求。

（3）分布性和可扩展性：BI 和 ERP 都具有高度的分布性和可扩展性，尽管这在 BI 中可能不太明显。

（4）数据作为信息参考：BI 和 ERP 都将数据作为信息参考来进行预测工作。

尽管 BI 和 ERP 有许多共同点，但它们并不是同一个事物的两个方面，而是互补的系统。它们之间的区别包括：

（1）功能特点不同：BI 侧重于商务智能，而 ERP 主要关注业绩跟踪。

（2）业务流程协调：ERP 通过整合协调了所有业务流程，提高了信息的流通和响应速度。

（3）信息获取和掌握能力提升：BI 通过改良报告格式、实时信息传输和问题检测等方式，提高了用户在关键领域的信息获取和精度掌握能力。

（4）数据关联和存储：BI 通过将分散的企业数据按历史记录关联和高效存储，提供更好的数据管理和分析能力。

3.6.4 BI 与 DSS、EIS

商务智能（BI）相对于传统的决策支持系统（DSS）和执行信息系统（EIS）具有多方面的优点：

（1）使用对象扩展：BI 的使用对象不仅包括高层决策者和分析人员，还扩展到企业内外的各类人员，如领导、职能人员、客户、供应商和合作伙伴，为更广泛的用户提供决策支持服务。

（2）功能丰富：BI 具备强大的数据管理、数据分析和知识发现功能，相对于传统的 DSS 和 EIS，提供更多功能和工具，有助于提供更全面的决策支持。

（3）动态知识库：传统的 DSS 和 EIS 通常拥有静态的知识库，而 BI 系统的知识库是动态变化的，可以从各应用系统中提取数据，进行数据挖掘、OLAP 等操作，随时补充和修正知识库中的内容，从而实现对新知识的发现。

然而，BI 也存在一些不足之处。在实施目标方面，BI 的智能决策能力有限，相对于专门的 DSS 和 EIS 系统，在方案生成、方案协调和方案评估等方面功能较弱，尤其在群体决策方面的表现不如 DSS 和 EIS。

第 2 部分

商务智能数据挖掘技术

第 4 章

数据库与数据仓库

4.1 数据管理及其发展

现在的大数据之所以变得热起来，原因之一就是大家意识到当企业拥有全市场的数据（或者大部分市场的数据）后，决策方式将发生变化。数据是用于记录和描述事务、实体特征的符号，通过有意义的组合来反映现实世界中的实体特征。数据多表现为简单的事实，例如某商场的一条产品销售记录，随着数据量的日益增多，数据管理技术应运而生。

数据管理技术的演进经历了 4 个阶段（图 4-1），包括人工管理阶段、文件系统阶段、数据库阶段和高级数据库技术阶段，随着计算机硬件和软件的进步，数据的独立性不断提高，数据库应用范围不断扩展，目前正处于高级数据库技术阶段。

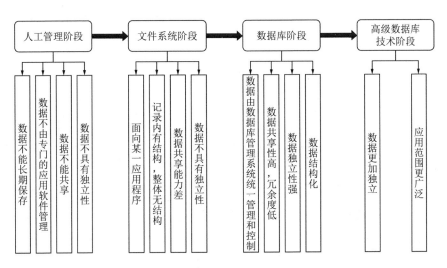

图 4-1　数据管理技术发展的 4 个阶段

4.2 数据库

数据库是一种按照数据结构组织、存储和管理数据的仓库,1961 年通用电气公司的 Charles Bachman 开发了第一个数据库管理系统 IDS。随着信息技术的发展,尤其是 20 世纪 90 年代以后,数据管理不再仅仅是存储和管理数据,更多的是关注满足用户各种不同需求的数据管理方式。

数据库是电子商务系统、管理信息系统、决策支持系统等各类信息系统的核心和基础部分,是各类应用软件的数据来源,也是企业智能决策和科学管理的重要手段之一。数据库系统使企业实现了信息共享和数据集中控制,并且减少了数据冗余,给企业的运行与操作带来了很大的便利。

现代数据库技术不仅包括传统的层次模型、网状模型和关系模型,还引入了其他多种数据结构和模型,包括面向对象模型和半结构化模型等,以更好地满足不同类型数据的存储和管理需求。

4.3 数据仓库的产生与发展

4.3.1 萌芽阶段

数据仓库这一概念的起源可以追溯到 20 世纪 70 年代,在那个时期,麻省理工学院(MIT)的研究人员开始探讨如何进一步完善信息处理的技术框架。他们尝试将业务处理系统与分析系统进行区分,并认为这两种信息处理方法存在明显的不同,因此需要遵循不同的架构设计准则。但是,受限于当时的技术水平,这项研究主要集中在理论上,并未在实际中得到应用。

4.3.2 探索阶段

在 20 世纪 80 年代的中后段,数字设备公司(DEC)借鉴了 MIT 的研究成果,并发布了 TA2(Technical Architecture 2)的相关规范。此规范明确了分析系统中的四大核心组件:数据的捕捉、数据的访问、目录以及用户的服务。这一事件代表了系统架构领域的一次显著变革,它首次为分析系统的结构提供了明确的定义,并成功地将这一思想实施到了实际操作中。

4.3.3 雏形阶段

1988 年,IBM 公司首次引入了信息仓库(Information Warehouse)这一概念,

并正式命名为 VITAL（Virtually Integrated Technical Architecture Lifecycle）。VITAL 为我们提供了 85 种不同的信息仓库组件定义，这些组件涵盖了个人计算机（PC）、图形用户界面、面向对象的组件和局域网等多个方面。这一显著的里程碑意味着数据仓库这一概念得到了正式的确认。数据仓库的核心原则、技术框架以及分析系统的主导原则都已经初步敲定，这为数据仓库未来的进一步扩展打下了坚实的基础。此刻，数据仓库已经展现出其初步的雏形。

4.3.4 确立阶段

1991 年，比尔·恩门（Bill Inmon）发布了他的首部关于数据仓库的著作 Building the Data Warehouse。这本书的发布标志着数据仓库这一概念得到了正式的确认。在他的著作中，Bill Inmon 清晰地阐述了数据仓库（Data Warehouse）的概念，并将其定义为一个以主题为导向的数据集（Subject Oriented）、集成化的数据集（Integrated）、相对稳定的数据集（Non-Volatile）以及能够反映历史演变的数据集（Time Variant），旨在为管理决策（Decision-Making Support）提供支持。这部著作不只给出了建立数据仓库的建议和核心准则，同时也为数据仓库行业的进步打下了稳固的理论基础。Bill Inmon 因其在数据仓库行业的杰出贡献而被尊称为数据仓库的创始人。

4.4 数据仓库的概念与特征

数据仓库构成了一套以主题为导向、集成性强、相对稳健，并能反映历史演变的数据集合，其主要用途是辅助管理决策过程。该系统专注于满足用户的分析和决策需求，整合了来自多个不同数据源的信息，以确保数据的一致性和可比性。它还存储了静态历史数据，以便进行时间跨度的分析，并为管理层提供了分析性的数据，从而帮助他们更深入地理解企业的实际情况，并作出战略性的决策。这个定义由 Bill Inmon 在 1991 年提出，成为数据仓库领域的通用标准，为数据仓库的发展和应用提供了坚实的基础。

4.4.1 面向主题

操作型数据库主要是为事务处理任务设计的，各个业务系统之间保持相对的独立性，而数据仓库则是基于主题来组织数据的。主题这一概念是相当抽象的，它揭示了用户在决策时所关注的核心议题，这些议题通常与多种操作性的信息系统有关。数据仓库的主题导向设计有助于整合和展示跨越多个业务领域的数据，从而使决策者能够全面分析和理解企业的整体情况，而不受特定业务系统的限制。

4.4.2 集成

操作型数据库通常与某一特定应用场景有关，并且这些数据库通常是相互独立和异构的。数据仓库中的数据是从多个分布式数据库中提取、整理、系统化处理、汇总和整合得到的。在处理这一流程时，有必要解决元数据的不一致性问题，以确保数据仓库内的信息能够为整个企业提供一致和全面的信息，而不会受到原始数据源异构性和不一致性的影响。数据的一致性被视为数据仓库的核心属性，这有助于决策者进行跨多个部门和全方位的数据分析。

4.4.3 相对稳定

在操作型数据库里，数据一般会进行实时刷新，以适应实时事务处理的各种需求，并且这些数据可以根据实际情况随时进行调整。与此相对照，数据仓库中的数据主要服务于企业决策的分析，因此更多地涉及数据的查询过程。数据一旦被存储在数据仓库中，通常会被保存很长时间，以便于进行历史数据的分析和趋势的观察。因此，在数据仓库环境中，查询操作通常会比较频繁，而修改或删除的操作则相对较少。为了确保数据的准确性和完整性，通常需要定期进行数据加载和更新。

4.4.4 反映历史变化

操作型数据库主要关注当前的业务数据，而数据仓库则旨在收集、整理、存储和分析包括历史数据在内的多源数据，以支持企业的决策分析和业务发展。数据仓库的历史数据可以追溯到一定的时间点，帮助企业了解过去的经营情况和趋势，进而为未来的决策提供有力的依据。此外，数据仓库不仅需要收集整理数据，还需要将信息及时提供给相关的管理决策人员，以确保信息能够为业务经营决策提供支持。数据仓库的建设确实是一个持续的工程和过程，它需要不断地更新、维护和扩展，以满足企业不断变化的需求，并提供数据来源。

4.5 数据集市

数据集市（Data Marts）可视为数据仓库的分支，是更小、更专注于特定业务领域或主题的数据仓库子集。在数据仓库的发展过程中，人们通常采用自顶向下的方法，首先构建一个全局的企业级数据仓库，然后从这个全局仓库中创建数据集市，以满足各个部门或特定业务领域的数据需求。在数据仓库开发过程中，的确会面临一些挑战和问题，特别是采用自顶向下的方法构建企业级数据仓库时。

（1）规模和投资问题：构建一个全局的企业级数据仓库通常需要大规模的投资和较长的建设周期，这可能会对企业的财务和资源产生重大压力。

（2）资源竞争：一旦数据仓库建成，不同部门和团队可能会竞相争夺数据仓库的资源和服务，这可能导致资源的不均衡分配和性能问题。

（3）数据治理和权限控制：各个部门都希望参与数据仓库的数据制定和管理，但需要建立合适的数据治理策略和权限控制机制，以确保数据的质量和安全性。

为解决上述问题，人们提出了数据集市的概念，数据集市通常是以局部或部门级别的数据仓库为基础构建的，它们旨在为特定的部门或业务领域提供数据支持。这些数据集市可以根据业务需求划分为不同的领域，如财务、销售、市场等。每个数据集市专注于包含特定领域的数据，以满足该领域的需求。在数据仓库的建设过程中，通常会从一个部门的数据开始采集，然后逐步扩展和组合多个数据集市，最终形成一个完整的企业数据仓库。这种渐进式的方法有助于提高数据仓库的灵活性，同时有效地满足不同部门的数据需求。数据仓库和数据集市的比较见表4-1。

数据仓库与数据集市的比较　　　　表 4-1

	数据仓库	数据集市
数据来源	遗留系统、OLTP系统、外部数据	数据仓库
范围	企业级	部门级或工作组级
主题	企业主题	部门或特殊的分析主题
数据粒度	最细的粒度	较粗的粒度
数据结构	规范化结构（第三范式）	星状模式、雪片模式或两者混合
历史数据	大量的历史数据	适度的历史数据
优化	处理海量数据，数据索引	便于访问和分析、快速查询
索引	高度索引	高度索引

在构建数据仓库和数据集市的方法上，Ralph Kimball 和 Inmon 提出了截然不同的观点。Kimball 强调数据集市的优先建设，将数据仓库视为由多个数据集市联合组成的整体，适用于迅速满足用户需求的情况。而 Inmon 的方法则侧重于首先构建一个集中式的数据仓库，再创建数据集市，适用于解决长期数据管理和一致性的问题。选择哪种方法应基于组织的需求和项目的商业目标，有时也可以结合

两种方法以满足不同阶段的需求。最终的目标是为组织提供有用的信息和数据支持，以满足其业务需求。

4.6 元数据

元数据（Metadata）可以被类比为电话黄页，因为它们在信息管理和查找中扮演着类似的角色。就像电话黄页帮助人们找到特定企业的联系信息和服务信息一样，元数据帮助用户找到和理解特定数据或信息的相关信息，例如数据的来源、格式、含义、关系以及如何访问和使用这些数据。元数据在数据管理、搜索、分析和共享方面都起着关键作用，有助于组织更好地利用其数据资产。

4.6.1 元数据的定义

元数据，又被称为中介数据或中继数据，是一种描述数据的数据，主要包含有关数据属性的信息，用于支持诸如数据存储位置指示、历史数据跟踪、资源查找和文件记录等功能。

其主要使用目的包括识别资源、评价资源、追踪资源在使用过程中的变化，以及实现对大量网络化数据的简单高效管理。此外，元数据还有助于有效地发现、查找、组织和管理信息资源，以确保资源的有效使用。

元数据具有以下基本特点：

（1）可共享性：一旦创建，元数据可以被多个用户或系统共享。元数据的结构和内容可以根据信息资源的价值和使用环境进行调整和定制，以满足不同用户或团体的需求。

（2）编码体系：元数据是一种编码体系，主要用于描述数字化信息资源，特别是网络信息资源。它的主要功能是为数字化信息资源建立一个机器可理解的框架。与传统数据编码体系不同，元数据更关注描述和管理信息资源的特征和属性。

4.6.2 元数据的作用

数据仓库中的元数据是关于数据仓库内数据的数据，类似于数据库管理系统的数据字典。元数据的作用包括保存逻辑数据结构、文件、地址、索引等信息。从更广义的角度看，元数据用于描述数据仓库内数据的结构和构建方法。在数据仓库管理系统中，元数据是一个重要组成部分，元数据管理器是企业级数据仓库的关键组件，它贯穿整个数据仓库的构建过程，直接影响数据仓库的建设、使用和维护。

（1）ETL 过程中的元数据管理：在数据抽取、转换和加载（ETL）过程中，元数据用于定义源数据到数据仓库的映射规则、数据转换规则、数据清洗方法以及数据加载历史记录等信息。这有助于确保数据从源到数据仓库的正确转换和加载，并维护了数据质量。

（2）用户数据访问：用户在使用数据仓库时，元数据起到了关键作用，因为它提供了数据项的含义、业务规则以及报表制定信息。元数据使用户能够理解和访问数据，确保他们可以有效地运用数据来支持决策。

（3）数据仓库的规模和复杂性：随着数据仓库规模和复杂性的增加，正确的元数据管理变得至关重要。它可以用于管理和维护数据仓库中的多个外部数据源，控制复杂的数据清洗和转换过程，监控查询性能，以及规划备份和恢复策略。元数据有助于确保数据仓库的可靠性和可维护性。

元数据分为 2 种主要类型：技术元数据和业务元数据。技术元数据用于数据仓库的构建和维护，主要面向 IT 人员，包括数据源信息、转换规则、数据仓库模型、清洗和更新规则以及访问权限等。业务元数据则为管理层和业务分析人员提供支持，从业务角度描述数据，包括商务术语、数据可用性、位置等，有助于业务人员更好地理解和利用数据仓库中的信息。

元数据不仅定义了数据的模式、来源、抽取和转换规则，还充当了整个数据仓库系统的指南和连接器。通过元数据，数据仓库系统中的各个组件能够相互协作，形成一个协调有序的整体，如图 4-2 所示。

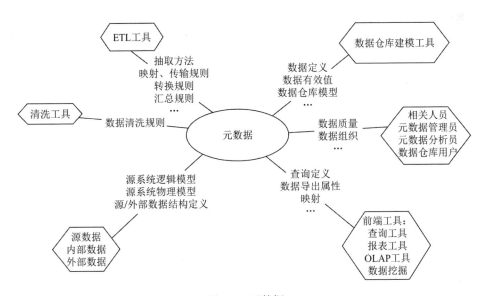

图 4-2　元数据

元数据的存储方式在数据仓库管理中确实具有重要意义。第一种存储方式以数据集为基础，每个数据集都有对应的元数据文件，具有较强的独立性，适用于在不同数据库系统中操作元数据文件。然而，在大规模数据库中，可能会导致大量元数据文件的管理问题。第二种存储方式以数据库为基础，即元数据库，它只有一个元数据文件，更容易管理，适用于添加或删除数据集时的操作。不过，由于获取的是关系表格数据的一条记录，需要用户系统能够接受这种特定形式的数据。因此，通常建议使用元数据库的方式，因为它更容易管理，并且适用于数据仓库的维护和更新。但选择存储方式也应根据具体需求和系统特点来决定。

元数据库在数据仓库管理中的作用非常重要，因为它不仅用于存储元数据，还包含用于操作和查询元数据的机制。使用主流的关系数据库管理系统来建立元数据库是一个不错的选择，因为这样可以确保元数据库的稳定性和可靠性。元数据库的建立具有多重好处，包括提供统一的数据结构和业务规则，便于将企业内部的多个数据集市有机地集成起来。有些企业选择建立多个数据集市而不是一个集中的数据仓库，这种情况下，建立一个元数据库可以在初期支持数据仓库实施工作，为后续的开发和维护提供重要帮助。元数据库还有助于确保数据仓库数据的一致性和准确性，为企业进行数据质量管理提供基础。

4.6.3 元数据的作用

在数据仓库中，元数据扮演着关键的角色，具有多种作用，包括：

（1）描述数据：元数据帮助决策分析者明确哪些数据存储在数据仓库中，帮助他们更容易地定位所需的数据，从而支持决策和分析工作。

（2）数据导入和处理指南：元数据定义了数据进入数据仓库的方式和规则，包括数据的抽取、转换、清洗等过程，它们作为数据集成的指南，确保数据的一致性和准确性。

（3）记录数据抽取时间：元数据记录了业务事件的发生时间和随之进行的数据抽取工作的时间安排，有助于跟踪数据的历史变化。

（4）数据一致性：元数据用于记录和检测系统数据一致性的要求和执行情况，确保数据在整个数据仓库中保持一致性，避免数据冲突或不一致。

（5）数据质量评估：元数据还可以用于评估数据质量，包括数据的完整性、准确性、一致性和可用性等方面，帮助数据管理员和分析人员确保数据的高质量和可信度。

4.6.4 粒度

在数据仓库中，粒度是一项至关重要的概念，它代表了数据的层次和细节程度,对于数据仓库的设计和查询效率具有重大影响。粒度可以被视为数据的精细度,不同的粒度适用于不同类型的查询需求。例如,在一个零售数据仓库中,如果需要了解每日的销售总额,那么较高粒度的数据,如每日销售总额,可能足够。但如果需要深入分析每个产品的每日销售情况,就需要更低粒度的数据,如每个产品每日的销售记录。为了在数据仓库中提供灵活的查询支持,通常会采用多个粒度的数据存储策略。此外,为了提高数据管理效率和查询性能,数据仓库常常使用数据分区存储技术,将数据划分成多个小单元,以便更好地管理和查询数据,同时也解决了数据修剪和数据删除的问题。

根据粒度的不同,数据仓库中的数据可以被划分为不同级别,包括早期细节级、当前细节级、轻度综合级和高度综合级等。通常,在 ETL(抽取、转换、加载)过程中,源数据首先进入当前细节级,这是最接近原始数据的层次。随后,根据特定的业务需求,数据可以进一步聚合和处理,从而分别进入轻度综合级和高度综合级。这种层次结构允许数据仓库根据不同的查询需求提供不同粒度的数据,从原始的详细数据到更高层次的综合数据。同时,随着时间的推移,数据会过期,因此当前数据粒度的具体划分会直接影响数据仓库中的数据量和查询质量。图 4-3 显示了典型数据仓库的粒度。

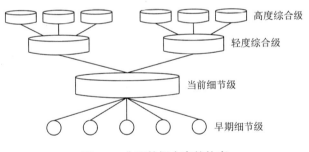

图 4-3 典型数据仓库的粒度

4.6.5 通用数据仓库元模型

数据仓库中数据的多粒度化为用户使用数据提供了极大的灵活性和便利性。举例而言,假设有一个家用电器销售的数据仓库,不同部门如市场、财务和销售,可以根据各自的需求以不同的数据粒度进行数据查询和分析。如果财务部门需要了解某特定地区的销售收入,他们只需简单地将数据粒度调整到地区级别,而无需重新采集或处理原始数据,从而大幅节省了时间和资源。

目前,大部分商务智能产品都有不同的元数据模型,这就可能给集成不同产品带来麻烦。针对这个问题,元数据模型的标准化管理是有必要的。

通用数据仓库元模型（Common Warehouse Metamodel，CWM）是一种用于存储和管理不同元数据的标准。它被设计用于解决元数据交换的问题，并得到了众多科技公司如 IBM、Oracle、NCR、Sun 和 HP 等的支持。CWM 采用基于 XML 的元数据交换模型，为新一代数据仓库系统提供了可能性。这一标准的出现有助于不同数据仓库工具和平台之间更加顺畅地共享和交换元数据，促进了数据仓库生态系统的互操作性和发展。它在数据仓库领域的应用为数据管理和集成提供了更加标准化和高效的方式。

通用数据仓库元模型通过不断地完善模型标准来管理元数据，其中 Package 通过 CMG 提供的标准交互式数据语言（Interactive Data Language，IDL）转换为关系数据库管理系统中的 SQL 或存储过程实现。这里的 Package 利用统一的接口方便应用存储元数据。这样，元数据就可以在不同商务智能系统之间交换和共享，从而减少商务智能构建的费用。

4.7 ETL

数据仓库的构建过程不仅仅是简单地积累数据，而是需要经过一系列关键步骤，其中一个重要的环节是 ETL（Extract，Transform，Load，即数据抽取、转换、装载）。ETL 是数据仓库构建的核心环节，它涉及数据的抽取、清洗、转换以及装载，对数据仓库的质量和可用性产生重大影响。市场上存在多种主流的 ETL 工具，例如 IBM 的 DataStage、Informatica 的 PowerCenter 以及免费的工具如 Kettle 等。

IBM 的 DataStage 是一套用于数据抽取、转换和加载（ETL）的集成工具。它的主要目标是简化和自动化数据集成的过程，使企业能够从多种不同的数据源中提取数据，并对这些数据进行必要的转换和清洗，最终将其加载到目标数据集市或数据仓库中。DataStage 提供了可视化的界面和强大的数据转换功能，使数据工程师和分析师能够轻松地管理和处理数据，以支持企业的业务需求。

Informatica PowerCenter 是一款强大的数据集成工具，专注于访问和集成各种不同来源和格式的数据。它具有多数据源支持的特点，可以轻松连接和整合关系数据库、平面文件、Web 服务、云数据存储等几乎任何类型的业务系统和数据源。这个工具以高性能著称，通过并行处理和优化的数据转换，能够高效处理大规模数据集成任务。同时，PowerCenter 还具备高度可扩展性，可以根据企业的需求进行扩展，以适应不断增长的数据集成需求。其高可用性和容错性功能确保数据集成服务的持续提供，即使在故障情况下也能减少系统停机时间。可视化开发环境使数据工程师能够轻松创建、管理和监视数据集成工作流程。此外，PowerCenter

还提供了数据质量和数据监控功能，帮助用户识别和解决数据质量问题，同时监控数据集成流程的运行情况。

Kettle 是一款功能强大的开源 ETL 工具，完全采用 Java 编写，可在多个操作系统上无缝运行，包括 Windows、Linux 和 Unix。它的绿色版无需安装，非常方便使用。Kettle 以其高效稳定的数据抽取能力而闻名，可以轻松处理各种数据源的数据提取、转换和加载任务。此外，Kettle 还提供了丰富的 SDK（软件开发工具包），使开发人员能够根据自己的需求进行二次开发和定制。更重要的是，Kettle 是一款开源工具，其源代码对开发者完全开放，这意味着用户可以根据自己的需求自由地修改和扩展工具的功能，从而满足特定的 ETL 需求。ETL 的主要功能有以下几种。

4.7.1 数据抽取

数据仓库的数据抽取过程是确保数据仓库中只包含与决策相关的数据的重要步骤。这个过程需要按照以下步骤进行。

确认数据源的数据及其含义：首先需要明确源数据库中的数据是什么，以及这些数据的含义。包括理解源数据表、字段、数据类型和业务逻辑。

抽取：在确定了数据源的内容后，需要确定要访问源数据库中的哪些文件或表，并确定需要从这些文件或表中提取哪些字段。这个过程通常包括编写抽取查询或使用 ETL 工具来提取数据。

抽取频率：数据仓库需要定期更新数据，因此需要确定数据抽取的频率。这可以是每天、每周、每月或其他时间间隔，具体取决于数据的变化速度和业务需求。

输出：确定数据的输出目的地和输出的格式。这可能涉及将数据加载到数据仓库中的特定表格或文件中，以供后续分析使用。

异常处理：在数据抽取过程中可能会出现问题，例如源数据不可用或数据格式不匹配。因此，需要制定异常处理策略，以便在出现问题时能够及时处理和通知相关人员。

4.7.2 数据转换

数据仓库的数据通常来自多种不同的数据源，这些源数据可能具有不同的格式、粒度和结构。在将源数据装载到数据仓库之前，必须进行数据转换，以确保数据仓库中的数据是一致的、可比较的和适用于决策分析的。数据转换的主要任务是对数据粒度以及不一致的数据进行转换。

（1）不一致数据的转换：在不同数据源之间或在同一数据源内部，数据的命名、编码、单位等方面可能存在不一致性。例如，一个应用系统中将北京表示为"BJ"，上海表示为"SHA"，而另一个系统使用数字编码，如 1 代表北京，2 代表上海。这种不一致性需要在数据转换过程中得到解决，以确保数据仓库中的数据具有一致的格式和语义。同样，不同系统的编码、单位、值域等也需要在数据转换中进行统一，以便在数据仓库中进行有效的分析和查询。例如，某供应商在结算系统的编码是 770011，而在 CRM 中编码是 CC0011，这时就需要抽取后统一转换编码。

（2）数据粒度的转换：业务系统通常存储细粒度的事务性数据，而数据仓库中的数据通常需要多个不同粒度的数据。这意味着需要对细粒度的事务数据进行聚合，以生成更高层次的数据粒度，以支持不同层次和粒度的查询和分析需求。例如，从销售事务数据中可以聚合生成每日、每周、每月或每季度的销售总额，以满足不同时间粒度的查询需求。

4.7.3 数据清洗

数据源中的数据质量至关重要，因为低质量的数据可能导致不准确的决策，甚至错误的决策。此外，脏数据或不可用的数据还可能引发报表不一致等问题。因此，对数据源的数据质量进行全面的校验和清洗是必要的，以最大限度地减少错误。这个过程被称为数据清洗（Data Cleaning）。一些商务智能企业提供了数据质量防火墙工具，如 Business Objects 的 Firstlogic，它们能够自动降低数据中的噪声和错误。清洗后的数据需要经过业务主管的确认和修正，然后才能被抽取到数据仓库中。数据清洗的目标是处理各种数据源中可能存在的问题，确保最终的数据是准确、一致和可信的。数据质量是数据管理中的重要问题，常见的数据质量问题包括：

重复数据：这是指在数据集中存在重复的数据记录，可能是重复输入或数据集成等原因导致的。重复数据会增加数据处理的复杂性和计算开销。

缺失数据：缺失数据指的是数据集中某些字段或数值为空或缺失。这种情况常见于数据采集或输入错误，也可能是数据源不完整导致的。

错误数据：错误数据包括虚假值、异常取值和未知错误等。这些错误可能源于业务系统的错误数据输入，缺乏数据验证或不完整的数据处理流程。

数据冲突：数据冲突涉及数据集中相关字段之间的不一致性，如地理位置和邮政编码之间的不匹配。例如，一个顾客记录中省份字段使用 BJ（北京），而此顾客的邮政编码字段使用 200000（上海地区的邮政编码）。数据冲突可以发生在同一数据源内部或多个数据源之间，需要及时识别和解决。

4.7.4 数据装载

数据装载是将经过数据抽取、转换和清洗后的数据加载到数据仓库中的过程。通常情况下，数据装载应该在源系统完成数据更新之后进行，以确保数据的一致性和准确性。如果数据仓库的数据来自多个相互关联的操作系统，那么在这些系统同步工作时需要进行数据装载，以确保数据的及时可用性和一致性。

1. 数据装载方式

（1）基本装载：基本装载方式是将转换过的数据覆盖目标表中的已有数据，适用于完全替换目标表数据的情况。在装载时，先删除目标表中的现有数据，然后将新数据装载进去。这种方式适用于需要保持目标表数据与源数据一致的场景，例如定期全量装载。

（2）追加装载：追加装载方式用于在目标表中已经存在数据的基础上增加新的数据，而不是替换现有数据。如果输入数据记录与已有记录重复，可能会导致重复数据的出现，或者根据配置选择丢弃新输入的数据。这种方式适用于需要在目标表中保留历史数据的情况，如日志记录。

（3）破坏性合并：破坏性合并方式是在输入数据记录的主键与已有记录的主键相匹配时，使用新输入数据更新目标记录的数据。如果输入记录是新的且没有匹配的现存记录，那么将这条输入记录添加到目标表中。这种方式适用于需要定期更新目标表中的数据，但不需要保留历史数据的情况。

（4）建设性合并：建设性合并方式是在输入的记录主键与已有记录的主键相匹配的情况下，保留已有记录并增加输入的记录，同时标记输入记录作为旧记录的替代。这种方式适用于需要保留历史数据并记录变更历史的情况，如客户信息变更追踪。

2. 数据装载类型

数据转换和清洗后，将数据装载到数据仓库是数据仓库构建过程中的重要步骤，通常有以下几种装载类型：

（1）初始装载：初始装载是将整个数据仓库的数据一次性装载到目标表中。这通常在数据仓库首次建立或需要全量更新数据仓库时使用。初始装载可以确保数据仓库与源数据一致，并提供一个干净的数据基础。

（2）增量装载：增量装载用于将源数据的变化同步到数据仓库中，以保持数据仓库与源数据的同期性。这种方式通常用于定期更新数据仓库，而不是全量装载。增量装载只装载源数据中发生变化的部分，减少了数据传输和装载的开销。

（3）完全刷新：完全刷新是周期性地重写整个数据仓库，有时也可能只对一些特定的数据进行刷新。这种方式通常用于确保数据仓库中的数据与源数据的一致性,尤其是在源数据的质量或结构发生较大变化时。

在初始装载完成后,为维护和保持数据的有效性,通常采用更新和刷新的方式。更新是指对源数据的变化进行记录和更新,以保持数据的实时性。刷新则是指对数据仓库中的数据进行重新装载,以确保数据的准确性和完整性。

4.8 数据仓库的数据组织

数据仓库通常采用分级方式组织数据,包括以下 5 个部分:

(1)早期细节数据:这部分数据存储了过去的详细数据,反映了历史情况。虽然数据量随时间增加而变得庞大,但由于使用频率较低,通常存储在转换介质中。

(2)当前细节数据:当前细节数据包含了最近时期的业务数据,反映了当前业务情况。由于这是数据仓库用户最感兴趣的部分,数据量较大。随着时间的推移,当前细节数据会根据数据仓库的时间控制机制逐渐变为早期细节数据。

(3)轻度综合数据:轻度综合数据是从当前基本数据中提取出来的,通常以较小的时间段进行统计。这类数据相对于细节数据来说,数据量要小得多。

(4)高度综合数据:高度综合数据是一种经过精炼处理的数据,通常用于难以作出决策的情况。这些数据具有更高的汇总和分析级别,以支持高级决策分析。

(5)元数据:元数据是数据仓库的组织结构的统一描述,它不包含任何业务数据库中的实际数据信息。元数据对数据仓库的管理和使用起着关键作用,帮助用户理解数据仓库中的数据结构和内容。

4.9 数据仓库的体系结构

数据仓库系统通常采用包含 4 个层次的体系结构,具体如图 4-4 所示。

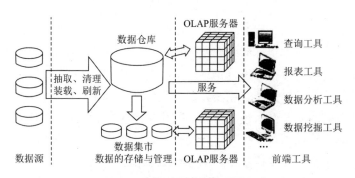

图 4-4 数据仓库系统体系结构

（1）数据源（Data Sources）：数据仓库的基础，包括企业内部和外部信息。内部数据包括各种业务处理数据和文档数据，通常存储在关系数据库管理系统（RDBMS）中。外部数据则包括法律法规、市场信息、竞争对手数据、统计数据和文档等。数据源是数据仓库的数据来源，质量和多样性对数据仓库的价值至关重要。

（2）数据的存储与管理（Data Storage and Management）：这是数据仓库的核心，涉及数据的存储和组织管理。数据仓库与传统数据库不同，它以主题为中心，对数据进行抽取、清洗、集成，并按照主题进行组织。根据数据覆盖范围的不同，可以划分为企业级数据仓库和部门级数据仓库(数据集市)。选择适当的产品和技术来建立数据仓库的核心是确保数据质量和性能的关键。

（3）OLAP 服务器（Online Analytical Processing Server）：对数据进行多维分析的关键组件。它有效地集成数据，按多维模型进行组织，支持多角度和多层次的分析，以便用户发现趋势和进行复杂的数据分析。OLAP 服务器可以采用不同的实现方式，如 ROLAP、MOLAP 和 HOLAP，具体选择取决于需求和系统设计。

（4）前端工具（Front-End Tools）：包括各种报表工具、查询工具、数据分析工具、数据挖掘工具以及基于数据仓库或数据集市的应用开发工具。这些工具使用户能够访问和分析数据，生成报表，进行数据挖掘和开发应用程序。前端工具是数据仓库系统的用户接口，支持用户进行决策分析和业务应用。

4.10 数据仓库的开发步骤

建立数据仓库是解决企业问题的关键过程。通常，业务人员和技术人员在数据仓库项目中各自发挥关键作用。业务人员了解企业需求和决策需求，但可能不熟悉数据仓库的技术方面。技术人员懂得如何建立和维护数据仓库，但可能不了解业务需求。因此项目小组中的沟通和协作至关重要，以确保数据仓库满足业务需求并提供有价值的决策支持。业务人员和技术人员需要密切合作，共同制定项目计划、数据模型和报表需求。这种协作有助于确保数据仓库在整个企业中得到充分利用，从而解决问题并实现战略目标。开发数据仓库的过程包括以下几个步骤。

4.10.1 系统分析，确定主题

建立数据仓库的第一步是与业务部门进行充分的交流和合作。这个过程的关键是深入了解建立数据仓库的目的和需解决的问题。通过与业务人员的密切合作，

可以确定每个决策主题下的查询和分析需求，确保数据仓库能够真正满足业务需求。

业务人员通常会提出各种问题和需求，信息部门的人员需要仔细聆听并分类汇总这些问题。这有助于确保数据仓库的设计和构建能够精确地反映业务需求，而不仅仅是技术的实现。通过深入的业务理解，可以确定数据仓库所需的业务功能和报表，以便为业务人员提供有关决策支持的信息。一旦问题被明确定义，信息部门的人员需要进一步考虑以下几个关键因素，以确保数据仓库项目的成功：

（1）操作频率：了解业务部门的查询和分析操作频率，即他们需要频繁地访问数据仓库以解决问题。这有助于确定数据仓库的数据刷新频率和性能要求，以满足业务的及时性需求。

（2）数据保留周期：确定需要在系统中保留多长时间的数据，即数据的生命周期。这可以根据法规、合规性要求或业务需求来确定，例如2年、5年或10年等。数据的生命周期决策会影响存储和数据清理策略。

（3）查询方式：确定用户主要的查询方式和习惯，包括时间维度的选择，如按照自然年还是会计年进行查询。这有助于设计数据仓库的维度和聚合策略，以满足不同的查询需求。

（4）响应时间：了解用户对查询响应时间的期望，即他们能够接受的最大等待时间是多长。这有助于优化数据仓库的性能，确保在合理的时间内提供查询结果。

由于业务和技术之间的理解差异，数据仓库项目可能需要多次往复的沟通和协作。信息部门的人员可能需要创建原型演示，以演示系统将要实现的功能，以便最终确认数据仓库满足业务部门的需求。这个过程是确保数据仓库项目成功的关键步骤，可以最大限度地满足业务的期望和要求。

4.10.2 选择满足数据仓库系统要求的软件平台

确定数据仓库需解决的问题后，选择适合的软件平台是确保项目成功的重要一步，包括数据库、建模工具、分析工具等。这里有许多因素要考虑，如系统对数据量、响应时间、分析功能的要求等，以下是一些公认的选择标准：

（1）厂商背景和支持能力：评估软件供应商的声誉、历史和支持能力。确保他们能够提供全方位的技术支持和咨询服务，以便在项目中获得必要的帮助和支持。

（2）数据量支持：考虑数据仓库所需的数据量。如果您的项目需要处理大规模数据，确保选择的数据库能够轻松处理TB级别的数据量。

（3）并行操作支持：数据仓库通常需要并行处理大量数据，因此选择的数据库应该支持并行操作，以提高数据处理效率。

（4）建模工具和元数据管理：了解数据库是否提供建模工具，以帮助设计和管理数据仓库的数据模型。同时，考虑数据库是否支持有效的元数据管理，以跟踪数据源、数据定义和数据质量等信息。

（5）数据加载和转换工具：确保数据库提供了用于数据加载、转换和传输的工具。这些工具应该能够有效地将数据从源系统提取到数据仓库中，尤其是对于大数据量的情况。

（6）决策支持工具：评估数据库是否提供完整的决策支持工具集，以满足数据仓库中不同用户的需求。这包括报表工具、分析工具、数据挖掘工具等，以支持各种查询和分析操作。

4.10.3 建立数据仓库的逻辑模型

在建立数据仓库的过程中，创建逻辑数据模型是一个关键步骤，以下是具体的步骤：

（1）确定建立数据仓库逻辑模型的基本方法：在此阶段，您需要确定创建逻辑数据模型的方法和技术。通常包括选择建模工具和定义数据建模的标准和规范。

（2）基于主题视图转化数据：数据仓库的逻辑模型应该基于主题视图，这是业务部门所关心的主题或问题的抽象。将主题视图中的数据定义转化为逻辑数据模型的表和关系。

（3）识别主题之间的关系：确定不同主题之间的关系，包括关联、依赖和聚合等。这有助于构建数据模型，以支持跨主题的查询和分析。

（4）分解多对多关系：如果存在多对多的关系，需要将其分解为适当的一对多或多对一关系，以便更好地进行数据建模和查询。

（5）使用范式理论检验模型：应用范式理论来检验逻辑数据模型的规范性和数据的一致性。这有助于确保模型的质量和性能。

（6）由用户审核模型：最后，将逻辑数据模型提交给业务用户进行审核和确认。用户的反馈和审查将确保模型满足业务需求并准确反映业务逻辑。

4.10.4 逻辑数据模型转化为数据仓库模型

在数据仓库建设的过程中，以下是一些具体步骤和策略：

（1）删除非战略性数据：数据仓库模型不必包含逻辑数据模型中的所有数据项。非战略性数据，尤其是用于操作处理的数据项，可以在数据仓库中删除，以减少数据仓库的复杂性。

（2）增加时间主键：数据仓库中的数据通常是按照时间的快照进行组织的。为了支持时间分析和历史数据的追溯，必须在数据模型中增加时间主键，以便对数据进行时间序列分析。

（3）增加派生数据：派生数据是指从原始数据中计算或生成的数据，通常用于满足用户的特定需求或提高性能。这些派生数据可以提前计算并存储，以加快查询响应时间。

（4）加入不同级别粒度的汇总数据：数据粒度表示数据的细化程度，不同级别的粒度代表数据的不同汇总程度。在数据仓库中，可以加入不同级别粒度的汇总数据，以支持不同类型的查询。这有助于平衡数据仓库的查询性能和数据详细程度之间的矛盾。

数据操作的效率与获得详细数据之间存在一种明显的权衡关系。通常情况下，人们期望数据仓库系统能够在保持高效性能的同时提供所需的详细信息。在实施数据仓库项目时，有一个重要的原则是避免试图涵盖所有详细数据，因为事实表明，大多数分析需求可以通过访问汇总数据来满足，而不必深入到每个细节数据点。将数据粒度细化到最低级别可能会导致系统成本增加，同时降低系统性能，但这些细节数据并不总是每次分析所必需的。因此，在数据仓库设计中，需要仔细权衡数据的详细程度、性能需求以及系统成本，以找到最佳的平衡点。事实上，大约90%的分析需求可以通过使用汇总数据而不是细节数据来满足。

4.10.5 数据仓库数据模型优化

在设计和维护数据仓库时，性能始终是一个关键因素。为了确保数据仓库能够高效运行，并满足用户需求，需要考虑性能优化的方法。以下是一些优化数据仓库设计和运维性能的主要方法：

（1）合并不同的数据表：将具有相似结构和数据特性的表合并为一个表，以减少数据存储和查询的复杂性。

（2）增加汇总表：创建汇总表可以避免在查询过程中进行动态数据汇总操作，从而提高查询性能。

（3）减少表连接数量：限制表连接的数量，通常不应超过3个，以减少复杂性和提高性能。

（4）使用ID代码作为键值：将ID代码用作关联表的键值，而不是使用描述信息，可以加快连接操作的速度。

（5）数据表分区：将数据表分成多个分区可以提高查询性能，特别是在大型数据仓库中。分区可以根据时间、地理位置或其他相关因素进行。

4.10.6 数据清洗转换和传输

由于业务系统在不同的软硬件平台上运行，采用不同的编码方法，因此在将业务系统中的数据加载到数据仓库之前，必须进行数据的清洗和转换，以确保数据仓库中的数据具有一致性。在设计数据仓库的数据加载方案时，必须满足以下几项要求：

（1）确保加载方案具备访问不同数据库和文件系统的能力。

（2）保证数据的清洗、转换和传输满足时间要求，能够在规定的时间范围内完成。

（3）支持各种转换方法，并能够将这些方法组织成一个有效的工作流程。

（4）实现增量加载功能，只将自上一次加载以来发生变化的数据加载到数据仓库中。

4.10.7 开发数据仓库的分析应用

建立数据仓库的最终目标是为业务部门提供决策支持。因此，必须选择适当的工具和技术，以满足业务部门对数据仓库中数据分析的需求。信息部门在选择开发工具时需要考虑以下要求：

（1）满足用户的各种分析功能需求：不同业务部门的用户可能需要不同类型的分析功能，包括简单的报表生成、预测分析、趋势分析等，所选择的工具必须能够满足多样化的需求。

（2）提供灵活的表现方式：工具应该能够以直观、灵活的方式呈现分析结果，包括支持复杂的图表和可视化展示。用户应该可以选择适合他们需求的表现方式，例如，客户/服务器模式或浏览/服务器模式等。

当涉及数据仓库的分析功能需求时，通常没有单一工具能够满足所有需求。因此，一个完善的数据仓库系统可能需要多个工具协同合作。在这种情况下，关键是确保这些工具之间具有良好的接口和集成性，以便用户可以以一致的方式访问它们，尽管它们可能涵盖不同的分析领域。这通常需要中间件或数据仓库管理工具来协调各工具之间的数据传递和协作，以提供一致的用户体验。

4.10.8 数据仓库的管理

只专注于数据仓库的创建，而忽略了数据仓库的管理，通常会导致数据仓库项目的失败。数据仓库管理包括2个关键方面：数据库管理和元数据管理。数据库管理需要综合考虑以下几个关键方面：

（1）安全性管理，确保只有经授权的用户能够访问其权限范围内的数据，同时要关注数据传输中的加密策略。

（2）数据仓库的备份和恢复策略，包括备份频率和数据仓库的规模，以确保数据的可靠性和紧急情况下的快速恢复。

（3）保障数据仓库系统的可用性，考虑硬件和软件层面的方法，以确保系统的稳定性和高可用性。

（4）数据老化策略，包括数据保留周期和处理过期数据的方法，例如只保留历史数据的汇总信息，而不保留当年数据的详细记录。

元数据管理在整个系统建设过程中扮演着重要的角色，因为元数据是对数据进行描述的数据。

在数据采集阶段，元数据主要包括下列信息：

（1）元数据的描述和定义，包括数据类型、存储位置和数据结构等信息。

（2）数据转换规则，包括编码规则和行业标准，用于数据清洗和转换过程。

（3）目标数据仓库的模型描述，如星状模型或雪花模型，以及维度和事实表的结构定义。

（4）元数据与目标数据仓库之间的映射关系，包括函数和表达式的定义，用于数据的转换和加载。

（5）代码生成，包括生成数据转换程序和自动加载程序等，以实现数据仓库的建设和维护。

在数据管理阶段，元数据主要包括下列信息：

（1）汇总数据的描述，包括汇总和聚合的层次，以及物化视图的结构定义，用于提高查询性能。

（2）历史数据的存储规则，包括历史数据的存储位置和存储粒度，用于支持历史数据的分析和回溯。

（3）多维数据结构的描述，包括立方体的定义、维度的结构、度量值的指标以及钻取的层次定义等，用于多维数据分析和切片。

在数据展现阶段，元数据主要包括以下信息：

（1）报表的描述，包括报表结构的定义，用于生成各种类型的报表。

（2）统计函数的描述，包括各种统计分析函数的定义，用于数据分析和计算。

（3）结果输出的描述，包括图形和表格输出的定义，以便将分析结果呈现给用户。

元数据的关键特点是它们不仅可以独立存储，还对用户是透明的，这意味着用户可以访问和使用元数据，而不需要了解元数据的具体存储方式和结构。

第 5 章

在线分析处理

5.1 OLAP 简介

数据处理可以大致分为两大类：在线事务处理（On-Line Transaction Processing，OLTP）和在线分析处理（On-Line Analytical Processing，OLAP）。OLTP 主要用于传统的关系型数据库系统，用于处理基本的日常事务，例如银行交易和订单处理。而 OLAP 则是数据仓库系统的主要应用领域，它支持复杂的数据分析操作，侧重于提供决策支持，并且能够提供直观易懂的查询结果，帮助用户更好地理解数据。

20 世纪 60 年代，关系数据库之父 E.F.Codd 提出了关系模型，这一模型推动了在线事务处理（OLTP）的发展。OLTP 通常涉及一组记录的查询和修改，用于处理短暂的交易事务，例如实时库存更新、银行账户交易记录、顾客订单等。然而，在日常决策中，决策者需要进行更精细的数据分析，不仅需要查看数据，还需要从多个角度分析问题，以便发现多个变量之间的关系。这些不同的数据观察角度被称为维度，这种需求推动了在线分析处理（OLAP）的发展。

1993 年，E.F.Codd 首次引入了在线分析处理（OLAP）这一理念，他持有的观点是，传统的在线事务处理（OLTP）已不再适应终端用户对数据库的查询和分析需求。对于大型数据库的基础查询，SQL 查询语言已经不能完全满足终端用户在数据分析方面的需求。在进行决策分析的过程中，用户必须对关系数据库执行复杂的运算以获得他们所期望的数据，而传统的查询方式往往不能满足决策者的这些复杂要求。因此，E.F.Codd 引入了多维数据库和多维分析的新概念，也就是 OLAP，以更好地满足相关需求。

OLAP（On-Line Analytical Processing）代表了一种先进的软件技术，其主要目的是让分析师、管理层或执行人员能够从多种视角迅速、统一和互动地获取信息,从而对数据有更深入的理解。OLAP 的核心目标是为决策提供支持,并在多维环境中满足特定的查询和报告需求,其关键技术理念被称为"维度"。在 OLAP 的定义中,一个"维度"象征着从一个特定的视角或更高的层次来观察和分类客观世界。通常情况下,维度涵盖了众多的层级关系,而这些关系在某些情况下可能是相当复杂的。通过为实体将多个关键属性定义为不同的维度,用户能够对比这些维度上的数据,这也使得 OLAP 被看作是一个多维数据分析的工具集,让用户可以对数据有更深入的了解。

5.2 OLAP 的定义和相关概念

5.2.1 OLAP 的定义

OLAP 委员会提供了一种正式且严格的在线分析处理(OLAP)定义。根据他们的定义,OLAP 是一种使管理人员能够从多个角度对原始数据进行快速、一致和交互访问的技术,以获取对数据更深入的理解。这些数据必须是从原始数据中转化出来的,能够为用户所理解,并真实反映业务维度的特性。根据用户选择的分析角度,OLAP 能够快速从一个维度切换到另一个维度,或者在不同维度成员之间进行比较。这使用户能够以直观易懂的方式审视业务的经营状况,并为管理人员提供决策支持。这个定义强调了 OLAP 的能力,即根据用户需求动态切换和分析数据,以帮助他们更好地理解业务情况。

5.2.2 OLAP 的相关概念

1. 变量

变量(也称为度量)是描述数据的实际语义,即它告诉我们数据表示的是什么。举例来说,一个数字"10000"本身并没有特定的意义,它可以表示学校的学生人数、某种产品的单价、某个商品的销售额等。通常情况下,变量是用来度量数值的指标。例如,"人数""单价""销售量"等都可以被视为变量或度量,而"10000万元"则是变量的一个具体数值,通常被称为度量值,例如销售额为 10000 万元。变量提供了数据的语义和含义,帮助我们理解数据所代表的内容。

2. 维

维(Dimension)是数据分析中的不同观察角度,如时间和地区。维度帮助我们从多个角度理解数据,是 OLAP 的关键概念,支持多维数据分析,从而更好地支持决策制定。例如,企业常需要从不同角度观察数据,例如时间和地区,以更好地了解销售情况。时间和地区被称为维（Dimension），是 OLAP 中关键的概念，帮助企业进行多维数据分析，支持决策制定。例如，时间维允许企业查看产品销售随时间的变化，而地区维允许查看产品销售在不同地区的分布情况。

3. 维的层次

数据的某个特定角度（维）可以存在不同的描述层次（Hierarchies），这些层次允许以不同的粒度观察数据。举例来说，时间维可以有年、季、月、日等不同的层次，而地区维可以包括县、市、省、大区、国家等不同的层次。这些层次帮助用户更灵活地分析数据，根据需要从不同层次获取信息。

4. 维成员

维的一个取值被称为维的一个成员（Member），也可以称为维值。当一个维具有多个层次时，一个维的成员是不同维层的取值的组合。举例来说，如果时间维有年、月、日 3 个层次，那么一个时间维的成员可以是"某年某月某日"的组合，也可以是仅包含年份或月份的组合，例如"某年某月"或"某年"。这些不同层次的取值组合都可以是时间维的成员。

5. 多维立方体

多维数据模型的数据结构通常以多维数组的形式表示，形如（维1，维2，……，维n，度量值）。例如，如图 5-1 所示的电器商品销售数据可以表示为一个三维数组，包括商品、时间、地区维度，以及一个度量值如销售额，表现为（商品，时间，地区，销售额）。可以将这个三维数组直观地看作一个立方体，通常称为多维立方体或 Cube。多维立方体是多维数据模型的核心概念，它有助于进行多维度的数据分析和查询。

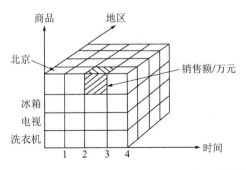

图 5-1　按商品、时间和地区组织的电器商品销售数据

6. 数据单元

多维立方体 Cube 的取值被称为数据单元（Cell）。当多维立方体的各个维度

都选择一个维成员时，这些维成员的组合就唯一确定了一个度量值的值。对于三维以上的超立方体，可视化呈现通常比较困难。因此，人们使用更形象的描述方式，如"星状模式"（Star Schema）和"雪花模式"（Snowflake Schema），来表示多维数据模型的结构。

5.3　OLAP 与 OLTP 的区别

OLAP 与 OLTP 之间存在显著的区别。OLAP（On-Line Analytical Processing）主要应用于数据仓库系统，支持复杂的分析操作，旨在提供决策支持，并提供直观易懂的查询结果。它主要面向决策人员和高层管理人员，用于深入分析数据仓库中的信息。相比之下，OLTP（On-Line Transaction Processing）是传统的关系型数据库的主要应用，用于处理日常的操作事务，如银行交易或在线购物。它主要面向操作人员和底层管理人员，用于数据库中的常规操作，如查询、插入、更新和删除，以完成日常事务处理工作。

OLTP 和 OLAP 的不同，主要通过以下 5 点区分开来：

（1）用户和系统的面向性：OLTP 主要面向顾客和事务处理，而 OLAP 则更侧重于市场和数据分析，用于支持决策。

（2）数据内容：OLTP 系统主要管理当前数据，而 OLAP 系统管理大量历史数据，支持数据汇总和聚集。

（3）数据库设计：OLTP 通常采用实体-关系（E-R）模型和面向应用的数据库设计，而 OLAP 采用星状或雪花模式和面向主题的数据库设计。

（4）视图：OLTP 主要关注内部组织的当前数据，不涉及历史数据或不同组织的数据，而 OLAP 更广泛地涵盖不同组织和历史数据。

（5）访问模式：OLTP 系统的访问以短的原子事务为主，需要并行处理和恢复机制，而 OLAP 系统的访问大多是只读操作，侧重于查询和分析。

OLAP 与 OLTP 的主要区别如表 5-1 和表 5-2 所示。

OLTP 与 OLAP 数据的区别　　　　　　　　　　表 5-1

OLTP 数据	OLAP 数据
原始数据	导出数据
细节性数据	综合性和提炼性数据
当前值数据	历史数据
可更新	不可更新，但周期性刷新

续表

OLTP 数据	OLAP 数据
一次处理的数据量小	一次处理的数据量大
面向应用、事务驱动	面向分析、分析驱动
面向操作人员，支持日常操作	面向决策人员，支持管理需要

OLTP 与 OLAP 的比较　　　　表 5-2

项目	OLTP	OLAP
用户	操作人员、低层管理人员	决策人员、高级管理人员
功能	日常操作处理	分析决策
DB 设计	面向应用	面向主题
数据	当前的、最新的、细节的、二维的、分立的	历史的、聚集的、多维的、集成的、统一的
存取	读/写数十条记录	读上百万条记录
工作单位	简单的事务	复杂的查询
用户数	上千个	上百个
DB 大小	100MB 至 GB 级	100GB 至 TB 级

5.4　OLAP 的分类

OLAP 有多种实现方法，根据存储数据的方式不同可以分为 ROLAP、MOLAP 和 HOLAP。

5.4.1　ROLAP

ROLAP（Relational OLAP）是一种基于关系数据库的在线分析处理实现方法。它将关系数据库作为核心，采用关系型结构来表示和存储多维数据。ROLAP 将多维数据库的结构分为两类表：一类是事实表，用于存储数据和维度关键字；另一类是维表，用于存储维度的层次结构、成员类别等描述信息。这两类表通过主键和外键关联在一起，构成了所谓的"星状模式"。对于复杂的维度结构，为避免数据冗余，可以采用多个表来描述，这被称为"雪花模式"。ROLAP 的主要优势在于它能够实时地从元数据中获取最新的数据更新，以保持数据的实时性。然而，它在处理大量数据时可能表现出较低的计算效率和响应时间，这是其主要的缺点之一。ROLAP 适用于需要与现有关系数据库集成、需要实时数据更新以及需要灵活查询的场景。尽管在运算效率方面有局限性，但在适当的硬件和性能优化下，仍能为用户提供可接受的查询性能。

5.4.2 MOLAP

MOLAP（Multidimensional OLAP）是一种基于多维数据组织的在线分析处理实现方式，其核心在于使用多维数组来存储数据。多维数据以一种称为"数据立方体（Cube）"的结构组织在存储中，经过高度优化后，能够显著提高查询性能。在 MOLAP 中，数据的组织和处理是以多维度为基础的，这使得它特别适用于需要进行复杂多维分析的场景。

然而，MOLAP 也存在一些挑战，其中之一是与元数据的同步问题。由于元数据可能会不断变化，MOLAP 存储中的数据对象需要定期进行处理，以反映这些更改。在处理期间，存在一定的滞后时间，导致数据对象可能不会与当前的元数据完全匹配。为了解决这个问题，维护人员可以执行不中断的增量更新。尽管 MOLAP 在数据分析方面具有高效的计算性能，但数据更新的延迟性是其主要缺点之一。因此，MOLAP 更适合那些对实时性要求较低、更关注数据分析的应用场景。

5.4.3 HOLAP

HOLAP（Hybrid OLAP）是一种混合型的在线分析处理实现方式，它允许用户根据具体业务需求，选择采用 ROLAP 或 MOLAP 模型。一般来说，不常用或需要更灵活定义的分析通常采用 ROLAP 方式，而常用或标准模型则采用 MOLAP 实现。OLAP 系统根据数据处理的地点可以分为两大类：Server OLAP 和 Client OLAP。

（1）Server OLAP：绝大多数 OLAP 系统属于 Server OLAP 类别。这些系统在服务器端的数据库上建立多维立方体，并由服务器端提供多维分析功能。最终的分析结果通过网络呈现给客户端用户。

（2）Client OLAP：Client OLAP 将相关的立方体数据下载到本地客户端，然后在本地进行多维分析。这种方式确保即使出现网络故障，客户端仍然可以正常工作。Client OLAP 产品通常较轻便和简洁。

5.5 OLAP 多维数据分析

OLAP 的主要操作是查询，类似于数据库中的 SELECT 操作。然而，OLAP 引入了一些更直观的操作类型，基于多维模型的定义，使分析更加直观，而不仅限于复杂的关系数据库查询，如多表关联和聚合函数（COUNT、SUM、AVG 等）。

OLAP 的多维分析操作包括钻取、上卷、切片、切块以及旋转，下面以图 5-2 所示的数据立方体为例来逐一解释。

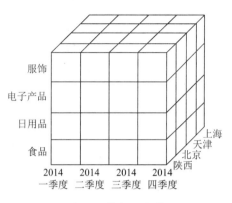

图 5-2　数据立方体

（1）钻取是指在不同维度层次之间的转换，可以从高层次向下一层次深入，或者将汇总数据细分为更详细的数据。例如，如图 5-3 所示，可以将总体销售数据细化为查看 2014 年第一季度每个月的销售数据，这是一个时间维度的钻取操作。同样，也可以进行地理维度的钻取，从陕西省的销售数据深入到西安市、咸阳市、宝鸡市等城市的销售数据。

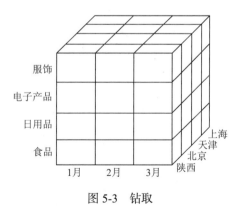

图 5-3　钻取

（2）上卷是钻取操作的逆操作，它将细节数据聚合为更高层次的数据。如图 5-4 所示，可以将陕西省、北京市、天津市和上海市的销售数据上卷，从而查看陕西、京津沪地区的整体销售数据。

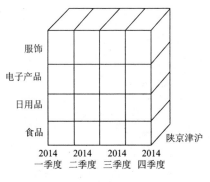

图 5-4 上卷

（3）切片操作是选择维中特定的值进行分析的操作。如图 5-5 所示，可以选择仅查看食品的销售数据，或者只分析 2014 年第二季度的数据。切片操作允许用户聚焦于感兴趣的维度和数据子集，以进行更详细的分析。

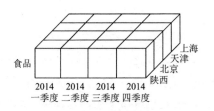

图 5-5 切片

（4）切块操作是选择维中特定区间的数据或者某批特定值进行分析的操作。如图 5-6 所示，可以选择分析 2014 年第三季度到 2014 年第四季度的销售数据，或者筛选出电子产品和日用品的销售数据进行分析。这种操作允许用户在不必考虑整个维度的情况下，专注于特定的时间段或数据子集。

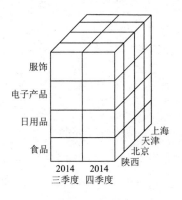

图 5-6 切块

（5）旋转操作指的是维的位置互换，就像将二维表的行和列进行转换一样。如图 5-7 所示，通过旋转操作可以实现产品维和地域维的互换，使产品变成了维度，而地域成为度量，从而可以以不同的方式来查看数据。

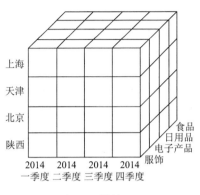

图 5-7　旋转

5.6　OLAP 操作语言

为了更好地支持在线分析处理（OLAP），可以通过扩展数据库操作语言 SQL，获得 MSQL（Multiple SQL）。MSQL 包括了一系列特定于 OLAP 的操作和语法，以便用户可以更方便地进行多维数据的查询和分析。

5.6.1　MSQL

在 SQL 中，常见的函数平均值（avg）、最小值（min）、最大值（max）、和（sum）以及计数（count）等用于多样化查询分析。此外，很多系统还提供了其他聚合函数，如方差（variance）、标准偏差（stdev）等。有些系统甚至允许使用者增加聚合函数。即便如此，SQL 仍然不足以支持 OLAP 操作。一些数据库产品，如 Oracle，开始提供 rollup 和 cube 等操作，把 SQL 扩充为 MSQL，以支持复杂的在线分析处理。

在数据仓库和在线分析系统中，为了提高查询的响应速度，精确高效地汇总数据是必不可少的。汇总的概念是在研究统计对象与 OLAP 维中的聚合导航时提出来的，rollup、cube 操作正是在此概念的基础上形成的。

1. rollup

类似于 group by 子句并且提供了汇总的功能。格式如下（不同数据库产品语言稍有差别）。

Select < columns > from < tablename > where < condition > group by（column1，column2，…）

with rollup order by（column1，column2，…）

表 5-3 为某年各种服装在各个地区的消费额数据，存放在数据库中的关系表 salelist（地区代码、服装类别和消费额）中。

salelist 数据　　　　　　　　　　　　　　　　　表 5-3

地区代码	服装	消费额
华东	休闲服	16333490
华东	其他服装	10223845
华北	休闲服	15846977
华北	其他服装	9753788
华中	休闲服	15667752
华中	其他服装	9620718

用下面的 MSQL 语句查询每个地区的服装消费总额，结果如表 5-4 所示。

select 地区代码，服装类别，sum（消费额）as 消费总额

from salelist group by 地区代码，服装类别

with rollup order by 地区代码，服装类别

从表 5-4 中可以看出，rollup 函数汇总后的结果集包含所有地区、所有服装类别的消费总额，第 1 行表示华东、华北和华中地区休闲服与其他服装的消费总额，第 2、5、8 行分别表示华东、华北和华中地区所有服装的消费总额。

rollup 操作结果集　　　　　　　　　　　　　　　表 5-4

地区代码	服装类别	消费总额
ALL	ALL	77446570
华东	ALL	26557335
华东	休闲服	16333490
华东	其他服装	10223845
华北	ALL	25600765
华北	休闲服	15846977
华北	其他服装	9753788
华中	ALL	25288470
华中	休闲服	15667752
华中	其他服装	9620718

2. cube

cube 操作类似于 rollup，但它的汇总数据基于 group by 子句创建组的所有组合。格式如下：

select < columns > from < tablename > where < condition > group by（column1，colunm2，…）

with cube order by（column1，column2，…）

仍然以服装消费额关系表中的数据为例，cube 函数增加了不同服装类别在所有地区的消费总额的汇总。

select 地区代码，服装类别，sum（消费额）as 消费总额

from salelist group by 地区代码，服装类别

with cube order by 地区代码，服装类别

cube 操作结果集如表 5-5 所示。

cube 操作结果集　　　　　　　　　　　　　　　表 5-5

地区代码	服装类别	消费总额
ALL	ALL	77446570
ALL	休闲服	47848219
ALL	其他服装	29598351
华东	ALL	26557335
华东	休闲服	16333490
华东	其他服装	10223845
华北	ALL	25600765
华北	休闲服	15846977
华北	其他服装	9753788
华中	ALL	25288470
华中	休闲服	15667752
华中	其他服装	9620718

从表 5-5 中可以看出，cube 函数汇总后的结果集与 rollup 的结果集大体相似，但额外增加了不同服装类别在所有地区的消费总额。

需要强调的是，在某些情况下，如果不经过仔细判断就对度量值沿着某些维进行汇总，可能会导致不准确的结果，从而制定错误的决策。因此，对维度的汇总必须经过审慎的考虑，这是一项至关重要但容易被忽略的任务。确保在进行多

维数据分析时，对维度的汇总和聚合是准确和合适的，以避免误导性的分析结果。

5.6.2 多维表达式

多维表达式（Multi-Dimensional Expressions，MDX）是专为多维数据检索设计的结构化查询语言，能够使多维数据的访问更加简便、直观。与 SQL 查询类似，每个 MDX 查询都有一个 select 句型的数据请求，用来选择返回的维度和成员，select 句型可以通过 where 子句设置分析条件，把返回的数据限定在特定的维度。MDX 的关键字都支持维度的概念，从而帮助用户简便、直观地从多维数据集中提取数据的所需部分。MDX 也提供了创建和删除多维数据集、维度和度量值等 MDX 命令。select 语句是 MDX 多维查询的基础，它的基本语法格式如下：

Select < axis_specification> [< axis_specification > ……]
From < cube_specification>
Where < slicer_specification >

其中，axis_specification 说明坐标轴的表示维度及其成员，cube_specification 指定查询的多维数据集名称，slicer_specification 指出相关的数据子集。例如，下面的 MDX 查询语句是从多维数据集 Sale Cube 中得到 2000 年各省市地区休闲服的消费金额，结果以地区代码为行，消费金额为列显示。

Select[消费记录][消费金额]on columns，[地区代码]members on rows
from Sale Cube where（[年度][2000]）and（[服装类别][休闲服]）

在查询结果方面，SQL 查询的结果通常是一个由行和列组成的二维表格，非常直观。相比之下，MDX（多维表达式语言）的查询结果可能不太直观。这是因为多维查询可以涉及 3 个或更多维度，将这种多维结构以直观的方式呈现出来相对困难，因此许多 OLAP 工具可能无法清晰地表示包含多个维度的查询结果。

第 6 章

数据挖掘基础

6.1 数据挖掘概念及原理

信息化发展使企业积累了越来越多的数据,大量的、无序的数据堆积在一起给企业带来沉重的负担。人们对于充分利用数据的需求日益强烈,很多对于决策起着决定性因素的信息隐藏在海量的数据里。数据挖掘(Data Mining, DM)就是从数据中获取知识的手段,例如,销售平台可以通过数据挖掘分析顾客的购物行为和喜好,预测顾客感兴趣的商品并及时推送,增加订单成交数量。

与第 5 章提到的 OLAP 不同,数据挖掘的目标不在于验证某个假设的正确性,而是在数据中寻找未知的模式。数据挖掘本质上是一个归纳学习的过程,它也被称为数据库中的知识发现(Knowledge Discovery in Database, KDD)。数据挖掘的任务是从大量的、不完整的、带有噪声的、模糊的、随机性的数据库中提取潜在的、有用的信息和知识,这些信息和知识是事先人们不知道的。虽然数据挖掘作为一门独立的学科相对较新,但其中的许多技术可以追溯到更早的时期。数据挖掘是一门涉及面非常广的跨学科领域的学科,它融合了多个学科的技术,包括数据库技术、统计学、机器学习、高性能计算、模式识别、神经网络、数据可视化、信息提取、图像和信号处理,以及空间数据分析等。

6.2 数据挖掘系统的分类

数据挖掘源自多个学科,因此涉及各种不同类型的数据挖掘系统。为了帮助用户理解和选择适合其需求的数据挖掘系统,对这些系统进行分类是很有必要的。这种分类可以根据不同的标准和特征进行，以区分不同类型的数据挖掘系统。这有助于用户更好地了解数据挖掘领域的多样性，并选择最适合其具体任务和数据类型的工具或方法。根据不同的标准，数据挖掘系统可以分为不同的类别。

1. 根据数据挖掘的数据库类型分类

数据挖掘系统具有多样性，可根据不同的标准和特征进行分类。一种常见的分类方法是基于数据模型的分类，其中主要包括关系的、事务的、面向对象的、数据仓库的数据挖掘系统。此外，数据挖掘系统还可以根据所处理的数据类型的特定类型进行分类，其中包括空间的、时间序列的、文本的、多媒体的或 Web 的数据挖掘系统。

2. 根据挖掘的知识类型分类

该类数据挖掘系统依据所挖掘出的规则而分类，这些规则有分类规则、特征规则、聚类分析、关联规则、孤立点分析、时间序列模式分析等。

3. 根据挖掘方法分类

根据所采用的挖掘方法的不同，分为面向数据库的方法、机器学习方法、统计学方法、模式识别方法、可视化方法等。具体地，可以分为模糊集方法、神经网络方法、统计方法、粗糙集方法、决策树、生物智能方法等。

4. 根据数据挖掘应用分类

数据挖掘系统的多样性还表现在根据应用领域的不同而进行分类。这种分类方式将数据挖掘技术与特定行业或领域的需求相结合，以满足具体应用的特殊要求。例如，股票市场数据挖掘系统专注于分析金融市场数据，以预测股价趋势。DNA 序列数据挖掘系统用于生物信息学领域，用于发现基因序列中的模式和关联。电信行业数据挖掘系统可帮助电信公司分析用户通信行为和市场趋势。旅游数据挖掘系统用于推荐旅游目的地和行程规划。医药销售数据挖掘系统有助于制定销售策略和预测药物销售趋势。保险行业数据挖掘系统用于风险评估和理赔管理等。

6.3 数据挖掘过程

数据挖掘的过程通常包括以下关键步骤：定义业务问题、提取和预处理数据、选择挖掘方法分析、解释挖掘结果、探查新模式以及运用发现的知识，各部分所占的工作量如图 6-1 所示。

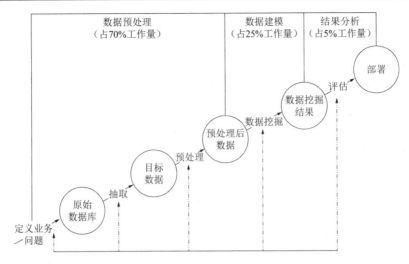

图 6-1 数据挖掘过程

1. 确定业务问题

数据挖掘的关键第一步是明确定义业务问题，确保清晰地理解业务需求。这一步骤有助于明确数据挖掘项目的方向，并避免在数据的海洋中迷失。评价一个数据挖掘项目的成败，主要看挖掘的结果是否解决了业务问题，因此在此阶段要对业务有一定的熟悉度。对于同一个数据集，不同的业务需求需要不同的分析过程。

在定义业务问题时，首先，需要确认与业务相关的数据是否充分；其次，仔细思考应该采用何种方式把数据中隐藏的信息挖掘出来，并且使得到的结果是正确的、有效的。

2. 数据的提取

高质量的数据可以提高数据挖掘的效率，这需要从数据源头上控制。在确定了业务问题后，下一步是抽取相关的数据。这些数据通常以简单文件、文本或数据库表的数据结构表示。数据挖掘需要使用大量数据，但关键在于选择包含业务模式的数据。在数据挖掘过程中，不是所有的数据都是有用的，因此需要筛选和提取与业务问题相关的数据。

在数据抽取后，不宜立即进行数据建模。在数据挖掘之前，应通过绘制各种图表、描述性统计分析等方法来深入了解数据的特征，包括数据的分布、变化趋势、相关关系等方面的信息。通过这些分析，可以更全面地了解数据的性质，为建立合适的数据挖掘模型提供有益的指导。这个阶段的目标是为后续的数据建模和分析提供基础，确保选择适当的方法来挖掘数据中的模式和规律。

3. 数据预处理

数据预处理有助于提高数据质量，加快数据挖掘的速度。通过数据预处理将有噪声、不完整和不一致的数据有效处理，进而保证最终的结果。

4. 数据建模

数据挖掘的算法选择主要取决于解决的业务问题。一旦业务问题明确，就可以根据问题的性质和要求从不同类型的数据挖掘方法中进行选择。这些方法包括分类、聚类、关联、预测以及序列分析等。选择适当的方法后，需要进一步确定合适的挖掘算法。数据挖掘方法可以分为发现型数据挖掘和预测型分析两大类。发现型数据挖掘方法通常不需要业务相关的经验知识，包括聚类、关联和序列分析等。而预测型分析方法需要明确地输入数据类别或标识，包括分类和回归分析等。此外，根据学习方式的不同，数据挖掘算法可以分为监督学习和无监督学习。在监督学习中，输入数据具有明确的类别或标识，并通过模型训练来使预测结果与实际结果接近。监督学习算法包括常见的分类和回归分析方法。而在无监督学习中，输入数据没有类别或标识，通过训练来发现数据内在的规律，包括关联挖掘和聚类等方法。

每种数据挖掘算法都有其适用范围和局限性。选择合适的算法需要考虑业务问题的类型、数据的特点、数据量以及算法的性能等因素。此外，数据预处理在数据挖掘中也非常重要，不同的算法可能需要不同的数据预处理方法，包括数据清洗、缺失值处理、特征选择等。并不是所有问题都需要复杂的算法，有时简单的方法就能产生有用的结果。因此，在选择算法时，需要根据具体情况权衡算法的复杂性和性能。此外，数据挖掘的结果应该被视为决策的辅助工具，而不是唯一的决策依据。最终的决策还需要考虑业务人员的经验、领域知识以及其他因素。

面对日益复杂的应用场景，使用单一的数据挖掘算法可能难以满足应用的需要。混合数据挖掘（Hybrid Data Mining）综合运用多种数据挖掘模型或算法，以解决更复杂的问题。例如，在银行客户分析时，可以先使用聚类算法，对客户进行细分，掌握各类客户的群体描述。在此基础上，再使用决策树算法对各类客户的特征进行识别，便于对新客户的类别进行预测，辅助企业的精准营销、产品推荐、客户价值分析以及风险评估等业务决策。

5. 评估数据挖掘结果

为了判断模型的有效性和可靠性，需要评估数据挖掘结果。评估模型的好坏可采用准确率、召回率、均方根误差、速度、鲁棒性、可解释性等指标。数据挖掘算法会输出许多模式，但并不是所有的模式都是用户感兴趣的，因此需要对这些模式进行评估，这个阶段与业务人员的充分沟通是必要的。可视化的工具把数据挖掘结果以一种直观的形式呈现，有助于解释数据挖掘的结果。

6. 部署

数据挖掘的最终目的是将挖掘结果转化为实际价值，辅助管理人员和业务人员作出更明智的决策，从而产生经济效益。这里需要注意，挖掘得到的模式应该回到数据产生的业务背景中。此外，这些模式有一定的时效性，需要补充新的数据增量挖掘、更新。

6.4　数据挖掘方法及评价指标

20世纪下半叶，多个学科的快速发展推动了数据挖掘学科的诞生。数据库技术的进步导致了数据积累的大量增加，企业和组织需要更高级的数据分析方法来挖掘这些海量数据中有价值的信息。同时，人工智能领域的发展，尤其是机器学习技术的崛起，为数据挖掘提供了理论基础和方法支持。这种技术进步和跨学科的影响促进了数据挖掘方法的发展，它结合了数据库管理、统计学、模式识别、人工智能等多个领域的知识。此外，商业界也逐渐认识到数据挖掘的价值，因为通过分析和挖掘大数据，企业可以获得深刻的市场见解，作出更明智的决策。因此，数据挖掘的兴起不仅得益于技术进步，还受到商业需求的推动，为企业提供了更多利用数据来推动业务增长和优化运营的机会。下面简要列举几种算法。

1. K-Means 算法

K 均值（K-Means）算法是一个聚类算法，把 n 个对象根据他们的属性分为 k 簇。簇内的数据对象具有较高相似度，簇间的数据对象相似度则较低。然后通过计算整个簇的平均值即质心，重新指定簇中心。重复指派剩余对象和更新簇中心，直到簇不发生变化，即簇中心不发生变化，或变化小于指定阈值。具体内容见第9.2节。

2. Apriori 算法

Apriori 算法是一种广泛应用于数据挖掘和关联规则挖掘的算法，它用于发现数据集中的频繁项集和关联规则。Apriori 算法的核心思想是基于两阶段的频繁项集生成过程，首先找到所有频繁单项集，然后通过连接和剪枝的方式递归生成更大的频繁项集。这个过程一直进行到不能再生成新的频繁项集为止。具体内容见10.3节。

3. 最大期望（EM）算法

最大期望算法（EM算法）是一种用于概率模型参数估计的统计计算方法。它常应用于机器学习和计算机视觉等领域，尤其对于包含无法观测的隐藏变量的数据集。EM算法通过交替进行 Expectation（E）和 Maximization（M）两个主要步骤，迭代计算参数的最大似然估计。在 E 步骤中，根据当前参数估计，计算隐藏变量的后验概率分布。而在 M 步骤，利用 E 步骤得到的期望值来更新模型参数，以最大化似然函数。EM 算法反复执行这些步骤，直至满足收敛条件，从而获得最佳参数估计。

4. PageRank

PageRank 是 Google 搜索引擎的核心算法之一，用于评估网站的重要性和排名。这个算法依赖于网站的外部链接和内部链接的数量以及链接的质量来测量网站的价值。PageRank 的概念灵感来自于学术界中论文被引用的次数，即一篇论文被其他论文引用的次数越多，通常认为该论文的权威性和重要性越高。同样，PageRank 通过分析网站之间的链接关系，将链接到一个网站的其他网站的重要性传递给该网站，从而确定网站的排名。这个算法对于搜索引擎的搜索结果排序起着重要作用，有助于用户找到相关性更高的网页。

5. AdaBoost

AdaBoost（Adaptive Boosting）是一种集成学习方法，旨在提高分类任务的准确性。其核心思想是通过迭代训练多个弱分类器，然后将它们组合成一个更强大的最终分类器。

6. K 最邻近分类

K 最邻近分类是一种比较简单、基于实例的分类学习方法，不需要通过复杂的训练过程建立分类模型。具体内容见第 8.7 节。

数据挖掘的方法有很多，如何确定所使用的模型得到的结果为最优，需要进一步判断。评估模型的好坏可采用准确率（Precision）、召回率（Recall）、均方根误差、速度、鲁棒性、可解释性等指标。

准确率 = 系统检索到的相关文件/系统所有相关的文件总数

召回率 = 系统检索到的相关文件/系统所有检索到的文件总数

准确率和召回率通常相互影响。在理想情况下，我们希望它们都保持高水平。但通常情况下，准确率高，召回率低，或者召回率高，准确率低。如果两者都很低，可能存在问题。

6.5　数据挖掘工具及发展方向

数据挖掘软件的发展历史相对较短，甚至直到 20 世纪 90 年代才正式提出"数据挖掘"这一术语。早期的软件功能有限，通常只提供命令行界面，对于非计算机科学背景的用户而言，使用起来较为困难。然而，随着时间的推移，商用数据挖掘软件得到了显著的发展，现今已变得非常成熟。这些软件提供了直观的可视化界面，并集成了数据处理、建模、评估等一系列功能，使得数据挖掘变得更加简单易用。下面就简单介绍几种数据挖掘的工具。

1. R 语言

R 语言是一种源自 S 语言的分支，诞生于 1980 年左右，广泛应用于统计领域。它被视为 S 语言的一种实现，提供了全面的数据处理、计算和绘图功能。尽管 R 语言通常被认为是一种统计软件，但更确切地说，它是一个数学计算环境。与其他统计软件不同，R 语言不仅提供了一组内置的统计程序，而且允许用户使用各种数学和统计计算函数，从而能够在数据分析中更加灵活自如，甚至创造出满足用户需求的全新统计计算方法。

2. Python

1989 年，荷兰工程师 Guido van Rossum 创造了一种名为 Python 的面向对象的解释型高级编程语言。最初，Python 的设计用途是编写自动化脚本（shell），但随着版本不断更新和语言功能的增强，它逐渐被广泛用于独立的大型项目开发。Python 的独特之处在于它能够轻松地整合其他编程语言（如 C 语言和 C++）编写的模块，因此被戏称为"胶水"语言。

1991 年，Python 发布了第一个公开版本。从 2004 年开始，Python 的使用率呈线性增长，逐渐受到程序员的热烈欢迎。Python 的设计注重保持清晰和统一的编码风格，这使得 Python 成为一门容易阅读、维护，并具有广泛用途的编程语言。Python 的设计理念之一是，对于任何特定的问题，应该有一种最佳的解决方法。

3. Matlab

Matlab 是由美国 MathWorks 公司开发的商业数学软件，广泛应用于多个领域，包括数据分析、无线通信、深度学习、图像处理与计算机视觉、信号处理、量化金融与风险管理、机器人技术、控制系统等。Matlab 系统由五大部分组成，包括 Matlab 开发环境、Matlab 数学函数库、Matlab 语言、Matlab 图形处理系统和 Matlab 应用程序接口（API）。

Matlab 语言是一种高级的基于矩阵和数组的编程语言，具有丰富的特性，包括程序流控制、函数支持、数据结构、输入/输出操作以及面向对象编程等。这种语言使用户能够轻松地创建简单且高效的程序，同时也支持构建复杂的应用程序。Matlab 的灵活性和强大功能使其成为科学与工程领域的首选工具之一。

三者具有一定的区别。Python 与 R 语言在数据分析和数据挖掘方面都有比较专业的和全面的模块，两者具有多平台适应性，并且代码可移植性强。但相比而言 Python 速度更快，可以直接处理上 G 的数据，R 语言在分析时，需要先通过数据库把大数据转化为小数据后才可以继续工作。Python 与 Matlab 相比，首先，Matlab 是一款商用软件，因此需要购买许可才能使用，而 Python 是免费开源的，无需额外费用。其次，Matlab 主要专注于工程和科学计算领域，提供了强大的数学和工程工具。然而，对于计算领域之外的任务，如文件管理、界面设计、网络通信等，Matlab 的功能相对有限。Python 则拥有广泛的第三方库和模块，能够轻松处理各种高级任务，开发者可以使用 Python 构建完整的应用程序，满足不同领域的需求。综上所述，Python 在综合实用性方面优于 Matlab，因为它是一种多用途的编程语言，适用于各种领域的应用开发。而 Matlab 则更适合专注于工程和科学计算的任务。至于 R 语言，它在统计和数据分析领域具有强大的功能，但在其他领域的通用性较差。由此可以看出，在上述 3 种数据挖掘软件中，Python 的综合实用性要高于其他 2 款软件。

6.6 数据挖掘的隐私保护

数据挖掘是从数据中挖掘出隐藏的、有价值的知识。在实际应用中，大量的数据中可能包含用户的个人隐私信息，如银行信用卡数据、用户注册数据、消费记录和手机通话过程等，对这些数据的挖掘可能会侵犯用户的隐私。调查显示，绝大多数的网站用户都不愿提供真实信息，担心网站会对这些信息滥用或侵害个人隐私。对很多公司而言，挖掘什么数据在数据收集时也是不确定的，用户很难知道公司如何利用包含个人隐私的数据。因此，如何确保数据挖掘过程中不泄漏或尽可能少地泄漏隐私信息，已成为数据挖掘的一个重要研究方向。W3C 提出的 P3P（Platform for Privacy Preferences）标准允许网民控制个人资料在网络上的开放程度。事实上，为了保护用户的隐私，一些学者早在 2000 年就开始提出了隐私保护数据挖掘的新算法。

隐私保护在数据挖掘中采用多种方法。首先，数据预处理法通常是其中之一，它涉及删除或扰乱数据中的敏感信息，如姓名或身份证号。这有助于维护隐私，但可能对挖掘结果产生一定影响。其次，基于关联规则的方法涉及挖掘数据中的关联规则，然后通过学习或预定义规则来识别敏感和非敏感规则。敏感规则可以进行修改或降低其权重，以增强隐私保护。最后，基于分类的方法旨在建立无隐私泄漏的分类规则，用于区分包含隐私信息和不包含隐私信息的数据。它尝试用其他字段替代敏感数据，并评估替代对数据完整性的影响。这些方法各有利弊，如何选择取决于数据挖掘的具体需求和隐私保护程度。上述几种方法都可以起到保护隐私的作用，但后面 2 种方法的扩展性更强、实际效果更好，是比较实用的算法。

此外，还有其他的隐私保护方法。例如，根据不同的安全级别对数据进行分类和限制，仅允许用户访问授权的安全级别或使用加密技术对数据编码。还有一种方法，称为匿名法，它通过泛化数据标识符来防止隐私数据泄漏。隐私保护和隐私攻击竞相发展，这对各种隐私保护方法提出了挑战。近期出现了差分隐私保护的方法，这种方法通过向查询和数据分析结果中掺杂适量的噪声，达到隐私保护的目的。当然，保护用户的隐私仅仅依靠技术手段是不够的，制定相关的法律法规也是很有必要的。

【例6-1】医疗数据挖掘隐私保护

医学领域的大量数据处理往往需要由专业机构完成，所以在数据挖掘的过程中可能会出现病人隐私泄漏的问题。下面介绍一个基于数据预处理法的医学隐私保护实例，某医院的病人病历如表6-1所示。

病人原始病历　　　　　　　　　　　　　表6-1

编号	姓名	性别	年龄	是否发热	呼吸困难	淋巴细胞数（$\times 10^9$/L）
1	张三	男	40	是	是	1.2
2	李四	男	25	否	是	0.6
3	王五	女	29	是	是	0.8
...	...	...	...	...	...	...

表6-1中的病人姓名对于数据挖掘是不重要的，在数据挖掘前可以删除。对于其他字段，该医院采用了数据转换的方法进行隐私保护。定义一个转换函数F，该函数采用Hash算法把任意长度的字符串转换为10位数字。表6-1中的数据经过转换后得到如表6-2所示的病历信息。

转换后的病历信息　　　　　　　　　　　　表6-2

0086504692	0212459792	0071164880	0153471795	0248929060	0016528691
0000000012	0267625744	0000000168	0150185280	0150185280	0002500126
0000000016	0267625744	0000000108	0325654575	0150185280	0002500102
0000000020	0032745200	0000000124	0150185280	0150185280	0002500112
...	...	...	...	...	...

经过转换后的数据发送给专业机构进行数据挖掘是比较安全的，且不会影响数据挖掘的质量，挖掘结果可通过转换函数F的逆过程进行解码得到，例如，

0071164880 > 0000000168 and 0153471795 = 0150185280 > 0016528691 > 0002500126，支持度为 80%。经过解码后可以得出一条有意义的关联规则：有 80% 的年龄为 40 岁，且发热的病人中淋巴细胞数大于 1.2×10^9/L。

6.7 数据挖掘的典型应用领域

数据挖掘技术的兴起是为了满足商业领域对深度分析和信息提取的需求。它已经在金融、零售、医药、通信、电子工程、航空、旅馆等领域得到广泛应用，这些领域通常涉及大量数据和复杂的分析需求，也产生大量的数字信息。数据挖掘不仅用于验证行业内的长期知识模式，还有助于发现隐藏的新规律。虽然将数据挖掘用于企业信息管理时面临一些挑战和问题，但随着信息化在各个领域的推进，这些问题将逐渐得到解决，数据挖掘的应用前景非常乐观，已经为社会经济带来了巨大的价值。

6.7.1 金融领域的应用

在金融领域，银行和金融机构通常拥有大量的客户数据、服务记录以及交易信息，这些数据通常非常完整、可信且高质量，这为系统化的数据分析和数据挖掘提供了便利。在银行业中，数据挖掘应用广泛，用于建立模型、预测、风险估计、欺诈检测、趋势分析、绩效评估和客户分析等方面。在这个领域，数据挖掘可以用于预测贷款偿还情况和客户信用政策分析，以优化贷款发放策略，减少经营风险。信用卡公司可以使用数据挖掘的关联规则来检测欺诈行为，而股票交易所和银行也需要此类技术来监测市场。另外，数据挖掘可以将客户分成不同的群体，以识别目标客户，提供更加个性化的服务，推动市场竞争。此外，通过数据分析工具可以检测异常模式，有助于打击洗钱和其他金融犯罪活动。智能数据挖掘结合了多种高质量的机器学习算法，可以处理大规模数据并在短时间内提供理想的响应，从而支持市场分析、风险预测、欺诈管理、客户关系管理以及竞争优势分析等应用。

6.7.2 网络金融交易应用

从网络金融的角度来看，网络金融是指利用互联网进行的各种金融交易。这种交易方式具有迅速、交易规模庞大、频次高、交易参与者分散等特点。这种以技术生产力水平的提升为基础的快速发展，经常超越了生产力本身的发展速度，将人类引入了虚拟经济时代。在股市交易领域，人们关注的焦点通常是如何预测股市的波动，并已经使用各种算法来尝试解决这一问题。某些算法在特定情况下或一段时间内可能有效，而其他算法则更适用于捕捉瞬息万变的个股交易点，或者从众多股票中选择合适的买卖时机。金融时序数据是一种常见的数据类型，许多学者已经研究了如何挖掘这类数据的通用性问题和框架。通过动态数据挖掘股市，可以及时了解大量数据所反映的金融市场潜在的趋势和机会。此外，还可以将监管搜索范围完全扩大到一般的网页上，借助一定的文字分析技术提高准确率。另一方面的应用是研究股市炒作的快速检测算法和技术。互联网的出现和使用也只是近十年的事，而标志着金融领域重要突破的中国股市的产生和发展也正好在这10余年。电子交易每天产生的海量数据已经超出人工处理的能力，但这正使得应用计算机算法进行智能自动监控成为可能。从证监会的角度看，可以通过各种交易数据发现异常现象和相应的操作，识别出哪些是合法炒作，哪些是非法炒作。

6.7.3 零售业务应用

在零售业领域，计算机的广泛应用已成为行业的主要趋势，大型超市和零售商普遍采用了先进的计算机和数据库系统。这些系统积累了大量的销售数据、顾客购买历史、商品库存信息以及服务记录等数据。然而，从这些海量数据中识别出真正有价值的信息，如畅销产品、最佳销售组合、顾客购物行为和趋势，以及影响购物决策的因素，需要深入分析和挖掘。数据挖掘技术的应用为零售业带来了多方面的益处，包括更好地理解顾客需求、优化商品陈列、提高服务质量、提升顾客满意度、提高忠诚度、减少库存成本等。综合来看，数据挖掘技术在零售业中的广泛应用有助于零售商实现更智能化的经营，提升竞争力，取得商业成功。

企业通常拥有大量客户信息，尤其是关于客户以往购买行为的数据。这些数据中可能蕴含着客户未来购买决策的关键信息，甚至可能成为决策的关键因素。在这种情况下，数据挖掘的作用就体现在它的能力，即帮助企业发现影响顾客购买行为的信息和因素。通过挖掘这些丰富的数据资源，企业能够更好地理解顾客的购买习惯、模式和趋势，进而改进产品和服务质量，提高顾客满意度，从而实现增加销售额的目标。数据挖掘在这一过程中发挥了关键作用，帮助企业更加精准地满足客户需求，提高了业务的竞争力。

研究超市顾客的购买行为是典型的时间序列挖掘问题。在零售服务业中，直接向潜在顾客发送广告是一种常见的策略。通过分析顾客的购买模式，估计他们的收入水平和家庭成员数量等市场信息，可以在庞大的数据集中确定哪些顾客适合接收广告或折扣券，以及哪种类型的折扣券更适合他们。此外，还可以确定哪些顾客应该获得更多的折扣，以及哪些产品放在一起销售会更有效率，这些都是数据挖掘的重要任务。通过数据挖掘，零售业可以更精确地针对不同的顾客群体制定营销策略，提高销售额和市场份额。

在零售业中，数据挖掘取得了成功的应用，包括以下方面：

（1）多维分析：通过分析销售、顾客、产品、时间和地区等多个维度的数据，零售业可以更好地了解市场需求，优化库存管理，提高销售效益。

（2）促销活动分析：数据挖掘帮助企业评估促销活动的有效性，从而制定更具吸引力的促销策略，提高企业利润。

（3）顾客忠诚度分析：通过挖掘顾客行为数据，零售业可以识别忠诚顾客，并了解他们的购买习惯，从而采取措施留住老顾客，吸引新顾客。

（4）关联信息挖掘：数据挖掘可以揭示产品之间的关联性，帮助零售商提供购买推荐和商品参照，提高顾客的购物体验，增加销量。

6.7.4 医疗电信领域应用

在医疗领域，海量的电子医疗数据积累了多年，包括患者信息、病症描述、治疗历史甚至 DNA 序列等。这些宝贵的数据资源为医疗研究和诊断提供了巨大的潜力。首先，在药物研发领域，存在着大量的药物组合需要进行实验验证。然而，为了节省时间和资源，制药公司采用了决策树等数据挖掘技术，以明智的方式选择实验设计，从而显著减少了实验次数。这种方法帮助公司快速确定最有前途的药物组合，降低了研发成本。其次，生物医学研究聚焦于分析 DNA 数据，挖掘其中的信息。人类拥有约 105 个基因，每个基因由数百个核苷酸按特定序列排列组成。这庞大的基因组合可能包含着许多关键信息，但要直接验证每一种组合成本太高。数据挖掘技术在这里发挥了关键作用，用于搜索和比较 DNA 序列之间的相似性，识别同时出现的基因序列，以及发现与不同疾病阶段相关的致病基因。这有助于加深对基因遗传学和疾病机制的理解，为个性化医疗提供重要支持。

电信业已经经历了从传统的市话和长话服务到多元化综合电信服务的迅速演变。这些服务包括语音通信、传真、寻呼、移动电话、图像传输、电子邮件、互联网接入等，电信市场竞争也日益激烈和全面化。每天都有大量的电话通信活动，无论是固定电话还是移动电话都有广泛的应用。对于电信公司而言，如何充分利用这些数据以提高利润成为主要问题。数据挖掘技术在电信领域的应用变得至关重要，它可以帮助理解商业行为，进行多维度的电信数据分析，检测典型的使用模式以寻找潜在的盗用者，分析用户的电信服务使用习惯以改进服务质量，基于地理信息确定网络建设位置，优化电信模式，发现盗用行为，以及更有效地利用资源并提高服务质量。通过数据挖掘，电信公司可以减少损失、保留顾客，实现更加可持续的发展。

数据挖掘在电信业的应用领域包括：

（1）多维数据分析：对电信数据进行多维度的分析，以深入了解用户行为、市场趋势、服务性能等方面的信息。

（2）异常模式检测：寻找非典型的使用模式，用于识别潜在的盗用者或异常行为，以维护网络的安全性和可靠性。

（3）用户行为分析：分析用户的电信服务使用模式，包括通话时段、地理位置、流量使用等，以改进服务质量、提供个性化的服务。

（4）搅拌分析：应用数据挖掘技术进行搅拌分析，以发现数据之间的关联性，帮助电信公司作出战略性决策和优化资源配置。

6.8 数据挖掘的发展

数据挖掘是一门不断发展的学科，尽管作为一门独立的学科只有 10 多年的时间，但数据挖掘的起源可追溯到早期的模式识别、机器学习等人工智能技术以及统计学的抽样、估计和假设检验等。这些技术虽然没有被冠以数据挖掘之名，但至今仍然是数据挖掘的技术基础。

随着数据库技术的发展，尤其是近年来计算机的性价比按摩尔定律增长，数据库技术被应用于越来越多的领域。企业存储的数据量越来越大，数据越来越复杂，高级数据库、并行处理和分布式技术也先后应用于数据挖掘领域。Oracle、Microsoft 和 IBM 等主流的数据库厂商聚焦商务智能，已在其产品中增加了数据仓库、在线分析处理和数据挖掘等功能。

在电子商务时代，各行业的业务流程自动化和信息系统广泛应用，导致企业内产生了大量数据。这些数据最初并非为分析目的而收集，而是在企业日常运营中积累的副产品。调查显示，企业的数据量每两三年翻一番，但有高达 93%～95% 的数据并没有得到有效利用。这意味着海量未充分利用的数据未能成为企业的财富，反而占用了企业资源，形成了负担。因此，企业面临两个问题：一方面，全球竞争加剧要求企业需要更快、更准确地作出决策；另一方面，许多企业在应对不断增长的业务数据时，难以确定其中有价值的模式，难以发现数据中的关系，以及难以预测未来发展趋势。数据挖掘应运而生，它是一种深层次的数据分析方法，可以揭示隐藏的、未知的业务规律，以增加收入、降低成本，让企业更具竞争力。表 6-3 为数据挖掘的大致演变过程。

数据挖掘的大致演变过程　　　　　　　　　表 6-3

时间	挖掘对象	解决的问题
20 世纪 60 年代	文件系统	过去 5 年中公司总收入是多少，利润是多少
20 世纪 80 年代早期	关系数据模型、关系数据库管理系统（RDBMS）	某分公司在去年 3 月份的销售额是多少
20 世纪 80 年代晚期	各种高级数据库系统（扩展的关系数据库、面向对象的数据库等）和面向应用的数据库系统（时序数据库、多媒体数据库等）	购买产品 A 的顾客过一段时间是否会购买产品 B
20 世纪 90 年代	数据仓库、多媒体数据库和网络数据库	某分公司去年各个月份的销售额是多少
21 世纪初	流数据管理和挖掘、Web 挖掘、XML 数据库和分布异构数据分析、非结构化复杂数据挖掘、大数据分析、文本分析、情感分析和基于流数据的分析等	顾客智能、电子推荐、流程智能化管理等

数据挖掘软件的发展经历了多个阶段，反映了数据挖掘技术的不断进步：

（1）第一代数据挖掘软件是独立的工具，支持有限的数据挖掘算法，如 Salford System 公司的 CART 系统。它的缺点是在处理大规模或频繁变化的数据时效率较低。

（2）第二代数据挖掘软件开始与数据库系统集成，能够处理大规模数据，但通常缺乏对业务的预测能力。

（3）第三代数据挖掘软件取得显著进展，增加了预测功能，支持分布式系统，能够挖掘网络环境下的数据。然而，它们通常无法支持移动应用。

（4）第四代数据挖掘软件不仅支持移动计算和各种嵌入式系统，还扩展了数据挖掘的应用领域。这一代面临更复杂的大数据环境，其中数据不仅规模庞大，还具有非结构化特征，呈现分布式和异构性，这些挑战推动了数据挖掘方法的不断创新和发展。

6.9　数据挖掘在商务智能中的定位

随着技术的发展，无论是国内还是国外市场，都面临着激烈的竞争。管理人员为了企业的生存和发展必须作出正确、及时的决策来规划其发展的方向。他们认识到，必须充分利用、深度挖掘企业现有的数据，才能全面地、无遗漏地掌控企业发展全局。商务智能的发展已经广泛应用到各个领域中，成为大中型企业决策的重要组成部分。将数据挖掘技术结合商务智能应用于传统商业领域，可以提高数据分析能力，优化业务过程，提高企业竞争力。具体应用如下：

（1）关联分析。关联分析主要运用于销售方面，基于销售数据与商品之间的关系来进行分析，最典型的例子就是啤酒与尿布的关联。通过关联分析，可以发现不符合人们惯性思考的物品之间的关系。根据关联关系，创建一个在线的销售指导系统，引导消费者快速找到关联商品，或者帮助企业决定如何捆绑销售能够将利润最大化。同时根据关联关系，可以为顾客提供个性化服务，顾客在购买一件商品后，系统将购买过这件商品的顾客的最大共性商品推荐给该顾客，可以增加销售量。根据顾客的共同特征来进行相关推荐，减少顾客的流失量。

（2）市场分析。市场分析可通过自动对客户进行分组来细化市场，并根据这些结果进行趋势分析，以便规划市场活动。

（3）预测。根据过去和现在的已知因素，对未来发展趋势进行估计和评价。预测需要掌握全面的数据，不然会影响预测的结果，数据挖掘正好能弥补这方面的问题。

（4）数据浏览。通过数据挖掘算法发现的模式，可以更好地了解客户。它能够比较高价值客户与低价值客户之间的差异，或者分析喜欢同一产品的不同品牌客户之间的区别。

（5）数据质量分析。在数据被装载进数据仓库时，进行检查以发现可能丢失的数据或异常数据。

第 7 章

回归分析

7.1 基本概念

回归分析是一种常用的统计分析方法，在数据挖掘领域广泛应用。它用于分析变量之间的关系，这些关系可以分为两类：一种是完全确定的关系，其中一个变量可以被其他变量完全确定；另一种是不确定的相关关系，即变量之间存在某种程度的关联。回归分析可以帮助我们理解和预测这些关系。例如，在制造业中，产品质量可能与生产因素相关，回归分析可以用来确定这些关系，以便进行质量控制和性能优化。回归分析的方法有多种，包括线性回归、多元回归、非线性回归和广义线性回归等。线性回归是最常见的一种，它用于确定连续值变量之间的线性关系。多元回归则可以处理多个自变量与一个因变量之间的关系。非线性回归适用于非线性关系的情况，而广义线性回归可以处理更多类型的数据，如二项分布数据和泊松分布数据。回归分析的主要任务包括建立回归模型，检验变量之间的相关性，以及使用模型进行预测。通过回归分析，我们可以更好地理解和利用数据中的关联关系，从而作出更准确的决策和预测。

回归分析是一种重要的统计方法，根据涉及的自变量个数和自变量与因变量之间的关系类型可以进行分类。一元回归分析涉及一个自变量与一个因变量之间的关系，适用于研究单一因素对结果的影响。而多元回归分析涉及多个自变量与一个因变量之间的关系，能够更全面地考虑多个因素对结果的综合影响。此外，回归分析还可以根据自变量和因变量之间的关系类型，分为线性回归分析和非线性回归分析。线性回归分析假定变量之间存在线性关系，通常用于研究直线拟合的情况，而非线性回归分析则适用于更复杂的关系，可以通过非线性函数来建模。

一般来说，回归分析的步骤如下：

（1）根据预测目标，确定因变量和影响因素（自变量）；

（2）绘制散点图，观察变量的大致关系；

（3）求回归系数，并建立回归模型，这一步试图比较真实数据与回归模型输出之间的误差来探索变量之间的关系；

（4）检验回归模型；

（5）进行预测。

7.2 一元回归分析

一元线性回归是用来描述两个变量之间的线性相关关系的简单回归模型。这个模型可以用下面的公式表示为 $y = a + bx + \varepsilon$，在这个公式中，y 是因变量，x 是自变量，a 和 b 是回归分析的系数，ε 是随机误差项。在一元线性回归中，自变量 x 是非随机的，而随机误差项 ε 应该符合正态分布，即 $\varepsilon \sim N(0, \sigma^2)$。

回归模型中，参数（通常记作 a 与 b）是未知的，并且需要根据样本数据 (x_i, y_i) 进行估计（ε_i 相互独立）。确定参数 a 与 b（分别记作 $\hat{a}$ 和 $\hat{b}$）值的是为了使回归模型能够最好地拟合样本数据，即使偏差 $|\varepsilon_1|$ 较小。通常采用最小二乘法来计算这些参数。最小二乘法的原理是，对应于每一个 x_i，根据回归方程都可以求出一个 $\hat{y}_i$，它就是 y_i 的一个估计值。有 n 个观察值就有相应的 n 个残差。要使模型的拟合状态最好，就要使 n 个残差的平方和最小。为了计算方便，以残差的平方和最小为标准确定回归模型。具体见式 (7-1)～式 (7-3)。

$$Q = \sum_{i=1}^{n}(y_i - \hat{y}_i)^2 = \sum_{i=1}^{n}(y_i - a - bx_i)^2 \tag{7-1}$$

$$\frac{\partial Q}{\partial a} = 2\sum_{i=1}^{n}[y_i - (a + bx_i)] \cdot (-1) = 0 \tag{7-2}$$

$$\frac{\partial Q}{\partial b} = 2\sum_{i=1}^{n}[y_i - (a + bx_i)] \cdot (-x_i) = 0 \tag{7-3}$$

得到参数 a 和 b 的最小二乘估计：$\hat{b} = S_{xy}/S_{XY}$，$\hat{a} = \overline{y} - \hat{b}\overline{x}$。

式中，$\overline{x}$、$\overline{y}$ 分别是变量 x、y 的 n 个样本的平均值，$S_{xy} = \sum_{i=1}^{n}(x_i - \overline{x})(y_i - \overline{y})$，$S_{xy} = \sum_{t=1}^{n}(x_i - \overline{x})^2$。

一旦确定参数 $\hat{a}$ 和 $\hat{b}$ 以后，就可以得到回归方程 $\hat{y} = \hat{a} + \hat{b}x$，因此只要一个特定的 x 值，就可以根据回归方程计算出一个 $\hat{y}$，作为实际值 y 的预测值。但是用 $\hat{y}_i$ 预测

y 的精度和方程的可靠性,统计学通常用估计平均误差的方法来进行度量。一个回归方程的估计平均误差计算见式 (7-4)。

$$S_\text{e} = \sqrt{\frac{1}{n-2}\sum_{t=1}^{n}(y_t - \hat{y})^2} \tag{7-4}$$

使用估计平均误差可以对回归方程的预测结果进行区间估计。如果观察值围绕回归直线服从正态分布,且方差相等,则有 68.27% 的点落在 $\pm S_\text{e}$ 的范围内,有 95.45% 的点落在 $\pm 2S_\text{e}$ 的范围内,有 99.73% 的点落在 $\pm 3S_\text{e}$ 的范围内。

【例 7-1】一元回归分析

表 7-1 给出了某种产品 2000 年在 8 个地区的销售数据,求该种产品的月平均销售收入 y 对月平均广告支出 x 的线性回归方程。

销售数据表　　　　　　　　表 7-1

地区编号	1	2	3	4	5	6	7	8
月平均销售收入 y/万元	31	40	30	34	25	20	35	40
月平均广告支出 x/万元	5	10	5	7	4	3	7	9

图 7-1 是表 7-1 中 8 个样本点对应的散点图,从中可见月平均销售收入 y 与月平均广告支出 x 之间呈一定的线性关系。计算得到 $\sum_{i=1}^{8} x_i = 50$, $\sum_{i=1}^{8} x_i^2 = 354$, $\sum_{i=1}^{8} y_i = 255$, $\sum_{i=1}^{8} x_i y_i = 1708$,带入上面参数 $\hat{a}$ 和 $\hat{b}$ 的计算公式得到:

$$\hat{b} = \frac{n\sum_{i=1}^{n} x_i y_i - \left(\sum_{i=1}^{n} x_i\right)\left(\sum_{i=1}^{n} y_i\right)}{n\sum_{i=1}^{n} x_i^2 - \left(\sum_{i=1}^{n} x_i\right)^2} = 2.753$$

$$\hat{a} = \frac{\sum_{i=1}^{n} y_i}{n} - \hat{b}\frac{\sum_{i=1}^{n} x_i}{n} = 14.669$$

月平均收入 y 对于月平均广告支出 x 的线性回归方程为:

$$\hat{y} = 14.669 + 2.753x$$

ε^2 的无偏估计为:

$$\hat{\varepsilon} = S_\text{e}^2 = \frac{1}{6}\sum_{i=1}^{n}(y_i - \hat{y}_i)^2 = 4.076273$$

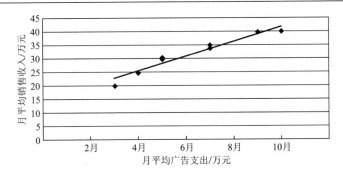

图 7-1 月平均广告支出与月平均销售收入

回归方程建立后需要进行统计检验以验证变量之间是否存在线性关系。常用的方法包括 F 检验、t 检验和 r 检验。

x 与 y 之间的线性相关估计模型 $\hat{y} = \hat{a} + \hat{b}x$ 在估计 y 时所产生的残差，称为回归中的方差分析。若没有利用 x 与 y 之间的相关关系来估计总体的均值。那么选择 y_i 的平均值 $\overline{y}$ 作为总体的估计值，所产生的误差是 $\sum_i (y_i - \overline{y})^2$，数据总的变动称为总离差平方和，记为 SS_T。若利用 x 与 y 之间的线性相关估计模型去估计总体均值，则所产生的误差是 $\sum (y_i - \hat{y})^2$，称为残差平方和 SS_E，它是未被回归方程解释的部分。被回归方程解释的部分，称为回归平方和 SS_R。SS_T、SS_E、SS_R 的计算公式分别见式 (7-5)～式 (7-7)。

$$SS_T = \sum(y_i - \overline{y})^2 \tag{7-5}$$

$$SS_E = \sum(y_i - \hat{y}_i)^2 \tag{7-6}$$

$$SS_R = \sum_{i=1}^{n}(\hat{y} - \overline{y})^2 \tag{7-7}$$

它们的相互关系见式 (7-8)。

$$\begin{aligned} SS_T &= \sum(y_i - \overline{y})^2 \\ &= \sum[(\hat{y}_i - \overline{y}) + (y_i - \hat{y}_i)]^2 \\ &= \sum(\hat{y}_i - \overline{y})^2 + \sum(y_i - \hat{y}_i)^2 + 2\sum(\hat{y}_i - \overline{y})(y_i - \hat{y}_i) \\ &= \sum(\hat{y}_i - \overline{y})^2 + \sum(y_i - \hat{y}_i)^2 \end{aligned} \tag{7-8}$$

则 $SS_r = SS_R + SS_E$。

由回归平方和残差平方和的意义可知，在总的离差平方和中，回归平方和所占比重越大，说明模型对因变量的变异解释得越好，线性的回归效果就越好。相反，残差平方和所占比重越大，说明回归模型无法很好地解释因变量的变异，则线性回归效果越差。定义样本决定系数 R^2 和修正样本决定系数 $\overline{R}^2$ 分别见式 (7-9) 和

式 (7-10)。

$$R^2 = \frac{SS_R}{SS_T} = 1 - \frac{SS_E}{SS_T} \tag{7-9}$$

$$\overline{R}^2 = 1 - \frac{SS_E/(n-k-1)}{SS_T/(n-1)} \tag{7-10}$$

式中，K表示自变量个数。R^2是用来衡量回归值与实际观测值拟合程度的度量指标。R^2的取值范围在 0~1，越接近 1，表示模型对实际观测值的拟合程度越好。例 7-1 中$R^2 = 0.928$，说明该产品的月平均销售收入与月平均广告支出的回归效果非常显著。

使用 IBM SPSS Statistics 对表 7-1 的数据进行线性回归分析，得到的结果如图 7-2 所示。R^2取值、F 检验和 t 检验也说明了本次线性回归模型的合理性。

模型摘要[b]

模型	R	R^2	调整后R^2	标准估算的错误	德宾-沃森
1	0.963[a]	0.928	0.916	2.014	2.502

注：a.预测变量：（常量）月平均广告支出；
　　b.因变量：月平均销售收入。

ANOVA[a]

模型		平方和	自由度	均方	F	显著性
1	回归	314.532	1	314.532	77.524	0.000[b]
	残差	24.343	6	4.057		
	总计	338.875	7			

注：a.因变量：月平均销售收入；
　　b.预测变量：（常量），月平均广告支出。

系数[a]

模型		未标准化系数		标准化系数	t	显著性
		B	标准错误	Beta		
1	（常量）	14.669	2.080		7.053	0.000
	月平均广告支出	2.753	0.313	0.963	8.805	0.000

注：a.因变量：月平均销售收入。

图 7-2　一元线性回归分析结果

回归分析具有两种主要的预测应用：点预测和区间预测。回归点预测旨在对给定的变量值x_0，用回归值$\hat{y} = \hat{a}x_0 + \hat{b}$作为变量$y$的预测值$y_0$。然而在现实中，实际值与预测值总会产生偏移，而区间预测考虑了不确定性因素，它提供了一个范围，通常以置信区间的形式呈现，即以一定的概率（如 95%的置信水平）来预测y_0附近的变动范围。

7.3 多元线性回归分析

多元线性回归分析是研究一个变量 y 与多个其他变量 $x_1, x_2, \cdots, x_k$ 之间关系的统计分析方法。它假设因变量 y 与自变量 $x_1, x_2, \cdots, x_k$ 之间有存在线性关系 $y = \beta_0 + \beta_1 x_1 + \beta_2 x_2 + \cdots + \beta_k x_k + u$,其中 $\beta_0, \beta_1, \beta_2, \cdots, \beta_k$ 是回归系数,u 是随机误差。上述公式一般称为多元线性回归模型。通过利用 $\beta_0, \beta_1, \beta_2, \cdots, \beta_k$ 已知样本数据进行估计。设 $\hat{\beta}_0, \hat{\beta}_1, \hat{\beta}_2, \cdots, \hat{\beta}_k$ 是利用一组简单随机样本经计算得到的样本统计量,可以得到未知参数 $\beta_0, \beta_1, \beta_2, \cdots, \beta_k$ 的估计值,最终得到估计的回归方程 $\hat{y} = \hat{\beta}_0 + \hat{\beta}_1 x_1 + \hat{\beta}_2 x_2 + \cdots + \hat{\beta}_k x_k$,该方程称为样本回归方程或经验回归方程,用于估计 y 的样本估计值或样本回归值。

设 $(x_{1i}, x_{2i}, \cdots, x_{ki}; y_i)$,其中 $i = 1, 2, \cdots, n$,表示对因变量 y 和自变量 $x_1, x_2, \cdots, x_k$ 的 n 次独立样本观测值,将这些观测值代入多元线性回归模型得到 $y_i = \beta_0 + \beta_1 x_{1i} + \beta_2 x_{2i} + \cdots + \beta_k x_{ki} + u_i = 1, 2, \cdots, n$,它是由 n 个方程组成的一个线性方程组。表达式见式 (7-11)。

$$\begin{cases} y_1 = \beta_0 + \beta_1 x_{11} + \beta_2 x_{21} + \cdots + \beta_k x_{k1} + u_1 \\ y_2 = \beta_0 + \beta_1 x_{12} + \beta_2 x_{22} + \cdots + \beta_k x_{k2} + u_2 \\ \vdots \\ y_n = \beta_0 + \beta_1 x_{1n} + \beta_2 x_{2n} + \cdots + \beta_k x_{kn} + u_n \end{cases} \tag{7-11}$$

表示成矩阵形式为 $Y = X\beta + u$,其中:

$$Y = \begin{bmatrix} y_1 \\ y_2 \\ \vdots \\ y_n \end{bmatrix}_{n \times 1}, \quad X = \begin{bmatrix} 1 & x_{11} & x_{21} & \cdots & x_{k1} \\ 1 & x_{12} & x_{22} & \cdots & x_{k2} \\ \vdots & \vdots & \vdots & & \vdots \\ 1 & x_{1n} & x_{2n} & \cdots & x_{kn} \end{bmatrix}_{n \times (k+1)}$$

$$\beta = \begin{bmatrix} \beta_0 \\ \beta_1 \\ \vdots \\ \beta_k \end{bmatrix}_{(k+1) \times 1}, \quad u = \begin{bmatrix} u_1 \\ u_2 \\ \vdots \\ u_n \end{bmatrix}_{n \times 1}$$

这里,Y 是因变量样本观测值的 $n \times 1$ 阶列向量,X 是自变量样本观测值的 $n \times (k+1)$ 阶矩阵,它的每个元素 x_{ij} 都有两个下标,第一个下标 i 表示相应的列(第 i 个变量),第二个下标 j 表示相应的行(对应第 j 个观测值)。X 的每一列表示一个自变量的 n 个观测值向量,β 为未知参数的 $(k+1) \times 1$ 阶列向量,u 为随机误差项的 $n \times 1$ 阶列向量。把样本数据代入 $Y = X\beta + u$,得到 $\hat{\beta} = (X^T X)^{-1} X^T Y$,式中 X^T 表示 X 的转置,而 $(X^T X)^{-1}$ 表示 $X^T X$ 的逆操作。

样本回归方程的矩阵形式为 $\hat{Y} = X\hat{\beta}$，其中：

$$\hat{Y} = \begin{bmatrix} \hat{Y}_1 \\ \hat{Y}_2 \\ \vdots \\ \hat{Y}_n \end{bmatrix}_{n \times 1}, \hat{\beta} = \begin{bmatrix} \hat{\beta}_0 \\ \hat{\beta}_1 \\ \vdots \\ \hat{\beta}_k \end{bmatrix}_{(k+1) \times 1}$$

在这里，$\hat{Y}$ 被解释为变量样本观测值 Y 的 $n \times 1$ 阶估计值列向量，$\hat{\beta}$ 是未知参数 β 的 $(k+1) \times 1$ 阶估计值列向量。多元回归分析中常见的方法包括最小二乘法、拟合优度检验等。

回归模型中方差齐性检验（F 检验）是一项重要的统计分析步骤。在进行此检验时，通常会从两个研究总体中分别抽取样本，然后对这两个总体的方差是否相等进行检验，以确定方差是否均匀分布（方差齐性）。回归方程线性是否显著的分析过程如下：其原假设通常是所有自变量的系数都为零，模型不具有线性显著性，即原假设 H_0：$\beta_1 = \beta_2 = \cdots = \beta_k = 0$；备择假设则是至少有一个自变量的系数不为零，即模型具有线性显著性，即备择假设 H_1：$\beta_1, \beta_2, \cdots, \beta_k$ 至少一个不为 0。$F = \left(\frac{SS_R}{k}\right) / [SS_E / (n - k - 1)]$。如果 $F < F_a$，那么自变量系数在 $1 - \alpha$ 的置信度内服从原假设（α 为显著性水平）。如果 $F > F_a$，那么放弃原假设 H_0，有 $1 - \alpha$ 的置信度选择备择假设，回归系数至少一个不为 0，回归方程是线性的。

例 7-2 建立了多元回归线性模型并使用拟合优度检验和预测。

【例 7-2】多元回归分析案例

表 7-2 为《中国统计年鉴》中我国 1988—1998 年的城镇居民全年人均耐用消费品支出、全年人均可支配收入以及耐用消费品价格指数的统计资料。要求建立城镇居民全年人均耐用消费品支出 y 关于全年人均可支配收入 x_1 和耐用消费品价格指数 x_2 的回归模型。

1988—1998 年间城镇居民人均统计资料　　　　表 7-2

年份	全年人均耐用消费品支出 y/元	全年人均可支配收入 x_1/元	耐用消费品价格指数 x_2/元
1988	137.16	1181.4	115.96
1989	124.56	1375.7	133.35
1990	107.91	1510.2	128.21
1991	102.96	1700.6	124.85
1992	125.24	2026.6	122.49
1993	162.45	2577.4	129.86
1994	217.43	3496.2	139.52
1995	253.42	4283.0	140.44
1996	251.07	4838.9	139.12

续表

年份	全年人均耐用消费品支出y/元	全年人均可支配收入x_1/元	耐用消费品价格指数x_2/元
1997	285.85	5160.3	133.35
1998	327.26	5425.1	126.39

图 7-3 是表 7-2 中 11 个样本对应的散点图。从中可以观察到城镇居民全年人均耐用消费品支出y与全年人均可支配收入x_1和耐用消费品价格指数x_2之间存在一定的线性关系。

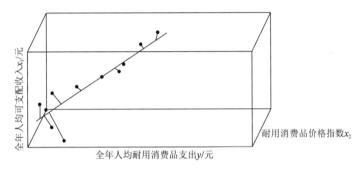

图 7-3 二元线性回归

根据经济理论和对实际情况的分析,城镇居民全年人均耐用消费品支出y受到全年人均可支配收入x_1和耐用消费品价格指数x_2的变化影响为:$y = \beta_0 + \beta_1 x_1 + \beta_2 x_2 + \mu$。

1. 估计模型未知参数

由表 7-2 中的数据,计算如下:

$\sum x_{1i} = 33575.4$,$\sum x_{2i} = 1433.54$,$\sum y_i = 2095.31$;

$\overline{x}_1 = 3052.309091$,$\overline{x}_2 = 130.3218$,$\overline{y} = 190.4827$;

$\sum x_{1i}^2 = 129253961.9$,$\sum x_{2i}^2 = 187421.9434$,$\sum x_{1i} x_{2i} = 4445613.295$;

$\sum y_i^2 = 461991.4253$,$\sum x_1 y_i = 7654936.718$,$\sum x_2 y_i = 275976.737$。

将结果代入$\hat{\beta} = (X^T X)^{-1} X^T Y$,得到:

$$\hat{\beta} = (X^T X)^{-1} X^T Y$$

$$= \begin{bmatrix} 11 & 33575.4 & 1433.54 \\ 33575.4 & 129253691.9 & 4445613.295 \\ 1433.54 & 4445613.295 & 187421.9434 \end{bmatrix}^{-1} \begin{bmatrix} 2095.31 \\ 7654936.718 \\ 275976.737 \end{bmatrix}$$

$$= \begin{bmatrix} 158.6251 \\ 0.0494 \\ -0.9133 \end{bmatrix}$$

得到 $\hat{\beta}_0 = 158.6251$，$\hat{\beta}_1 = 0.0494$，$\hat{\beta}_2 = -0.9133$。

估计的回归方程 $\hat{y} = 158.6251 + 0.0494x_1 - 0.9133.2x_2$。

计算残差平方和为 $SS_E = \sum e_i^2 = 3277.198$。

σ^2 的无偏估计量为 $\hat{\sigma}^2 = \frac{\sum e_i^2}{n-k-1} = \frac{3277.198}{11-2-1} = 409.6497$。

回归估计标准误差为 $\hat{\sigma} = \sqrt{409.6497} = 20.2398$

其中 $\hat{\beta}_1 = 0.0494$ 这个回归系数表示城镇居民全年人均耐用消费品支出随着全年人均可支配收入的增长而增加，取值在 0 和 1 之间，因此该回归系数的符号、大小都与经济理论和人们的经验期望值相符合。$\hat{\beta}_2 = -0.9133$，表示城镇居民全年人均耐用消费品支出随着耐用消费品价格指数的降低而增加，尽管耐用消费品价格指数在 1988—1998 年经历了波动，但总体趋势呈下降趋势，因此该回归系数的符号和大小也与经济理论和人们的经验期望值一致。

2．统计检验

1）拟合优度检验

$$SS_T = \sum(y_i - \bar{y})^2 = \sum y_i^2 - n\bar{y}^2 = \sum y_i^2 - \frac{1}{n}(\sum y_i)^2$$
$$= 461991.4253 - \frac{1}{11} \times (2095.31)^2 = 62871.0620$$
$$SS_E = \sum e_i^2 = 3277.198$$
$$SS_R = SS_T - SS_E = 59593.864$$

把上述结果分别代入样本决定系数公式和修正样本决定系数公式得到：

$$R^2 = \frac{SS_R}{SS_T} = 0.948$$
$$\overline{R}^2 = 1 - \frac{SS_E/(n-k-1)}{SS_T/(n-1)} = 0.929$$

结论显示，估计的样本回归方程很好地拟合了样本观测值。

2）预测

如果在 2000 年，我国城镇居民家庭人均可支配收入达到 5800 元，耐用消费品价格指数为 135，可以使用估计的回归方程对 2000 年我国城镇居民家庭人均耐用消费品支出进行预测。

（1）点预测

把 $x_0 = (5800, 135)$ 代入估计的样本回归方程 $\hat{y}_i = 158.6251 + 0.0494x_1 - 0.9133x_2$ 中，得到 2000 年我国城镇居民家庭人均耐用消费品支出的点估计值为 $\hat{y}_{2000} = 158.6251 + 0.0494 \times 5800 - 0.9133 \times 135 = 321.85$。

（2）区间预测

计算预测误差e_0方差的估计值$S^2(e_0) = \hat{\sigma}^2[1 + X_0(X^TX)^{-1} - X_0^T] = 4114.1$。得到标准差的估计值$S(e_0) = \sqrt{610.4233} = 64.14$。对于给定的显著性水平$\alpha = 0.05$和自由度为 8 的分布，可以查找 t 分布表以获得双侧分位数$t_{0.05/2,8} = 2.306$，得到y_{2000}的置信度为 95%，预测区间为$(\hat{y}_{2000} - t_{\frac{\alpha}{2}}S(e_a), \hat{y}_{2000} + t_{\frac{\alpha}{2}}S(e_0)) = (321.85 - 2.306 \times 64.14, 321.85 + 2.306 \times 64.14) = (173.94316, 469.75684)$。

7.4 其他回归分析

事实上，现实中的大多数问题都是非线性的，非线性回归的思想是通过变量的适当转换，将原本的非线性关系转化为线性关系，从而可以用线性回归的方法进行建模和求解。这种转化有助于更好地理解和预测变量之间的关系。在线性回归问题中，变量一般是独立的。但在很多情况下，高次多项式可以更好地反映变量之间的关系，这就需要引入非线性回归来预测未知变量。例如，对多项式回归$y = c_0 + c_1x + c_2x^2 + c_3x^3 + c_4x^4$，先把此方程转换成线性方程，需要定义以下几个新变量：$x_1 = x$, $x_2 = x^2$, $x_3 = x^3$, $x_4 = x^4$。代入原来的多项式方程中，得到$y = c_0 + c_1x + c_2x^2 + c_3x^3 + c_4x^4$，多项式回归问题就转化为一个多元线性回归问题了。

对于双曲线函数$y = \dfrac{x}{ax+b}$，进行线性转换$y_1 = 1/y$, $x_1 = 1/x$，则有$y_1 = a + bx_1$。对于指数函数等比较复杂的非线性函数，则需要进行更复杂的转换。例如，对$y = \alpha x^\beta$可以做如下变换：$\ln y = \ln \alpha + \beta \ln x$，定义$y_1 = \ln y$, $x_1 = \ln x$，得到$y_1 = \ln \alpha + \beta x_1$。

Logistic 回归建立了一个多项式对数回归模型，用于预测二值变量的值（0 或 1）。相对于独立变量$x_1, x_2, \cdots, x_n$，变量y等于 1 的概率定义见式 (7-12)：

$$P(y = 1|x_1, x_2, \cdots, x_n) = \frac{e^{-(a_1x_1+a_2x_2+\cdots+a_nx_n+\mu)}}{1 + e^{-(a_1x_1+a_2x_2+\cdots+a_nx_n+\mu)}} \tag{7-12}$$

Logistic 回归在数据挖掘中的应用非常广泛，特别适用于解决二分类问题，其中包括概率打分问题，如顾客流失风险打分等。这个模型也可以转化为线性模型，下面举例说明。

【例 7-3】基于移动通信社交网络分析的客户流失预警模型

随着市场份额趋于饱和以及竞争激化，移动运营商的用户数和收入增长十分缓慢，客户流失管理是移动运营商关注的主要问题之一。该移动运营商每个月面临着平均 1.5%左右的客户流失率，传统客户关怀的做法是打电话给本月花费少或连续几个月延迟缴费的客户，这种方法成本高、准确度低，还可能会打扰到正常的客户。这里以南方某三线城市的某移动运营商的运营数据为基础，利用 Logistic 回归模型，设计了一个客户流失预警模型，能够快速、高效并且较低成本地识别出高风险的流失客户。

在进行客户流失预测的 Logistic 回归模型建立之前，需要进行一系列的准备工作。首先，必须确定对客户流失产生显著影响的因素，这通常需要进行数据分析和特征选择，以找出最具预测性的特征。接下来，对所选数据进行预处理，包括处理缺失值、异常值和重复记录等，以确保数据的质量和可靠性。随后，通过随机选择约 5 万名平均每月 ARPPU（Average Revenue Per Paying User）值高于 80 元的客户的数据，选取 6 个月的时间范围（从 2014 年 3 月到 8 月），收集了客户的相关信息，包括入网时间、当月花费、话费情况以及按月份统计的通话单等数据，将这些数据用来建立模型。

为了提高 Logistic 回归模型的效力，研究人员从已有数据中派生出 3 个新的与用户通信网络有关的变量，以更准确地预测客户流失的概率。这 3 个新变量包括用户的度、联系强度以及用户的信息熵。用户的度反映了与其他用户通话的数量，联系强度代表了平均通话时长，而信息熵则表示通话时长的分布情况。这些变量的引入有助于更全面地考虑用户通信网络的特性，提高了模型的精度，从而更好地识别可能流失的客户，为有针对性的保留策略提供支持。这种分析和预测有助于企业减少客户流失，提升客户满意度，以及保持长期的业务可持续性。

将使用入网时长、当月花费、个体的度、联系的强度、个体的信息熵、本月相比上月花费的变化、本月相比上月通话人数的变化等作为自变量，构建 Logistic 回归模型，将客户的流失与否作为因变量，然后采用覆盖率—捕获率来评估模型的预测性能。实验结果表明，这种方法只需要相对较低的覆盖率就可以获得较高的捕获率，这意味着模型在识别高风险流失客户方面具有较高的预测精度。

此外，前面讨论的 BP 等神经网络也可以解决任意非线性回归问题，只不过获得的模型难以解释。

7.5 时间序列分析

时间序列（Time Series）是指由在不同时间上的观察值或事件组成的序列。时序数据库则是一种有时间标记的序列数据库。现实中这些时间序列数据都是通过数据收集工具自动获取的，数据量非常大。时间序列数据是包含时间属性的序列数据的一种特殊形式，与 Web 访问序列可能不同，股票涨停序列是时间序列数据。

时间序列分析的基础是惯性原则，即在一定条件下，被预测事物的过去变化趋势会延续到未来。时间序列分析运用统计分析和数据挖掘技术从时间序列数据库中找到系统的发展趋势等，有助于对系统进行分析或者对系统变化进行预测，例如，利用某地区近几年的月平均降雨量数据对未来的月降雨量进行预测。此外，时间序列分析还可以发现突变以及离群点。其主要的应用包括股票市场分析、销售预测、自然灾害预测、过程与质量控制等。

7.5.1 时间序列分析方法

时间序列分析方法可分为两大类：确定性时间序列分析和随机性时间序列分析。确定性的时间序列可以用一个确定的时间函数 $Y = F(t)$ 来拟合，图 7-4 中的虚线为某公司季度净利润的趋势。

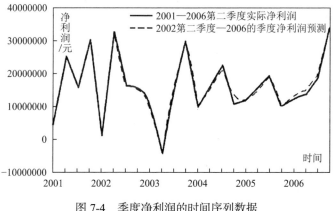

图 7-4 季度净利润的时间序列数据

时间序列分析通常可分为两个主要方向：时间序列建模和时间序列预测。前者旨在深入研究数据生成机制，揭示内部模式，包括趋势、季节性、周期性和随机性。后者则利用建立的模型对未来时间点上的变量进行估计和预测，应用广泛，如金融、气象和销售预测。时间序列通常是由以下几种基本运动合成的：

（1）趋势（Trend）：趋势是时间序列在较长时间内呈现出的某种明显的上升或下降的总体方向。为了确定趋势，常用的方法包括加权移动平均法和最小二乘法等。

（2）周期运动（Cyclical Fluctuations）：周期运动指时间序列呈现出的围绕长期趋势的波浪状周期性变动，通常周期较长，可能涵盖多年。周期运动可能是由宏观经济因素引起的。

（3）季节性变化（Seasonal Variations）：季节性变化是指时间序列在一年内重

复出现的、短期的周期性变化。季节性不仅限于四季，也可以表示其他周期性的变化，例如每周、每月的重复性。

（4）不规则运动（Irregular Fluctuations）：不规则运动是由各种偶然、突发或无法预测的因素引起的时间序列变动。这些因素可能包括自然灾害、政治事件等，通常难以用规律性模式来描述。

目前主要的时间序列分析模型有：自回归（Auto-Regressive，AR）、移动平均（Moving Average，MA）以及自回归综合移动平均（Auto-Regressive Integrated Moving Average，ARIMA）等模型。ARIMA 模型是常用的时间序列算法，一般用于对动态数据的预测。移动平均模型用于消除时间序列数据中的波动，降低其方差，因此也称为时间序列的平滑，n 阶移动平均的计算公式如式 (7-13) 所示。

$$\frac{x_1+x_2+\cdots+x_n}{n}, \frac{x_2+x_3+\cdots+x_{n+1}}{n}, \frac{x_3+x_4+\cdots+x_{n+2}}{n}, \cdots \quad (7\text{-}13)$$

如果对 n 阶移动平均使用加权的算术平均，就可以得到 n 阶加权移动平均。通常情况下，加权值的中心元素会取相对较大的值，以抵消平滑过程可能引入的影响。例如，考虑一个包含 7 个值的序列，如果我们使用权值为(1,4,1)来进行加权移动平均，对应的三阶移动平均与加权三阶移动平均如下。

原始序列：7 9 2 1 6 8 4

三阶移动平均：6 4 3 5 6

加权三阶移动平均：7.5 3 2 5.5 7

对于三阶移动平均，第一个值为 $\frac{7+9+2}{3}=6$，对于加权三阶移动平均，第一个值为 $\frac{1\times7+4\times9+1\times2}{6}=7.5$。

移动平均模型也存在一些不足，例如，移动平均有时可能产生原始数据中没有出现的周期变动，而且可能因为异常值的存在而受到较大的影响。p 阶自回归模型可表示为：$X_t = \varphi_1 X_{t-1} + \varphi_2 X_{t-2} + \cdots + \varphi_p X_{t-p} + u_t$。

其中 $\varphi_1, \varphi_2, \cdots, \varphi_p$ 是待估计参数，可以用已知历史数据估计，称为自回归系数。u_t 为随机误差项，是由相互独立的白噪声序列组成，且服从均值为 0，方差为 σ^2 的正态分布。

q 阶移动平均模型可表示为：$X_t = u_t - \theta_1 u_{t-1} - \theta_2 u_{t-2} - \cdots - \theta_q u_{t-q}$。

其中 $\theta_1, \theta_2, \cdots, \theta_q$ 是待估计参数，可以用已知的历史数据估计，称为移动平均系数。

将随机误差项为白噪声的纯 p 阶自回归模型与随机误差项不是白噪声的 q 阶纯移动平均模型组合，得到一个自回归平均移动模型，简称 ARMA(p,q)模型。该模型可表示为：$X_t = \varphi_1 X_{t-1} + \varphi_2 X_{t-2} + \cdots + \varphi_p X_{t-p} + \varepsilon_t - \theta_1 \varepsilon_{t-1} - \theta_2 \varepsilon_{t-2} - \theta_q \varepsilon_{t-q}$。

7.5.2 相似性搜索

时间序列数据库中的相似性搜索是一种寻找与给定查询序列相似的数据序列的方法，通常容忍微小的差异。这种搜索在众多领域中非常有用，如股票市场分析和心电图分析。其中，子序列匹配和全序列匹配是两种主要类型，其中子序列匹配在实际应用中更加常见。子序列匹配用于查找时间序列中与查询序列一部分相似的子序列，通常用于寻找特定模式或事件的出现。

在进行时间序列分析时，首先需要使用第 6.3 节介绍的数据归约，尤其是维归约技术，以缩小时间序列数据的存储空间，提高处理速度。这些技术主要包括离散傅里叶变换（DFT）、离散小波变换（DWT）和基于主成分分析的奇异值分解（SVD）等。时间序列数据经过数据归约和变换后，可以使用一些索引方法来提高相似性查询的速度。在进行相似性分析，尤其是子序列匹配时，需要考虑两个子序列数据集之间的距离。距离越小，则两个序列越相似。

匹配过程中需要对两个子序列进行调整，处理两者的间隙、偏移量和振幅等差别，然后就可能找到相似序列。

7.5.3 应用时间序列分析需要注意的问题

时间序列分析虽然在许多领域中有广泛的应用，但也存在一些问题和局限性。首先，它基于了一个假设，即过去的变化规律会持续到未来。然而，并不是所有事物都以连续性的方式发展，有时它们的发展路径可能会变得复杂多样。因此，在应用时间序列分析方法时，需要警惕未来可能出现的新特点和变化规律，以确保模型的准确性。其次，时间序列分析强调时间因素在预测中的重要性，但忽略了外部因素的影响。这意味着如果外部因素发生重大变化，时间序列分析的预测结果可能会出现较大的误差。因此，在实际应用中，需要综合考虑时间序列分析和其他因素，以提高预测的准确性。最后，时间序列分析在中短期预测方面通常效果较好，而在长期预测方面可能存在一定的局限性。因为随着预测时距的增加，不确定性因素会增加，使得长期预测更加困难。因此，在进行时间序列分析时，需要根据具体情况谨慎选择预测时距，并考虑不同时间段的预测策略。

第 8 章

分类分析

8.1 基本概念

在分类任务中,输入数据以记录的形式存在,每个记录也被称为实例或样本,通常用元组(x, y)表示。其中,x表示一组属性,而y则是特定的属性,用于标识样本的类别(也叫分类属性或目标属性)。表 8-1 中的示例数据集用于将脊椎动物分为不同类别,包括哺乳动物、鸟类、鱼类、爬行动物和两栖动物。属性集描述了脊椎动物的特征,例如体温、皮肤覆盖、繁殖方式、飞行能力和水生存能力等。尽管表中的属性主要是离散的,但属性集也可以包括连续特征。然而,类别标签必须是离散属性,这是分类和回归之间的关键区别。回归是一种用于预测的建模任务,其中目标属性y是连续的。分类任务的定义是通过学习获得一个目标函数f,将每个属性集x映射到预定义的类别标签y。目标函数也称为分类模型,它可以用于多种目的。

(1)描述性建模:分类模型可以作为解释性工具,用于区分不同类别中的对象。例如,在生物学研究中,描述性模型有助于总结表 8-1 中的数据,并揭示哪些特征决定了一种脊椎动物属于哺乳类、爬行类、鸟类、鱼类或两栖类等分类。

(2)预测性建模:分类模型还可用于预测未知记录的类别标签。如表 8-2 所示,分类模型可以被视为一个黑盒子,当提供未知记录的属性值时,它可以自动为未知样本分配类别标签。例如,如果有一种名为"毒蜥"的生物,其特征如表 8-2 所示,分类模型可以用于预测它属于哪个类别。这种应用对于识别未知对象的类别具有重要价值。

脊椎动物的数据集 表 8-1

名称	体温	表皮覆盖	胎生	水生动物	飞行动物	有腿	冬眠	类标号
人类	恒温	毛发	是	否	否	是	否	哺乳类
蟒蛇	冷血	鳞片	否	否	否	否	是	爬行类

续表

名称	体温	表皮覆盖	胎生	水生动物	飞行动物	有腿	冬眠	类标号
鲑鱼	冷血	鳞片	否	是	否	否	否	鱼类
鲸	恒温	毛发	是	是	否	否	否	哺乳类
青蛙	冷血	无	否	半	否	是	是	两栖类
巨蜥	冷血	鳞片	否	否	否	是	否	爬行类
蝙蝠	恒温	毛发	是	否	是	是	是	哺乳类
鸽子	恒温	羽毛	否	否	是	是	否	鸟类
猫	恒温	软毛	是	否	否	是	否	哺乳类
豹纹鲨	冷血	鳞片	是	是	否	否	否	鱼类
海龟	冷血	鳞片	否	半	否	是	否	爬行类
企鹅	恒温	羽毛	否	半	否	是	否	鸟类
豪猪	恒温	刚毛	是	否	否	是	是	哺乳类
鳗	冷血	鳞片	否	是	否	否	否	鱼类
蝾螈	冷血	无	否	半	否	是	是	两栖类

毒蜥特征 表 8-2

名字	体温	表皮覆盖	胎生	水生动物	飞行动物	有腿	冬眠	类标号
毒蜥	冷血	鳞片	否	否	否	是	是	爬行类

根据表 8-1 中的数据集建立的分类模型可以用来确定该生物所属的类别。分类技术特别适用于预测或描述二元或标称类型的数据集，对于序数分类（例如将人分为高收入、中等收入或低收入组）来说，分类技术并不是最有效的选择，因为它不考虑目标类之间的序关系。此外，分类技术通常忽略了类别之间的其他联系，如子类与超类的关系（例如，人类和猿都属于灵长类动物，而灵长类动物是哺乳类的一个子类）。在接下来的部分，我们将重点关注对二元或标称类型的类别标签的分类。分类器的任务是根据输入的属性集 x 确定类标号 y（图 8-1）。

图 8-1 分类器的任务是根据输入的属性集 x 确定类标号 y

分类技术（或分类方法）是一种系统性方法，用于根据输入的数据集来建立分类模型。这些分类方法包括决策树分类、基于规则的分类、粗糙集理论、支持向量机和朴素贝叶斯分类等。这些技术使用学习算法来确定分类模型，该模型可以有效地捕捉输入数据中类别标签与属性集之间的关系。学习算法的目标是构建一个具有良好泛化性能的模型，即一个能够准确预测未知样本类别标签的模型。因此，训练算法的主要目标是创建一个具有出色泛化能力的模型，使其能够对未知样本的类别标签进行准确预测。

图 8-2 概述了建立分类模型的一般过程。首先，需要一个训练集，其中包含已知类别标签的记录。使用训练集来构建分类模型，然后将该模型应用于测试集，测试集包含类别标签未知的记录。

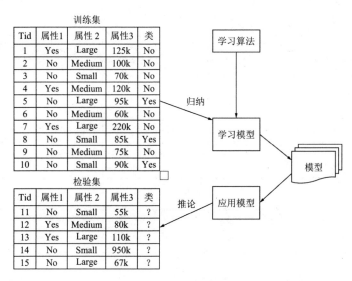

图 8-2 建立分类模型的一般方法

分类模型的性能评估通常通过混淆矩阵来完成，特别是在二元分类问题中。混淆矩阵是一个表格，用于记录模型的正确和错误预测，其中每个表项表示实际类别和预测类别的记录数。表 8-3 描述了二元分类问题的混淆矩阵，表中每个表项 f_{ij} 表示实际类标号为 i 但被预测为类 j 的记录数。例如，f_{01} 代表原本属于类 0 但被误分为类 1 的记录数。按照混淆矩阵中的表项，被分类模型正确预测的样本总数是 $(f_{11} + f_{00})$，而被错误预测的样本总数是 $(f_{10} + f_{01})$。

二元分类问题的混淆矩阵 表 8-3

		预测的类	
		类 = 1	类 = 0
实际的类	类 = 1	f_{11}	f_{10}
	类 = 0	f_{01}	f_{00}

8.2 贝叶斯分类器

在实际应用中，属性集和类变量之间的关系常常具有不确定性。即使测试记录的属性集与某些训练样例相同，也不能保证能够正确预测其类标号。这种不确定性可能源自噪声数据，或者因为一些未考虑到的影响因素导致了分类错误。例如，考虑根据一个人的饮食和锻炼的频率来预测他是否有患心脏病的危险。尽管大多数饮食健康、经常锻炼身体的人患心脏病的概率较小，但仍有人由于遗传，通过抽烟、酗酒等其他原因而患病。确定一个人的饮食是否健康、体育锻炼是否充分也是需要论证的课题，这反过来也会给学习问题带来不确定性。

在这一节中，我们将探讨一种建模属性集和类变量之间概率关系的方法。首先，我们会介绍贝叶斯定理，它是一种统计原理，用于将类别的先验知识与从数据中获得的新证据相结合。然后，我们会讨论贝叶斯定理在分类问题中的应用，如何描述贝叶斯定理，以及它在分类中的具体应用。

8.2.1 贝叶斯定理

对于一对随机变量X和Y，它们的联合概率表示为$P(X = x|Y = y)$，表示X取值为x且Y取值为y的概率。而条件概率表示在已知某一随机变量的取值情况下，另一随机变量取某一特定值的概率，通常表示为$P(Y = y|X = x)$，表示在X取值为x的条件下，Y取值为y的概率。条件概率描述了随机变量之间的依赖关系，即一个随机变量在另一个随机变量已知的情况下的行为。例如，条件概率$P(Y = y|X = x)$是指在变量X取值x的情况下，变量Y取值y的概率。X和Y的联合概率和条件概率满足式 (8-1) 中的关系：

$$P(X, Y) = P(Y|X)P(X) = P(X|Y)P(Y) \tag{8-1}$$

调整式 (8-1) 最后两个表达式得到式 (8-2)，称为贝叶斯定理。

$$P(Y|X) = \frac{P(X|Y)P(Y)}{P(X)} \tag{8-2}$$

贝叶斯定理可以用来解决预测问题。例如，考虑 2 支足球队之间的比赛情况：队 0 和队 1。假设 65%的比赛队 0 胜出，剩余的比赛队 1 获胜。队 0 获胜的比赛中只有 30%是在队 1 的主场，而队 1 取胜的比赛中 75%是主场获胜。如果下一场比赛在队 1 的主场进行，哪一支球队最有可能胜出呢？

在这个描述中，X和Y是两个随机变量，它们的取值范围都是$\{0,1\}$，其中 0 代表某个事件未发生，1 代表某个事件已发生。在这种上下文中，X表示是否有东道主，1表示有，0表示没有。而Y表示比赛的胜利者，1表示比赛的胜利者是东道主，0表示不是。那么问题中给出的信息可总结如下：

队 0 取胜的概率是$P(Y=0)=0.65$，

队 1 取胜的概率是$P(Y=1)=1-P(Y=0)=0.35$，

队 1 取胜时作为东道主的概率是$P(X=1|Y=1)=0.75$，

队 0 取胜时队 1 作为东道主的概率是$P(X=1|Y=0)=0.3$。

我们的目的是计算$P(Y=1|X=1)$，即队 1 在主场获胜的概率，并与$P(Y=0|X=1)$比较。应用贝叶斯定理得到：

$$P(Y=1|X=1) = \frac{P(X=1|Y=1)p(Y=1)}{P(X=1)}$$

$$= \frac{P(X=1|Y=1)p(Y=1)}{P(X=1,Y=1)+P(X=1,Y=0)}$$

$$= \frac{P(X=1|Y=1)P(Y=1)}{P(X=1|Y=1)P(Y=1)+P(X=1|Y=0)P(Y=0)}$$

$$= \frac{0.75 \times 0.35}{0.75 \times 0.35 + 0.3 \times 0.65}$$

$$= 0.5738$$

进一步，$P(Y=0|X=1)=0.4253$，$P(Y=1|X=1)=0.5738$，所以队 1 更有机会赢得下一场比赛。

8.2.2 贝叶斯定理在分类中的应用

在分类问题的形式化描述中，我们考虑两个随机变量，设X表示属性集，Y表示类变量。这里的关键思想是，我们将类变量和属性之间的关系视为随机变量，以$P(Y|X)$以概率的方式描述二者之间的关系。这个条件概率又称为Y的后验概率，与之相对的，$P(Y)$称为Y的先验概率。在训练阶段，我们会利用从训练数据中获得的信息，对X和Y的每一种组合学习后验概率$P(Y|X)$。通过找出使后验概率$P(Y|X)$最大的类Y，可以对测试记录X进行分类。为解释这种方法，考虑任务：预测一个贷款者是否会拖欠还款。表 8-4 中的训练集有如下属性：有房婚姻状况和年收入，拖欠还款的贷款者属于类 Yes，还清贷款的贷款者属于类 No。对于给定的测试记录，包含属性集：$X=$（有房 = 否，婚姻状况 = 已婚，年收入 = \$120k）。为了进行分类，我们需要利用训练数据中的可用信息计算两个后验概率$P(Yes|X)$和$P(No|X)$。如果$P(Yes|X)>P(No|X)$，那么将该记录分类为 Yes，反之分类为 No。

预测贷款拖欠问题的训练集 表 8-4

Tid	有房	婚姻状况	年收入	拖欠贷款
1	是	单身	125k	否
2	否	已婚	100k	否
3	否	单身	70k	否
4	是	已婚	120k	否
5	否	离异	95k	是
6	否	已婚	60k	否
7	是	离异	220k	否
8	否	单身	85k	是
9	否	已婚	75k	否
10	否	单身	90k	是

在实际问题中，尤其是当属性集的可能组合非常多时，准确估计每一种可能组合的后验概率变得非常困难，因为这通常需要大量的训练数据。此时，贝叶斯定理非常有用，因为它允许我们用先验概率 $P(Y)$、类条件概率 $P(X|Y)$ 和证据 $P(X)$ 来表示后验概率，具体如式 (8-3) 所示。

$$P(Y|X) = \frac{P(X|Y)P(Y)}{P(X)} \tag{8-3}$$

当比较不同类别 Y 值的后验概率时，通常可以忽略贝叶斯定理中的分母项 $P(X)$，因为其取值总是常数。先验概率 $P(Y)$ 可以很容易地通过计算训练集中属于每个类的训练记录所占的比例进行估计。通过对类条件概率 $P(X|Y)$ 的估计，介绍两种贝叶斯分类方法的实现：朴素贝叶斯分类器和贝叶斯信念网络。

8.2.3 朴素贝叶斯分类器

给定类别标签 y，朴素贝叶斯分类器在估计类条件概率时假设属性之间条件独立的。条件独立假设可形式化地表示为式 (8-4)。

$$P(X|Y=y) = \prod_{i=1}^{d} P(X_i|Y=y) \tag{8-4}$$

其中，每个属性集 $X = \{X_1, X_2, \cdots, X_d\}$ 包含 d 个属性。

1. 条件独立性

在概率论中，条件独立是指在给定某个随机变量或事件的条件下，另外两个随机变量或事件之间没有依赖关系。具体地，设 X、Y 和 Z 表示 3 个随机变量的集合，给定Z，如果式(8-5)中的条件成立，则X条件独立于Y：

$$P(X|Y,Z) = P(X|Z) \tag{8-5}$$

条件独立的一个例子是一个人的手臂长短和他的阅读能力之间的关系。你可能会发现手臂较长的人阅读能力也较强。这种关系可以用另一个因素解释，那就是年龄。小孩子的手臂往往比较短，也不具备成人的阅读能力。如果年龄一定，则观察到的手臂长度和阅读能力之间的关系就消失了。因此，可以得出结论，在年龄一定时，手臂长度和阅读能力二者条件独立。

X和Y之间的条件独立也可以写成式(8-6)：

$$\begin{aligned} P(X,Y|Z) &= \frac{P(X,Y,Z)}{P(Z)} \\ &= \frac{P(X,Y,Z)}{P(Y,Z)} \times \frac{P(Y,Z)}{P(Z)} \\ &= P(X|Y,Z) \times P(Y|Z) \\ &= P(X|Z) \times P(Y|Z) \end{aligned} \tag{8-6}$$

2. 朴素贝叶斯分类器工作原理

条件独立假设是朴素贝叶斯分类器的核心假设，它使得计算条件概率更加简便和高效。具体而言，对于给定的测试记录X，就不必计算X的每一个组合的类条件概率，只需对给定的Y计算每一个X的条件概率。后一种方法更实用，因为它不需要很大的训练集就能获得较好的概率估计。分类测试记录时，朴素贝叶斯分类器对每个类Y计算后验概率为（式(8-7)）：

$$P(Y|X) = \frac{P(Y)\prod_{i=1}^{d}P(X_i|Y)}{P(X)} \tag{8-7}$$

由于对所有的Y，$P(X)$是固定的，因此只要找出使分子$P(Y)\prod_{i=1}^{d}P(X_i|Y)$最大的类就足够了。在接下来两部分，将描述几种估计分类属性和连续属性的条件概率$P(X_i|Y)$的方法。

3. 估计分类属性的条件概率

对于分类属性X_i，可以使用类别y中属性值等于某个特定值X_i的训练实例的比例来估计条件概率$P(X_i = x|Y = y)$。在表8-4给定的训练集中，有7个人还清贷款，其中3个人有房，因此，条件概率P(有房 = 是|No)等于3/7。同样地，拖欠还款的人中单身的条件概率P(婚姻状况 = 单身|Yes)等于2/3。

4. 估计连续属性的条件概率

朴素贝叶斯分类法使用以下两种方法估计连续属性的类条件概率。

（1）对于连续属性，一种常见的处理方法是将其离散化，将连续的属性值划分为不同的离散区间，然后用相应的离散区间来替代原始的连续属性值。这种方法把连续属性转换成序数属性。通过计算类Y的训练记录中落入X对应区间的比例来估计条件概率$P(X = x|Y = y)$。估计误差由离散策略和离散区间的数目决定。如果离散区间的数目太大，就会因为每一个区间中训练记录太少而不能对$P(X|Y)$做出可靠的估计。相反，如果区间数目太小，有些区间就会含有来自不同类的记录，因此失去了正确的决策边界。

（2）对于连续变量，一种常见的处理方法是假设其服从某种概率分布，然后使用训练数据来估计该分布的参数。对于连续属性的类条件概率分布，通常可以使用高斯分布（正态分布）来建模。高斯分布有2个关键参数，均值μ和方差σ^2，对每个类y_j，属性X_i的类条件概率如式(8-8)所示：

$$P(X_i = x_i | Y = y_i) = \frac{1}{\sqrt{2\pi}\sigma_{ij}} e^{-\frac{(x_i - \mu_{ij})^2}{2\sigma_{ij}^2}} \tag{8-8}$$

参数μ_{ij}可以用类y_j的所有训练记录关于X_i的样本均值($\bar{x}$)来估计。同理，参数σ^2可以用这些训练记录的样本方差(s^2)来估计。例如，表8-4中年收入这一属性。该属性关于类No的样本均值和方差如下：

$$\bar{x} = \frac{125 + 100 + 70 + \cdots + 75}{7} = 110$$

$$s^2 = \frac{(125 - 110)^2 + (100 - 110)^2 + \cdots + (75 - 110)^2}{7 \times 6} = 2975$$

$$s = \sqrt{2975} = 54.54$$

假设应征税的收入等于120k 美元，其类条件概率计算如下：

$$P(\text{收入} = \$120k | No) = \frac{1}{\sqrt{2\pi}(54.54)} e^{-\frac{(120-110)^2}{2 \times 2975}} = 0.0072$$

前文中对于类条件概率的解释可能存在误导之处。式(8-9)的右边对应于一个概率密度函数$f(X_i \cdot, \mu_{ij}, \sigma_{ij})$。因为该函数是连续的，所以随机变量$X_i$取某一特定值的概率为0。取而代之，应该计算$X_i$落在区间$x_i$到$x_i + \varepsilon$的条件概率，其中$\varepsilon$是一个很小的常数。

$$P(x_i \leqslant X_i \leqslant x_i + \varepsilon | Y = y_i) = \int_{x_i}^{x_i + \varepsilon} f(X_i \cdot, \mu_{ij}, \sigma_{ij}) dX_i$$

$$\approx f(X_i \cdot, \mu_{ij}, \sigma_{ij}) \times \varepsilon \tag{8-9}$$

由于ε是每个类的一个常量乘法因子，在对后验概率$P(Y|X)$进行规范化的时候会相互抵消。因此，我们仍然可使用式(8-8)来估计类条件概率$P(X_i|Y)$。

5. 朴素贝叶斯分类器举例

考虑表8-4中的数据集，可以计算每个分类属性的类条件概率，同时利用前面介绍的方法计算连续属性的样本均值和方差。这些概率汇总如下：

P(有房 = 是|No) = 3/7

P(有房 = 否|No) = 4/7

P(有房 = 是|Yes) = 0

P(有房 = 否|Yes) = 1

P(婚姻状况 = 单身|No) = 2/7

P(婚姻状况 = 离婚|No) = 1/7

P(婚姻状况 = 已婚|No) = 4/7

P(婚姻状况 = 单身|Yes) = 2/3

P(婚姻状况 = 离婚|Yes) = 1/3

P(婚姻状况 = 已婚|Yes) = 0

年收入：

如果类 = No：样本均值 = 110，样本方差 = 2975；

如果类 = Yes：样本均值 = 90，样本方差 = 25。

为了预测测试记录X =(有房 = 否，婚姻状况 = 已婚，年收入 = \$120k)的类标号，需要计算后验概率$P(No|X)$和$P(Yes|X)$。回想一下前面的讨论，这些后验概率可以通过计算先验概率$P(Y)$和类条件概率$\prod P(X_i|Y)$的乘积来估计，对应于式(8-7)右端的分子。每个类的先验概率可以估计为属于该类的训练记录所占的比例。因为有3个记录属于类Yes，7个记录属于类No，所以P(Yes) = 0.3，P(No) = 0.7。使用上述概率汇总信息，类条件概率计算如下：

$P(No|X) = P$(有房 = 否|No) × P(婚姻状况 = 已婚|No) × P(年收入
　　　　 = \$120k|No) = 4/7 × 4/7 × 0.0072 = 0.0024

$P(Yes|X) = P$(有房 = 否|Yes) × P(婚姻状况 = 已婚|Yes) × P(年收入
　　　　　 = \$120k|Yes) = 1 × 0 × 0 = 0

放到一起可得到类No的后验概率$P(No|X) = a × 7/10 × 0.0024 = 0.0016a$，其中，$a = 1/P(X)$是常量。同理，可以得到类Yes的后验概率等于0，因为它的类条

件概率等于 0。因为 $P(No|X) > P(Yes|X)$，所以记录分类为 No。

6. 朴素贝叶斯分类器的特征

朴素贝叶斯分类器具有以下特点：

（1）对于孤立的噪声点，朴素贝叶斯分类器具有较好的鲁棒性。这是因为在从数据中估计条件概率时，这些噪声点被平均化，从而不会对整体分类结果产生显著影响。此外，朴素贝叶斯分类器还可以处理属性值缺失的情况，因为它会考虑已知属性的条件概率。

（2）对于无关属性，朴素贝叶斯分类器同样表现出良好的鲁棒性。如果某个属性 X 与类别 Y 无关，那么该属性的条件概率几乎变为均匀分布，不会对总体后验概率的计算产生重大影响。

（3）然而，如果存在相关属性，朴素贝叶斯分类器的性能可能会受到一定的影响，因为它的条件独立性假设不再成立。在这种情况下，模型可能会低估相关属性之间的关联性，从而导致分类性能下降。

8.3 贝叶斯信念网络

朴素贝叶斯分类器的条件独立假设太严格，特别是对那些属性之间有一定相关性的分类问题。本节介绍一种更灵活的类条件概率 $P(X|Y)$ 的建模方法。该方法不要求给定类的所有属性都条件独立，而是允许指定哪些属性条件独立。下面先讨论怎样表示和建立该概率模型，接着说明如何使用模型推理。

8.3.1 模型表示

贝叶斯信念网络（Bayesian Belief Networks，BBN），也称为贝叶斯网络，是一种用图形表示一组随机变量之间概率关系的方法。贝叶斯网络有以下 2 个主要成分。

（1）一个有向无环图，表示变量之间的依赖关系。

（2）一个概率表，把各结点和它的直接父结点关联起来。

考虑 3 个随机变量 A、B 和 C，其中 A 和 B 相互独立，而它们都对第三个变量 C 产生影响。3 个变量之间的关系可以用图 8-3（a）中的有向无环图概括。图中每个结点表示一个变量，每条弧表示 2 个变量之间的依赖关系。如果从 X 到 Y 有一条有向弧，则 X 是 Y 的父母，Y 是 X 的子女。另外，如果网络中存在一条从 X 到 Z 的有向路径，则 X 是 Z 的祖先，而 Z 是 X 的后代。例如，在图 8-3（b）中，A 是 D 的后代节点，D 是 B 的祖先节点，同时 B 和 D 都不是 A 的后代节点。

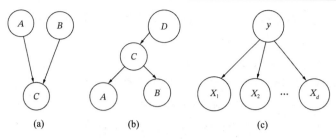

图 8-3 使用有向无环图表示概率关系

贝叶斯网络中的一个重要性质，即条件独立性。这个性质表明，如果在贝叶斯网络中的一个结点，已知其父母结点的情况下，它将条件独立于除了其后代结点之外的所有其他结点。图 8-3（b）中，给定 C 的情况下，A 条件独立于 B 和 D，因为 B 和 D 都是 A 的非后代结点。朴素贝叶斯分类器中的条件独立假设也可以用贝叶斯网络来表示，如图 8-3（c）所示，其中 y 是目标类，$\{X_1, X_2, \cdots, X_d\}$ 是属性集。除了网络拓扑结构要求的条件独立性外，每个结点还关联一个概率表。

（1）如果结点 X 没有父母结点，则表中只包括先验概率 $P(X)$，这表示 X 的条件概率只取决于 X 自身，而不受其他结点的影响。

（2）如果结点 X 只有一个父母结点 Y，则表中包含条件概率 $P(X|Y)$，这表示 X 的条件概率取决于 Y 的值，在这种情况下，表中的条目将显示 X 在不同的 Y 值下的条件概率。

（3）如果结点 X 有多个父母结点 $\{Y_1, Y_2, \cdots, Y_k\}$，则表中包含条件概率 $P(X|Y_1, Y_2, \cdots, Y_k)$，这表示 X 的条件概率取决于它的所有父母结点的值。在表中，将会列出 X 在不同组合的父母结点值下的条件概率。

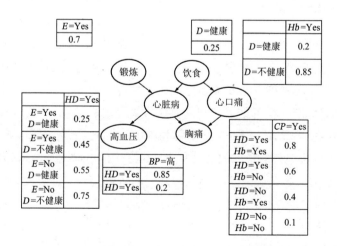

图 8-4 发现心脏病和心口痛病人的贝叶斯网络

图 8-4 是贝叶斯网络的一个例子，对心脏病或心口痛患者建模。假设图中每个变量都是二值的，心脏病结点（HD）的父母结点对应于影响该疾病的危险因素，例如锻炼（E）和饮食（D）等。心脏病结点的子结点对应于该病的症状，如胸痛（CP）和高血压（BP）等。

如图 8-4 所示，心口痛（HB）可能是由不健康的饮食引起的，同时它也可能导致胸痛。在贝叶斯网络中，危险因素节点对应的结点只包括先验概率，因为这些危险因素是影响疾病发生的潜在原因，其概率通常是根据先前的统计数据估计得出的。与此不同的是，心脏病、心口痛以及它们的相关症状所对应的结点包含条件概率。需要注意的是，图中省略了一些概率，这是为了简化图示和减少复杂性。注意$P(\bar{x}|Y) = 1 - P(X = x|Y)$，其中，$\bar{x}$和$x$是相反的结果。因此，省略的概率可以很容易求得。例如，条件概率：

P(心脏病 = No|锻炼 = No,饮食 = 健康)
= $1 - P$(心脏病 = Yes|锻炼 = No,饮食 = 健康)
= $1 - 0.55 = 0.45$

8.3.2　建立模型

贝叶斯网络的建模分为两个主要步骤，首先是创建网络结构，通常由领域专家提供知识或通过数据自动学习，然后是估计每个节点的概率表，表示条件概率分布。图 8-5 中的算法给出了归纳贝叶斯网络拓扑结构的一个系统的过程。

算法贝叶斯网络拓扑结构的生成算法
1:　设$T = (X_1, X_2, \ldots, X_d)$表示变量的全序
2:　for $j = 1$ to d do
3:　　令$X_{T(j)}$表示T中第j个次序最高的变量
4:　　令$\pi(X_{T(j)}) = \{X_{T(1)}, X_{T(2)}, \ldots, X_{T(j-1)}\}$表示排在$X_{T(j)}$前面的变量的集合
5:　　从$\pi(X_{T(j)})$中去掉对X_j没有影响的变量(使用先验知识)
6:　　在$X_{T(j)}$和$\pi(X_{T(j)})$中剩余的变量之间画弧
7:　end for

图 8-5　算法贝叶斯网络拓扑结构的生成算法

考虑图 8-4 中的变量，执行步骤 1 后，设变量次序为（E,D,HD,Hb,CP,BP）。从变量 D 开始，经过步骤 2 到步骤 7，得到如下条件概率。

（1）$P(D|E)$化简为$P(D)$；

（2）$P(HD|E,D)$不能化简；

（3）$P(Hb|HD,E,D)$化简为$P(Hb|D)$；

(4) $P(CP|Hb,HD,E,D)$ 化简为 $P(CP|Hb,HD)$；

(5) $P(BP|CP,Hb,HD,E,D)$ 化简为 $P(BP|HD)$。

基于以上条件概率，创建结点之间的弧（E,HD）（D,HD）（D,Hb）（HD,CP）（Hb,CP）和（HD,BP），这些弧构成了如图 8-4 所示的网络结构。贝叶斯网络拓扑结构生成算法确保生成的结构是无环的，这很容易证明。如果存在环路，那么至少有一条弧从低序结点指向高序结点，同时至少存在另一条弧从高序结点指向低序结点。这个算法禁止了从低序结点到高序结点的弧存在，因此拓扑结构中不会出现环路。

然而，应该注意到，根据不同的变量排序方式，可能会得到不同的网络拓扑结构。某些拓扑结构可能质量较差，因为它们在不同的结点对之间引入了大量的弧。从理论上讲，要确定最佳的拓扑结构，可能需要考虑所有 d! 种可能的排序方式，这是一项计算复杂度很高的任务。一种替代方法是将变量划分为原因变量和结果变量，然后从每个原因变量指向其对应的结果变量绘制弧。这种方法简化了贝叶斯网络结构的构建过程，一旦找到合适的拓扑结构，就可以确定与每个结点相关联的概率表。对这些概率的估计相对容易，与朴素贝叶斯分类器中使用的方法类似。

8.3.3 使用 BBN 推理举例

假设使用 BBN 对图 8-4 中的案例进行推理，来诊断一个人是否患有心脏病。下面阐述在不同情况下如何做出诊断。

1. 没有先验信息

来确定一个人是否可能患心脏病。为了表述方便，设 $\alpha \in \{Yes, No\}$ 表示锻炼的 2 个值，$\beta \in \{健康, 不健康\}$ 表示饮食的 2 个值。

$P(HD = \text{Yes})$
$= \sum_{\alpha} \sum_{\beta} P(HD = \text{Yes}|E = \alpha, D = \beta)P(E = \alpha, D = \beta)$
$= \sum_{\alpha} \sum_{\beta} P(HD = \text{Yes}|E = \alpha, D = \beta)P(E = \alpha)P(D = \beta)$
$= 0.25 \times 0.7 \times 0.25 + 0.45 \times 0.7 \times 0.75 + 0.55 \times 0.3$
$\times 0.25 + 0.75 \times 0.3 \times 0.75 = 0.49$

因为 $P(HD = \text{No}) = 1 - P(HD = \text{Yes}) = 0.51$，所以此人不得心脏病的概率略大。在没有任何先验信息的情况下，可以通过计算先验概率 $P(HD = \text{Yes})$ 和 $P(HD = \text{No})$。

2. 高血压

如果一个人有高血压，可以通过比较后验概率 $P(HD = \text{Yes}|BP = \text{高})$ 和 $P(HD = \text{No}|BP = \text{高})$ 来诊断他是否患有心脏病。为此，先计算 $P(BP = \text{高})$：

$$P(BP = \text{高}) = \sum_{\gamma} P(BP = \text{高}|HD = \gamma)P(HD = \gamma)$$

$$= 0.85 \times 0.49 + 0.2 \times 0.51$$

$$= 0.518$$

其中，$\gamma \in \{\text{Yes}, \text{No}\}$。因此，此人患心脏病的后验概率是：

$$P(HD = \text{Yes}|BP = \text{高}) = \frac{P(BP = \text{高}|HD = \text{Yes})P(HD = \text{Yes})}{P(BP = \text{高})}$$

$$= \frac{0.85 \times 0.49}{0.5185}$$

$$= 0.8033$$

同理，$P(HD = \text{No}|BP = \text{高}) = 1 - 0.8033 = 0.1967$。因此，当一个人有高血压时，会增加他患有心脏病的危险。

3. 高血压、饮食健康、经常锻炼身体

假设得知此人经常锻炼身体并且饮食健康，这些新信息会对诊断造成怎样的影响？加上这些新信息此人患心脏病的后验概率：

$$P(HD = \text{Yes}|BP = \text{高}, D = \text{健康}, E = \text{Yes})$$

$$= \left[\frac{P(BP = \text{高}|HD = \text{Yes}, D = \text{健康}, E = \text{Yes})}{P(BP = \text{高}|D = \text{健康}, E = \text{Yes})}\right]$$

$$\times P(HD = \text{Yes}|D = \text{健康}, E = \text{Yes})$$

$$= \frac{P(BP = \text{高}|HD = \text{Yes})P(HD = \text{Yes}|D = \text{健康}, E = \text{Yes})}{\sum_{\gamma} P(BP = \text{高}|HD = \gamma)P(HD = \gamma|D = \text{健康}, E = \text{Yes})}$$

$$= \frac{0.85 \times 0.25}{0.85 \times 0.25 + 0.2 \times 0.75}$$

$$= 0.5862$$

而此人不患心脏病的概率是：$P(HD = \text{No}|BP = \text{高}, D = \text{健康}, E = \text{Yes}) = 1 - 0.5862 = 0.4138$。因此模型暗示健康的饮食和有规律的体育锻炼可以降低患心脏病的危险。

8.3.4 BBN 的特点

贝叶斯信念网络（BBN）模型具有以下一般特点：

（1）BBN 提供了一种利用图形模型来表示特定领域的先验知识的方法，同时可以用来编码变量之间的因果依赖关系。

（2）构建网络的过程可能耗费时间和精力，但一旦确定了网络结构，添加新的变量变得相对容易。

（3）贝叶斯网络适用于处理包含不完整数据的情况。对于带有属性缺失的实例，可以通过对该属性的所有可能取值的概率进行求和或积分来进行处理。

（4）由于数据和先验知识以概率方式结合，因此这种方法对于模型过度拟合的问题具有鲁棒性。

8.4 决策树

决策树，也称为判定树，是一种层次结构，由结点和有向边组成，主要用于分类和预测任务。它采用自顶向下的递归方法，从一组无序和无规则的实例数据中推导出分类规则的树形结构。在决策树中，每个内部结点代表对某一属性的测试，根据不同属性的测试结果决定从该结点分支到哪个子结点，每条边代表一个测试结果，而每个叶子结点代表一个类别或类别分布。整个决策树的顶部是根结点，通常以图形方式表示。在图中，内部结点通常用矩形表示，而叶子结点则用椭圆形表示。例如，图 8-6 中展示了一个典型的决策树，用于预测某个人是否有购房意向。

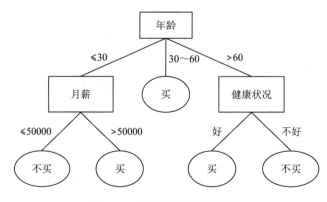

图 8-6　购买房屋问题决策树

从这棵决策树可以看出：样本向量为（年龄、月薪、健康状况、买房意向）。若给出测试向量（年龄、月薪、健康状况），输入待测记录，可以预测某位消费者是否会购买房屋。决策树的构建结果通常是一棵二叉树或多叉树，其构建的输入是一组带有类标记的训练数据。树的内部结点，也就是非叶子结点，代表一个逻辑判断，其中 a 是属性，b 是该属性的某个属性值，树的边表示逻辑判断的分支结果。在多叉树中，内部结点表示属性，而树的边代表该属性的所有可能取值。树的叶结点即为类标记。与其他分类方法相比，决策树分类的优点如下：

（1）分类速度快，计算量相对较小，容易转换为分类规则。只需沿着树根向下一直走到叶结点，经过的分支能唯一确定一个分类的谓词。在图 8-6 中，"年龄 > 月薪 > 5000" 这条路径谓词表示为"如果一个人年龄 ⩽ 30 且月薪小于等于 5000，那么他不会买房"。

（2）分类准确性高，从决策树中挖掘出的规则准确性高且便于理解。

8.4.1 ID3 算法

ID3 算法是一种经典的决策树算法，由 Quinlan 提出，并以其简洁的描述和较快的分类速度而著称。它采用了分治策略，用于构建决策树模型。算法的核心思想是通过选择在训练数据集中具有最大信息增益的属性来建立决策树的结点，然后根据该属性的不同取值创建树的分支。这个过程不断重复，递归地构建决策树的下层结点和分支，直到满足终止条件，比如所有数据属于同一类别或达到了树的最大深度。

ID3 算法的基本思想如下：

（1）任意选取某一属性作为决策树的根结点，对该属性的所有取值创建树的分支；

（2）用这棵树对训练集进行分类，若某一叶结点所有实例都属于同一类，则以该类为标记来标识此叶结点，若所有叶结点都有类标记，则算法终止；

（3）否则，选取一个从该结点到根路径中没有出现过的属性为标记，标识该结点，再对该属性所有取值继续创建树的分支，重复步骤 2。

ID3 算法可以创建一棵基于训练集的正确的决策树，但不一定是最简单的。

8.4.2 属性选择度量

ID3 算法将信息增益作为属性选择度量，在决策树的每个结点上，它通过计算不同属性对训练数据集划分后的信息增益来选择最合适的测试属性。这个信息增益度量的目标是找到那个能够使数据集划分后的信息量最小化的属性，也就是使某一对象分类所需的期望测试数目达到最小。信息增益的计算基于香农提出的信息论概念，其中信息量和熵是核心概念。信息量衡量了某一事件的不确定性，而熵则表示整个系统的不确定性，是各种信息量的加权平均。ID3 算法利用这些概念来选择测试属性，以构建一个能够在保持决策树相对简单的同时，尽量减少划分后的信息量的决策树模型。这种方法可以帮助决策树更好地理解和预测数据。

1. 期望信息量

给定一个包含 n 个样本的集合 S，假设分类属性具有 m 个不同的取值，也就是有 m 个不同的类别（$C_1, C_2, \cdots, C_m$）。其中，C_i 表示第 i 个类别，s 表示属于类别 C_i 的样本数量，一个给定样本分类的期望信息如式 (8-10) 所示。

$$I(s_1, s_2, \cdots, s_m) = -\sum_{i=1}^{m} p_i \log_2(p_i) \tag{8-10}$$

式中，p_i 是样本属于类 C_i 的概率，一般用 S_i/S 估计，因此 S 中的样本要有一定的数量和代表性。

2. 熵

如果属性 A 具有 v 个不同值 $\{a_1, a_2, \cdots, a_v\}$。可以用属性 A 把 S 划分为 v 个子集 $\{S_1, \cdots, S_v\}$，其中，S_j 包含 S 中在属性 A 上取值 a_j 的样本。如果 A 被选为测试属性，那么对应于 A 的 v 个不同取值将产生 v 个分支。设 S_{ij} 是样本子集 S_i 中类 C_i 的样本数。由 A 划分样本子集的熵如式 (8-11) 所示。

$$E(A) = \sum_{j=1}^{v} \frac{s_{1j} + \cdots + s_{mj}}{n} I(s_{1j}, \cdots, s_{mj}) \tag{8-11}$$

式中，$\frac{s_{1j} + \cdots + s_{mj}}{n}$ 表示子集中的样本个数除以 S 中的样本总数，即第 j 个子集的权。如果熵值越小，样本子集划分的纯度就越高，即样本更倾向于属于同一类别。给定样本子集 S_j 的期望信息如式 (8-12) 所示。

$$I(s_{1j}, s_{2j}, \cdots, s_{mj}) = -\sum_{i=1}^{m} p_{ij} \mid \log_2(p_{ij}) \tag{8-12}$$

式中，$p_{ij} = s_{ij}/|S_j|$ 是 S_j 中的样本属于 C_i 的概率，$|S_j|$ 表示集合 S_j 中的样本数量。

3. 信息增益

A 作为分支属性的信息增益以式 (8-13) 表示：

$$\text{gain}(A) = I(s_1, s_2, \cdots, s_m) - E(A) \tag{8-13}$$

信息增益（gain(A)）在决策树算法中扮演了重要的角色，它表示了选择某个属性 A 并进行划分后，对数据混乱程度的期望压缩。这个概念是基于熵的衡量，熵用来度量系统的混乱程度，熵值越大，系统越混乱。在决策树构建中，我们希望在每一步选择一个属性作为节点的测试属性，以便将数据分为更纯的子集。因此，最佳的属性选择应该使整体数据的熵减小,也就是使信息增益最大。为了计算信息增益,算法会考虑每个可能的属性作为划分依据。对于每个属性A,它会计算在属性A上进行划分后的条件熵,然后将这个条件熵从原始数据集的熵中减去,得到信息增益。信息增益越大,表示在属性A上进行划分后,数据的混乱程度减少得越多,这使得属性A成为一个有望作为节点的测试属性。因此,决策树构建过程通常采用贪心算法和深度优先搜索,迭代地选择信息增益最大的属性作为节点的测试属性,然后基于该属性的取值创建分支子节点,从而划分样本数据。表 8-5 是顾客购买房屋的训练集,以此说明属性选择方法。

顾客购买房屋的训练集　　　　　　　　表 8-5

样本编号	年龄	月薪	健康状况	买房意向(类别)
1	≤30	≤5000	好	不买
2	≤30	≤5000	不好	不买
3	≤30	>5000	不好	买
4	≤30	>5000	好	买
5	30~60	≤5000	好	买
6	30~60	>5000	好	买
7	30~60	>5000	不好	买
8	>60	≤5000	好	买
9	>60	≤5000	不好	不买
10	>60	>5000	不好	不买

从表 8-5 中可以看出,类属性"买房意向"有 2 个取值{买,不买},因此存在 2 个类别,则 $m=2$。设 C_1 对应于"买",C_2 对应于"不买",则 C_1 有 6 个样本,$s_1=6$,C_2 有 4 个样本,$s_2=4$。由式 (8-10) 计算期望信息 $I(s_1,s_2)$:

$$I(s_1,s_2) = I(6,4) = -\frac{6}{10}\log_2\frac{6}{10} - \frac{4}{10}\log_2\frac{4}{10} = 0.9710$$

然后计算每个属性的熵,对于属性"年龄"有 3 个取值{≤30,30~60,>60},即 3 个子集,分别计算 3 个子集的期望信息:

年龄 = "≤30": $s_{11}=2$, $s_{21}=2$, $I(s_{11},s_{21}) = -\frac{2}{4}\log_2\frac{2}{4} - \frac{2}{4}\log_2\frac{2}{4} = 1$

年龄 = "30~60": $s_{12}=3$, $s_{22}=0$, $I(s_{12},s_{22}) = -\frac{3}{3}\log_2\frac{3}{3} = 0$

年龄 = ">60"：$s_{13} = 3$, $s_{23} = 0$, $I(s_{13}, s_{23}) = -\frac{1}{3}\log_2\frac{1}{3} - \frac{2}{3}\log_2\frac{2}{3}$

$= 0.9183$

由式(8-11)计算样本"年龄"划分成子集的熵：

$$E(年龄) = \frac{4}{10}I(s_{11}, s_{21}) + \frac{3}{10}I(s_{12}, s_{22}) + \frac{3}{10}I(s_{13}, s_{23}) = 0.6755$$

信息增益为：$\text{gain}(年龄) = I(s_1, s_2) - E(年龄) = 0.2955$

同理，属性"月薪"和"健康状况"的信息增益分别为：

$$\text{gain}(月薪) = 0.1246$$

$$\text{gain}(健康状况) = 0.1246$$

"年龄"属性具有最高的信息增益，因此它被选为根节点的测试属性。然后，针对每个"年龄"属性值，创建一个分支结点，每个分支代表了一个属性值的子集，从而划分样本数据，如图8-7所示。

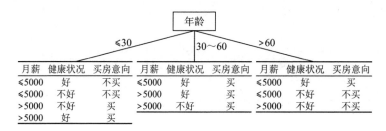

图8-7 对属性"年龄"进行划分

8.4.3 决策树剪枝

在决策树的创建过程中，受到数据中的噪声和孤立点的干扰，会产生许多分支来反映这些异常情况，从而影响模型的泛化性能。剪枝是决策树算法中的一个重要步骤，它采用了统计学方法，旨在去除最不可靠的分支，通常这些分支可能是由噪声引起的，以提高对测试数据的正确分类能力，并使决策树更加鲁棒。在剪枝过程中，通常使用两种主要方法：先剪枝和后剪枝。

1. 先剪枝

先剪枝是决策树算法中的一种策略，旨在在树的生长过程中较早地停止分支扩展，以防止决策树过度生长并陷入过拟合的问题。其中，最简单的先剪枝方法之一是限制决策树的最大深度或高度，确保树的复杂度受到控制。但是，这种方法需要用户提前对数据的特性和树的深度有一定的了解，不够自适应。更一般的先剪枝方法是根据统计意义的度量来评估每次节点分裂是否值得进行，例如卡方检验或信息增益。算法会计算每个可能的分裂，并检查分裂对系统性能的提升是否超过预先设定的阈值。如果增益不足以证明分裂的价值，算法将停止该节点的分裂，从而限制树的复杂性。选择适当的阈值对于先剪枝至关重要，较高的阈值可能会导致树的过度简化，而较低的阈值可能使树的剪枝不足。

先剪枝存在视野效果的问题。在相同的标准下，当前的扩展不满足标准，但进一步的扩展有可能满足标准。采用先剪枝的算法有可能使决策树的构造过早停止，但由于不必生成完整的决策树，算法的效率很高，适合应用于大规模问题。具体在什么时候停止决策树的生长有多种不同的方法：

（1）一种最为简单的方法是在决策树到达一定高度时停止树的生长，这种停止标准在特定情况下能取得比较好的效果。

（2）另一种先剪枝策略是在决策树的构建过程中，当到达某个节点的实例具有相同的特征向量时，考虑停止树的生长。这意味着即使这些实例可能不属于完全相同的类别，也可以选择停止节点的拆分和生长。这个策略的优势在于能够处理数据中的冲突问题。

（3）还有一种先剪枝策略是在决策树的构建过程中，当到达某个节点的实例个数小于某一个阈值时，考虑停止树的生长。这种策略的思想是，当节点的实例数量太少时，进一步分裂节点可能会导致过度拟合，因此可以选择停止树的生长。

（4）最后一种普遍的做法是计算每次分支对系统性能的增益，如果这个增益值小于某个阈值，则不进行分支。即使在最有希望的情况下，分支的增益都小于阈值，算法也会停止生长。这种方法相对灵活，能够在树的生长过程中动态地根据性能指标来决定是否继续分支。与先剪枝方法相比，后剪枝不会提前丢失有用信息，并且无需事先确定决策树的生长停止时机。因此，后剪枝方法在实际应用中更为常见，通常通过交叉验证等技术来选择合适的剪枝参数，以提高模型的泛化性能。

2. 后剪枝

后剪枝（Post-Pruning）技术的核心思想是允许决策树在生成过程中过度生长，然后通过一定规则，剪去决策树中那些不太具有代表性的节点或分支。

后剪枝算法有自上而下和自下而上两种剪枝策略。自下而上的算法是首先从最底层的内结点开始剪枝，剪去满足一定条件的内结点，在生成的新决策树上递归调用这个算法，直到没有可以剪枝的结点为止；自上而下的算法是从根结点开始向下逐个考虑结点的剪枝问题，只要结点满足剪枝的条件就进行剪枝。

后剪枝是一个渐进修剪并检验的过程。一般的规则是这样的：在决策树逐步剪枝的过程中，利用训练样本集或检验样本集的数据，评估决策子树对目标变量的预测精度，并计算出相应的错误率。如果存在某个叶子节点，剪去该叶子节点后不会导致在测试集上的准确度下降，那么就剪去这个叶子节点。这个过程反复进行，直到不能再剪去叶子节点为止。

（1）降低分类错误率剪枝（Reduced Error Pruning，REP）方法

REP方法是由Quinlan首次提出的一种简单剪枝方法，其主要思想是借助独立的测试集（也称为剪枝数据集）来计算子树的准确性并优化决策树结构。REP方法的剪枝过程遵循以下步骤：首先，自底向上地考虑决策树T的每个子树S，将其替换为一个叶子节点，形成一个新的子树。接下来，在测试集上评估新子树的分类错误率，如果新子树的错误率小于或等于原子树S的错误率，并且子树S中不包含与新子树具有相同性质的子树，那么就将子树S删除，并用叶子节点替代它。这一过程反复执行，直到无法删除更多的子树而不降低在测试集上的分类准确性为止。REP方法的关键思想在于通过比较错误率，选择那些有望最大程度提高决策树在测试集上准确性的子树进行修剪，从而提高决策树的泛化性能，并减少过度拟合的风险。

（2）悲观误差剪枝（Pessimistic Error Pruning，PEP）方法

PEP方法是Quinlan为了克服REP方法需要独立剪枝数据集的限制而提出的一种剪枝方法。假设我们有一个训练集，用于生成初始树T，某一叶子结点的实例个数为$n(1)$，其中错误分类的实例个数为$e(t)$，由于训练数据既用来生成决策树又用来修剪树，因此基于此训练数据集的误差率：$r(t) = e(t)/n(t)$是有一定偏差的，它不能精确地选择最佳的修剪树（式(8-14)）。

$$r'(t) = \left[e(t) + \frac{1}{2}\right]/n(t) \qquad (8\text{-}14)$$

设S为树T的子树$T(t)$，其叶子结点的个数为$L(S)$，$T(t)$的分类误差如式(8-15)所示：

$$r'(T_t) = \frac{\sum_s [e(s) + 1/2]}{\sum_s n(s)} = \frac{\sum_s e(s) + L(S)/2}{\sum_s n(s)} \qquad (8\text{-}15)$$

在定量分析中，为简单起见，用错误总数取代错误率，即$e'(t) = e(t) + 1/2$。那么对于子树$T(t)$，有式(8-16)：

$$e'(T_t) = \sum_s e(s) + L(S)/2 \qquad (8\text{-}16)$$

如果得到的决策树精确地分类各个实例,即误差$e(s) = 0$,此时$e'(T_t) = 1/2$,它仅代表决策树关联每个叶子的时间复杂性的度量。当训练集中有样本冲突时,此结果不成立。

一般来说,某一中间结点t被叶子结点替换的条件是:替换后子树T_t的误差率要小于节点t的误差率。但由于连续校正的存在,有时候会发生$n'(t) \leqslant n'(T_t)$这种情况。此时节点t也要被删除。为此,Quinlan 削弱了对错误率的限制,修改为式 (8-17):

$$e'(t) \leqslant e'(T_t) + SE[e'(T_t)] \qquad (8\text{-}17)$$

其中,$SE[e(T_t)]$称为标准误差,定义如式 (8-18)所示:

$$SE[e'(T_t)] = \sqrt{b^2 - 4ac} \qquad (8\text{-}18)$$

如果式 (8-18)成立,则子树不应被剪掉,应用相应的叶子结点代替。对所有非叶子结点以此计算测试,来判断它们是否应被修剪。

PEP 方法在误差估计中引入连续校正机制并没有充分的理论基础。在统计上,通常用二项式分布取代正态分布。事实上,连续校正只对引入复杂度因子有效,然而这个因子不能被看成错误率,否则可能导致剪枝不彻底或过分剪枝。如果所得到的决策树完全精确地分类所有的训练实例,则有式 (8-19):

$$e'(T_t) + SE[e'(T_t)] = \left[L(T_t) + \sqrt{L(T_t)}\right] \qquad (8\text{-}19)$$

由于$e'(t) = e(t)$,式 (8-19)简化为式 (8-20):

$$L(T_t) + \sqrt{L(T_t)} \geqslant 2e'(t) \qquad (8\text{-}20)$$

也就是说,如果子树T_t中关于帮助纠正分类错误的叶子结点数足够大,就得对T_t剪枝。常量 1/2 是一个用来衡量这个条件的参数,如果子树中的叶子节点数占整个树的叶子节点数的一半或更多,那么就不进行剪枝,因为这些叶子节点足够大,对纠正分类错误有帮助。

3. 从决策树提取分类规则

从构建的决策树中可以提取分类规则,这些规则通常以 IF-THEN 的形式表示,用于解释树对数据的分类决策。这个过程称为决策树的规则提取。规则提取是通过遍历树的路径,将路径上的属性值和分裂条件转化为规则的前件部分(IF部分),叶子结点中的类别信息转化为规则的后件部分(THEN 部分)。对于图 8-6 的决策树可以提取如下分类规则:

IF 年龄 $\leqslant$ 30 AND 月薪 $\leqslant$ 5000,THEN 买房意向 = '不买';

IF 年龄≤30 AND 月薪>5000，THEN 买房意向='买'；
IF 年龄=30~60，THEN 买房意向='买'；
IF 年龄>60 AND 健康状况=好，THEN 买房意向='买'；
IF 年龄>60 AND 健康状况=不好，THEN 买房意向='不买'。

8.5 支持向量机

支持向量机（Support Vector Machine，SVM）是一种机器学习方法，由 Vapnik 等于 20 世纪 90 年代提出。SVM 基于统计学理论和结构风险最小原理，具有出色的泛化能力和对小样本、非线性、高维数和局部极小点等问题的优越性能。它在分类、模式识别、函数逼近、时间序列预测等领域广泛应用。

SVM 的核心思想是通过非线性变换将输入空间映射到高维特征空间，然后在高维空间中寻找一个最优超平面，以使训练样本被正确分类并且具有最大间隔。这个最优分类面的示意图如图 8-8 所示，图中实心点和空心点分别代表两类训练样本，H 为分类线，H_1 和 H_2 与分类线平行，分别为这两类样本中离分类线最近的点。H_1 与 H_2 间的距离 d 称作分类间隔，线上的样本为支持向量。

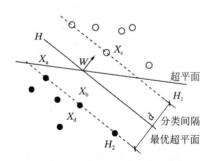

图 8-8　线性可分情况下的超平面

给定 n 个线性可分的训练样本。样本表示为 $\{X_i,y_i\}(i=1,2,\cdots,n)$，$y_i \in \{-1,1\}$。这里考虑简单的二分类问题，则图 8-8 的线性分类的最优超平面表示为式 (8-21)：

$$W \times X + b = 0 \tag{8-21}$$

式中，W 和 b 是超平面的参数，$W \times X$ 表示向量 W 和 X 的内积。

对于最优超平面的两个点 X_a 和 X_b，满足式 (8-21)，则：

$$W \times X_a + b = 0,\ W \times X_b + b = 0$$

两个方程相减得到：

$$W \times (X_b - X_a) = 0$$

其中，$X_b - X_a$是一个平行于最优超平面的向量，它的方向从X_a到X_b。由于点积结果为0，因此系数向量W的方向与最优超平面垂直。

可以证明，最优超平面上的点X_i，类标号定义为$y_i = 1$，满足式(8-22)：

$$W \times X_t + b = \mu > 0 \tag{8-22}$$

而最优超平面下的点X_u，类标号定义为$y_b = -1$，满足式(8-23)：

$$W \times X_u + b = \psi < 0 \tag{8-23}$$

调整决策边界参数W和b，两个平行的超平面分别表示为式(8-24)和式(8-25)：

$$H_1: W \times X + b = 1 \tag{8-24}$$

$$H_2: W \times X + b = -1 \tag{8-25}$$

设X_c和X_J分别是超平面H_1和H_2上的点，得到：

$$W(X_c - X_d) = 2$$

$$\|W\| \times d = 2$$

式中，$\|W\|$表示向量W的长度。

支持向量机的训练是为了从n个训练数据中估计参数W和b，即满足式(8-26)和式(8-27)：

$$y_i = 1, \quad W \times X_i + b \geqslant 1 \tag{8-26}$$

$$y_i = -1, \quad W \times X_i + b \leqslant -1 \tag{8-27}$$

即$y_i(W \times X_i + b) \geqslant 1, \quad i = 1, 2, \cdots, n$。

这样支持向量机的训练就转化为式(8-28)、式(8-29)中被约束的优化问题。

$$\min f(W) = \frac{\|W\|^2}{2} \tag{8-28}$$

$$s.t. \, y_i(W \times X_i + b) \geqslant 1, \quad i = 1, 2, \cdots, n \tag{8-29}$$

由于目标函数是二次的，而约束在参数W和b上是线性的，这个最优化问题可以通过标准的拉格朗日乘子方法求解。该优化问题的拉格朗日方程见式(8-30)：

$$L(W, b, \lambda_i) = \frac{1}{2}\|W\|^2 - \sum_{i=1}^{n} \lambda_i [y_i(W \times X_i + b) - 1] \tag{8-30}$$

令$L(W, b, \lambda_i)$关于W、b的梯度为0，则有式(8-31)：

$$W = \sum_{i=1}^{n} \lambda_i y_i X_i, \quad \sum_{i=1}^{n} \lambda_i y_i = 0 \tag{8-31}$$

将拉格朗日方程转化为对偶问题，得到该优化问题的对偶公式（式(8-32)）：

$$L_D(\lambda_i) = \sum_{i=1}^{n} \lambda_i - \frac{1}{2} \sum_{i,j} \lambda_i \lambda_j y_i y_j X_i \times X_j \tag{8-32}$$

利用数值计算方法求解式(8-32)，得到一组λ_i。通过式(8-31)求得W和b的解，则最优超平面可以表示成式(8-33)：

$$\left(\sum_{i=1}^{n}\lambda_i y_i X_i \times X\right) + b = 0 \tag{8-33}$$

表 8-6 给出了一组二维数据集,它包含 8 个训练实例。使用二次规划方法,求解式 (8-33) 给出的优化问题,可以得到每一个训练实例的拉格朗日乘子 λ_i,它们在表中最后一列中列出。

表 8-6 二维数据集

X_1	X_2	y	拉格朗日乘子
0.3858	0.4687	1	65.5261
0.4871	0.6110	−1	65.5261
0.9218	0.4103	−1	0
0.7382	0.8936	−1	0
0.1763	0.0579	1	0
0.4057	0.3529	1	0
0.9355	0.8132	−1	0
0.2146	0.0099	1	0

令 $W = (W_1, W_2)$,b 为最优超平面的参数。使用式 (8-32) 得到:

$$W_1 = \sum_{i=1}^{n}\lambda_i y_i X_{i1} = 65.5261 \times 1 \times 0.3858 + 65.5261 \times (-1) \times 0.4871 = -6.64$$

$$W_2 = \sum_{i=1}^{n}\lambda_i y_i X_{i2} = 65.5261 \times 1 \times 0.4687 + 65.5261 \times (-1) \times 0.6110 = -9.32$$

则:

$$b^{(1)} = 1 - W \times X_1 = 1 - (-6.64)(0.3858) - (-9.32)(0.4687) = 7.9300$$

$$b^{(2)} = 1 - W \times X_2 = -1 - (-6.64)(0.4871) - (-9.32)(0.6110) = 7.9289$$

对 $b^{(1)}$、$b^{(2)}$ 取平均,得到 $b = 7.93$。对应于这些参数的最优超平面如图 8-9 所示。

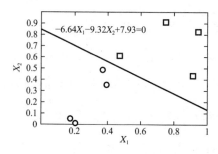

图 8-9 线性可分数据集的最优超平面

则样本实例z按式(8-34)分类：

$$f(z) = sign(w \cdot z + b) = sign\left(\sum_{i=1}^{n}\lambda_i y_i X_i \cdot z + b\right) \tag{8-34}$$

如果$f(z) = 1$，待测实例被分为正类，否则为负类。

8.6 粗糙集

1982年，波兰华沙理工大学的教授Z. Pawlak首次提出了粗糙集理论，这是一种新型的数学工具，用于处理模糊和不确定性知识。粗糙集理论具有以下特点：它能够在缺乏有关数据先验知识的情况下，仅基于观测数据的分类能力来解决模糊或不确定性数据的分析和处理问题。此外，该理论的算法相对简单，易于操作。目前，粗糙集方法已广泛应用于人工智能、知识和数据发现、模式识别和分类、故障检测等领域，发挥了重要作用。

粗糙集理论的特点是不需要预先给定某些特征或属性的数量描述，而是直接从给定问题的描述集出发。通过不可分辨关系（等价关系），它可以确定给定问题的近似域，从而找出该问题的内在规律。这种方法允许在没有详细信息的情况下进行数据分析和决策，通过研究数据之间的关系和相似性，帮助解决模糊和不确定性信息的问题，从而提供有关给定问题的近似答案。

给定一个有限的非空对象集合U，称为论域。R属于$U \times U$，它表示U上的一个等价关系。这里，这种等价关系R代表论域U中的一种关系，它可以是一种属性的描述，或为一个属性集合的描述，R可以是定义的一种变量，也可以是定义的一种规则。等价关系R将集合U划分成不相交的子集，记作U/R，表示T的所有等价类族。

如果U上的两个元素x和y属于相同的等价类，则称x和y是不可分辨的。一个二元组的关系信息系统$K = (U, R)$称为近似空间（或知识库）。R的等价类和空集称为近似空间$K = (U, R)$的原子集合。多个原子集合的并集称为复合集合，所有复合集合（包括空集）的族，表示为$Com(K)$。粗糙集理论把知识看成是对有关对象论域的划分，而等价关系R和由其产生的等价类则是关于U的有效信息或知识。粗糙集理论中，对于给定的一个集合X属于U，如果使用R等价类无法精确描述X，那么X被称为是一个粗糙集；反之，如果使用R等价类可以精确描述X，那么X被称为是一个精确集。

粗糙集X可以用两个精确子集：下近似（集）和上近似（集）来加以定义（式(8-35)，式(8-36)）：

$$K_-(X) = \bigcup_{[x]_R \in X} [x]_R \tag{8-35}$$

$$K^-(X) = \bigcup_{[x]_R \cap X = \varnothing} [x]_R \tag{8-36}$$

式中，$[x]R = \{y|x\ R\ y\}$ 是包含 x 的等价类，即 $[x]_R$ 中的每一个对象都与 X 具有相同的特征属性。下近似 $K_-(X)$ 是指所有在 X 子集中的原子集的并集，即由那些根据现有知识判断为肯定数据 X 的对象组成的最大集合，它是包含在 X 中的最大复合集；上近似 $K^-(X)$ 是指所有具有与 X 相交非空的原子集的并集，它是包含 X 的最小复合集。下近似中的一个元素必然属于 X，而上近似的元素可能属于 X。下近似（集）和上近似（集）还可以表示为式 (8-37) 和式 (8-38)：

$$K_-(X) = \{x | [x]_R \in X\} \tag{8-37}$$

$$K^-(X) = \{x | [x]_R \cap X\} = \varnothing \tag{8-38}$$

即当 U 中某个元素 x 的所有等价元素都属于 X 时，则它必然属于 X，当至少有一个等价元素属于 X 时，则它有可能属于 X。

一个集合 $X \in U$ 的下近似和上近似用于将论域 U 划分为 3 个不相交的区域：正区域 POS(X)、负区域 NEG(X) 和边界区域 BND(X)，其定义分别如式 (8-39)～式 (8-41) 所示：

$$POS(X) = K_-(X) \tag{8-39}$$

$$NEG(X) = U - K^-(X) \tag{8-40}$$

$$BND(X) = K^-(X) - K_-(X) \tag{8-41}$$

在这种定义下，对于一个集合 $X \in U$，任何属于 POS(X) 的元素 x，一定属于 X；任何属于 NEG(X) 的元素 x，肯定不属于 X，但属于 X 的补集；当一个元素 x 属于 BND(X) 时，不能确定它是否属于 X 或 X 的补集。在粗糙集理论中，边界区域代表论域的不确定性域，包含了那些在特定精度下无法明确分类的元素。一个集合的上近似包含了正区域（可以明确属于 X）和边界区域（不确定是否属于 X），即 $K^-(X) = POS(X) \cup BND(X)$。如果 $BND(X) = \varnothing$，则表明 X 是关于 R 的精确集；反之，X 是关于 R 的粗糙集。

集合的不确定性与其边界域的大小相关。边界域越大，集合的精确性越低。当两个非空集合 X 和 Y 完全不相同的时候，则 X 和 Y 是不相交的，即 $|X \cap Y| = 0$。如果 X 和 Y 正好完全相同，它们的交集就等于它们本身，则 $|X \cup Y| = |X \cap Y| = |X| = |Y|$。通过度量两个集合的交集情况，可以评估它们的不确定性或精确性。

两个集合 X 和 Y 之间的相似程度如式 (8-42) 所示：

$$s(X, Y) = \frac{|X \cap Y|}{|X \cup Y|} \tag{8-42}$$

若 $X \neq Y$，则 $s(X,Y) = 0$；若 $X = Y$，则 $s(X,Y) = 1$。将式 (8-37) 代入式 (8-42)，其中 $K_-(X)$ 是式 (8-42) 中的 X，$K^-(X)$ 是式 (8-42) 中的 Y，从而得到 X 的 R 粗糙度公式（式 (8-43)）：

$$D(K_-(X), K^-(X)) = 1 - \frac{|K_-(X) \cap K^-(X)|}{|K_-(X) \cup K^-(X)|} = 1 - \frac{|K_-(X)|}{|K^-(X)|} \tag{8-43}$$

$D(K_-(X), K^-(X))$ 反映了解集合 X 的知识的不完全程度。具体来说，对于每一个 R，有 $0 \leqslant D(K_-(X), K^-(X)) \leqslant 1$；如果 $D(K_-(X), K^-(X)) = 0$，则 X 的边界域为空集，集合 X 是 R 可完全定义的；如果 $D(K_-(X), K^-(X)) < 1$，集合 X 具有非空的边界域，集合 X 是部分 R 不可定义的；最后，如果 $D(K_-(X), K^-(X)) = 1$，集合 X 是全部 R 完全不可定义的。

精确度函数 $\rho(X)$ 是度量集合 X 不确定性程度的另一种形式，其定义如式 (8-44) 所示：

$$\rho(X) = 1 - D(K_X, K^-(X)) = \frac{|K_X|}{|K^-(X)|} = S(K_-(X), K^-(X)) \tag{8-44}$$

对于空集，定义 $\rho(\varnothing) = 1$。如果 X 是复合集合，那么 $\rho(X) = 1$；如果 X 不是复合集合，那么 $0 \leqslant \rho(X) < 1$。精确度和 R 粗糙度是互补的概念，它们描述了了解集合的知识的不完整程度和完全程度。

粗糙集的研究主要集中在分类问题上。在分类中，概念和类别是同义词，每个类别对应一个概念。知识的组成要素之一就是概念，如果某个知识中包含了不精确的概念，那么这个知识就被认为是不精确的。粗糙集通过使用上近似和下近似这两个精确概念来描述不精确概念。一个概念（或集合）的下近似是指其下近似集中的元素被确定属于该概念。换句话说，下近似表示了该概念的确定成员。一个概念（或集合）的上近似是指其上近似集中的元素可能属于该概念。上近似表示了该概念的不确定成员，也就是可能属于但不能确定属于该概念的元素。在粗糙集的研究中，下近似和上近似是两个基本的运算，它们帮助我们理解不精确概念的分类和描述。

粗糙集理论的基本出发点是假设每个研究对象都包含一些信息，这些信息可以是数据或知识的形式。例如，如果我们研究的对象是某种疾病的病例，那么这些病例的信息可能包括了疾病的症状、医疗历史等。根据这些信息，我们可以将对象进行分类或描述。当多个对象具有相同的信息描述时，它们被认为是相似的或不可分辨的。这种相似性或不可分辨性导致了粗糙集理论的核心概念，即粗糙集的等价关系。粗糙集理论的数学基础就是建立在这种不可分辨关系之上的。

流感病历　　　　　　　　表 8-7

病例	头疼	肌肉痛	体温	流感
P_1	否	是	高	是
P_2	是	否	高	是
P_3	是	是	很高	是
P_4	否	是	正常	否
P_5	是	否	高	否
P_6	否	是	很高	是

粗糙集理论将相似对象的集合称为初等集合,这些初等集合构成了知识的基本成分,也称为知识基。精确集是指由初等集合的并集形成的集合,而粗糙集则是不满足精确集条件的集合。每个粗糙集都包含一些边界元素,这些元素既不能确定属于粗糙集,也不能确定属于粗糙集的补集(精确集)。边界元素是那些不能根据已有知识得出明确分类的对象。对于这些具有边界元素的对象,无法使用现有的知识进行准确分类。举例来说,考虑一个包含 6 个病例的数据集,如表 8-7 所示。表格的列表示不同的属性(症状),而行表示不同的对象(病例)。表格中的数据记录了属性值,每一行都代表关于特定病例的信息。例如,某个病例可以通过以下属性值描述:{(头疼,是),(肌肉痛,否),(体温,高),(流感,是)}。这个表格就是用来表示疾病病例信息的。

表 8-7 中病例 P_2、P_3 和 P_5 相对于属性"头疼"是不可分辨的;病例 P_1 和 P_6 相对于属性"肌肉痛"和"流感"是不可分辨的;病例 P_2 和 P_5 相对于属性"头疼""肌肉痛"和"体温"是不可分辨的。这样,属性"头疼"产生 2 个初等集合:$\{P_2, P_3, P_5\}$ 和 $\{P_1, P_4, P_6\}$;而属性"头疼"和"肌肉痛"生成 3 个初等集合:$\{P_1, P_4, P_6\}$、$\{P_2, P_5\}$ 和 $\{P_3\}$。同样,人们可以确定由任意属性子集所生成的初等集合。因为病例 P_2 患有流感,而病例 P_5 没有患流感,对于属性"头疼""肌肉痛"和"体温"来说,它们是不可分辨的。因此,流感不能以属性"头疼""肌肉痛"和"体温"作为特征进行描述,由此得出 P_2 和 P_5 是边界实例,即它们不能根据有效知识进行适当的分类。剩下的病例 P_1、P_3 和 P_6 所显示的症状足以将它们确定地分类成流感。但不能排除 P_2 和 P_5 患流感,而 P_4 毫无疑问没有流感。所以病例集合中"患有流感"的下近似集合是 $\{P_1, P_3, P_6\}$,上近似集合是 $\{P_1, P_2, P_3, P_5, P_6\}$。同样,$P_4$ 没有患流感;P_2 和 P_5 不能排除患流感,所以没有患流感的下近似是 $\{P_4\}$,上近似是 $\{P_2, P_4, P_5\}$。可以得到,为了确定是否患流感,不必使用这张表中的所有属性。如果一个病例有很高的体温,一定

患有流感,但如果体温正常那一定没有患流感。

8.7 其他分类算法

K-最邻近分类(K-Nearest Neighbors,K-NN)、基于案例的推理(Case-Based Reasoning,CBR)和遗传算法(Genetic Algorithms,GA)是常用于分类任务的方法,与贝叶斯分类器、决策树和支持向量机等方法并列。

8.7.1 K-最邻近分类

K-最邻近分类(K-Nearest Neighbors,K-NN)是一种基于类比学习的分类方法。在 K-NN 中,训练样本被描述为具有 n 维数值属性的数据点,每个样本代表 n 维空间中的一个点。这意味着所有的训练样本都存在于 n 维模式空间中。当给定一个未知样本时,K-NN 算法会在模式空间中搜索,找出距离未知样本最近的 K 个训练样本,这 K 个训练样本被称为未知样本的 K 个"最近邻居"。"邻近性"用欧几里得距离定义,其中两个点 $X = (x_1, x_2, \cdots, x_n)$ 和 $Y = (y_1, y_2, \cdots, y_n)$ 的欧几里得距离如式(8-45)所示:

$$d(x,y) = \sqrt{\sum_{i=1}^{n}(x_i - y_i)^2} \qquad (8\text{-}45)$$

K-最邻近分类法通过将未知样本与已知训练样本的距离进行比较,将未知样本分配给 K 个最接近的邻居中最常见的类别。这是一种基于要求的或懒散的学习方法,它不会事先构建通用模型,而是存储所有的训练样本,并在需要对新样本进行分类时才执行分类过程。与急切学习法(如决策树归纳和神经网络的后向传播)形成鲜明对比,后者会在接收待分类的新样本之前构建一个通用性模型。K-NN 的分类依赖于邻居的选择和距离度量方法。当需要比较的邻居数量很大时,懒散学习方法可能导致高计算开销,因此需要有效的索引技术来提高性能。此外,K-NN 对每个属性都赋予相同的权重,在存在不相关属性时可能会导致混淆。

K-最邻近分类方法不仅可以用于分类问题,还可以用于回归问题。在此情况下,分类返回未知样本的 K 个最邻近实数值标号的平均值。

8.7.2 基于案例的推理

基于案例的推理(Case-Based Reasoning,CBR)是一种分类方法,它以基于事例或案例的方式进行学习和推理。与其他分类方法不同,CBR 不将训练样本表示为数值属性，而是使用复杂的符号描述来表示案例。这些案例可以是各种领域中的问题解决实例，如客户服务、技术设计、法律等。CBR的应用范围广泛，包括商务、工程、法律等领域。在CBR中，当需要对一个新案例进行分类或求解时，首先检查是否存在与之完全匹配的训练案例。如果找到匹配的案例，CBR会返回该案例的解决方案。如果没有完全匹配的案例，CBR将搜索具有与新案例相似特征的训练案例，并基于这些相似案例进行推理。

基于案例的推理（CBR）的核心思想是利用与新案例相似的训练案例来解决问题。在概念上，这些训练案例可以被视为新案例的邻居或相似案例。如果将案例表示为图形，这就涉及搜索与新案例相似的子图或模式。CBR尝试通过组合邻近的训练案例来提出新案例的解决方案。这个过程中可能会涉及多个训练案例的组合，以生成对新案例的解。然而，有时候不同案例的解可能是不兼容的，这时可能需要回溯搜索其他解决方案或调整组合策略。

基于案例的推理（CBR）在实际应用中面临多方面挑战。其中包括寻找合适的相似性度量方法，以确保案例之间的比较有效；开发高效的训练案例索引技术，以快速检索相似案例；确定合适的解决方案组合策略，尤其是在复杂问题中；为了处理不兼容性和冲突的情况，可能需要采取适当的解决策略。

8.7.3 遗传算法

遗传算法旨在模拟自然进化的过程，通常的初始步骤是创建一个初始群体，其中包含随机生成的规则。每个规则都可以用一个二进制串来表示。举个简单的例子，假设我们有一个包含两个布尔属性A_1和A_2的训练集，并且有两个类C_1和C_2。一个规则 IF A_1 AND NOT A_2，THEN C_1可以用二进位串"100"编码，其中最左边的两个二进位分别代表表示属性A_1和A_2，而最右边的二进位代表类。同样的，规则 IF NOT A_1 AND NOT A_2，THEN C_1，可以用"001"编码。如果一个属性具有$k(k>2)$个取值，那么可以使用k个二进位来编码该属性的值。类别页可以用类似的形式编码。

根据适者生存的原则，新的群体由当前群体中最适合的规则和它们的后代组成。通常情况下，规则的适应度是通过评估它们对训练样本集的分类准确性来确定的。

后代是通过一系列遗传操作来生成的，包括交叉和变异。在交叉操作中，规则的子串经过交叉，形成新的规则。而在变异操作中，规则串中的随机位会被反转。这个过程会一直持续，直到群体P中的每个规则都满足了预先设定的适应度阈值。这意味着群体中的规则逐渐演化和优化，以达到预定的性能标准。

遗传算法的并行化是一个重要的优势，它们可以在多个处理单元上同时运行，加速问题的求解过程。在数据挖掘中，除了用于分类，它们还评估其他算法的适合度C，例如，可以使用遗传算法来寻找最佳的参数配置，以优化其他算法的性能。

8.8 评估分类器的性能

估计误差在机器学习中扮演着重要的角色，主要体现在模型选择和性能评估方面。对于模型选择，估计误差帮助机器学习算法确定适当复杂度的模型，以避免过度拟合。一旦模型建立完成，估计误差还用于评估模型在新数据上的表现，从而实现对未知记录的类别标签或其他预测任务。

测试模型在检验集上的性能是非常有价值的，因为这样的测量可以提供对模型泛化误差的无偏估计。通过在检验集上计算准确率或错误率，可以有效地比较不同分类器在相同领域上的性能表现。然而，为了进行这些评估，必须确保检验集中的样本类别标签是已知的。在接下来的部分中，将介绍一些常用的方法，用于评估分类器的性能。

8.8.1 保持方法

在保持（Holdout）方法中，首先将已标记的原始数据分为两个互不重叠的集合，分别称为训练集和检验集。然后，通过在训练数据集上构建分类模型，在检验集上评估模型的性能。划分训练集和检验集的比例通常是由分析人员根据问题的性质和需求来确定的，例如可以选择将数据划分为50%的训练集和50%的检验集，或者按照2/3的比例为训练集，1/3的比例为检验集等。分类器的准确率根据模型在检验集上的准确率估计，保持方法有一些众所周知的局限性。第一，用于训练的被标记样本较少，因为要保留一部分记录用于检验，因此，建立的模型不如使用所有被标记样本建立的模型好。第二，模型可能高度依赖于训练集和检验集的构成。一方面，训练集越小，模型的方差越大；另一方面，如果训练集太大，用较小的检验集估计的准确率又不太可靠。这样的估计具有很宽的置信区间。最后，训练集和检验集不再是相互独立的。因为训练集和检验集来源于同一个数据集，在一个子集中超出比例的类在另一个子集就低于比例，反之亦然。

8.8.2 随机二次抽样

可以通过多次重复应用保持方法来改进对分类器性能的估计，这种方法被称为随机二次抽样。在随机二次抽样中，我们进行多次迭代，设acc_i，是第1次迭代的模型准确率，总准确率是$acc_{sub} = \sum acc_i/k_o$。然而，随机二次抽样也存在一些问题,与保持方法类似。首先,它没有充分利用所有可用的数据,因为在每次迭代中都只使用了部分数据进行训练和测试。其次,由于没有控制每个记录在训练和检验中的使用次数,一些记录可能在训练阶段被重复使用,而其他记录则可能很少被使用,导致不公平的数据分布。

8.8.3 交叉验证

交叉验证是一种替代随机二次抽样的方法,用于评估分类器性能。在交叉验证中,数据集被分成大小相同的K份,然后进行K次迭代。在每次迭代中,其中一份数据被用作检验集,而其余的K-1份数据被用作训练集。这个过程重复K次,以确保每份数据都恰好被检验一次。每次迭代都会构建一个模型并评估性能,最终的总误差是所有K次运行的误差之和。交叉验证的一个常见形式是二折交叉验证,其中数据被分成两份,然后交换它们的角色,在第一次运行中一份用作训练集,另一份用作检验集,在第二次运行中交换它们的角色。总误差是这两次运行的误差之和。K折交叉验证方法的一种特殊情况是令$K = N$,其中,N是数据集的大小,在这种所谓留一方法中,每个检验集只有一个记录。该方法的优点是使用尽可能多的训练记录,此外检验集之间是互斥的,并且有效地覆盖了整个数据集。该方法的缺点是整个过程重复N次,计算上开销很大,此外,因为每个检验集只有一个记录,性能估计度量的方差偏高。

8.8.4 自助法

迄今为止,我们介绍的方法都是假定训练记录采用不放回抽样,因此训练集和检验集都不包含重复记录。在自助方法中,训练记录采用有放回抽样,即已经选作训练的记录将放回原来的记录集中,使得它等概率地被重新抽取。如果原始数据有N个记录,可以证明,平均来说,大小为N的自助样本大约包含原始训练集数据中63.2%的记录。这是因为一个记录被自助抽样抽取的概率是$1 - (1 - 1/N)^N$,当N充分大时,该概率逐渐逼近$1 - e^{-1} = 0.632$。没有抽中的记录就成为检验集的一部分,将训练集建立的模型应用到检验集上,得到自助样本准确率的一个估计(ε_i)。抽样过程重复b次,产生b个自助样本。按照如何计算分类器的总准确率,有几种不同的自助抽样法。常用的方法之一是 0.632 自助,它通过组合每个自助样本的准确率(ε_i)和包含所有标记样本的训练集计算的准确率(acc_i)来计算总准确率(acc_{boot}),见式(8-46):

$$\text{acc}_{\text{boot}} = \frac{1}{b}\sum_{i=1}^{b}(0.632 \times \varepsilon_i + 0.368 \times \text{acc}_i) \qquad (8\text{-}46)$$

第 9 章

聚类分析

9.1 聚类的概念

9.1.1 聚类概念及应用

聚类是一种数据分析方法，它根据数据对象之间的相似性将一组数据对象划分为多个有意义的组，每个组被称为类或簇（Cluster）。在同一个簇内，数据对象之间具有较高的相似性，而不同簇之间的数据对象差异较大。与分类不同，聚类的目标是将数据对象划分为未知的类别，而不依赖于预先定义的类别标签。此外，聚类数据对象通常不包含有关类别特征的信息，聚类过程主要基于数据对象的特征相似性进行。以此为基础的聚类分析对数据理解及数据处理都有着重要的作用。数据理解用来分析和描述类或概念上有意义的、具有共同特征的对象组，而聚类分析是研究自动发现潜在的类或簇的技术。在许多领域中有着大量基于数据理解的聚类分析应用，以下是一些常见的例子。

市场营销：市场营销方面，企业利用不同渠道获取大量顾客的消费数据。通过聚类分析技术，可以将这些消费数据划分成不同的组，协助企业的市场分析人员在顾客消费数据库中识别不同的消费群体，并总结每个群体的消费模式，这有助于更深入地进行市场细分和开展有针对性的市场营销活动。

搜索引擎：搜索引擎对万维网上数以亿万计的 Web 页面进行搜索，其结果往往返回成千上万的页面，提供给用户。通过聚类将搜索结果划分成若干不同的簇，每个簇对应具有某些共同特征的 Web 页面文档，可实现对搜索结果的分类。例如搜索"汽车"返回结果页面可以聚类成汽车图片、汽车品牌、汽车知识、汽车购买、汽车论坛等类别，方便用户选择需要的结果和进一步获取详细信息。

生物学：生物实验室容易获得数以万计的基因组信息，通过使用聚类分析技术对基因组信息分组,可对具有类似功能的基因进行分类,帮助科研人员进一步研究这些基因组之间的关系。同样地,聚类可辅助研究动、植物分类,发现其中一些潜在的结构。

保险:保险公司拥有大量客户理赔记录数据,通过对这些数据进行聚类分析,对客户分类,发现不同险种如车险、人寿保险等对应的具有较高索赔概率的潜在群体,为进一步开展保险业务决策提供支持。

租房信息:成千上万的房主在租房网站上发布数以万计的房源信息,网站系统通过聚类分析,自动将房源信息根据区域、房型、租金、出租方式、设施等进行分类,以便租客选择自己所需的房源信息。

医学:在医学领域,某种疾病或健康状况通常存在多种不同的变种,聚类分析可以用来探索并识别这些子类别。在数据处理方面,聚类分析通常用于数据的汇总、压缩以及寻找最近邻等操作。它提供了将个体数据对象归类到具体簇的抽象方法。此外,一些聚类技术使用簇原型,即代表簇中其他数据对象的样本,来描述簇的特征。这些原型可以作为各种数据分析和数据处理技术的基础,有助于更好地理解和处理医学数据。

1. 汇总

许多数据分析技术,例如回归和主成分分析(PCA),通常具有$O(n^2)$较高的时间或空间复杂度(其中n是对象的个数),尤其在处理大规模数据集时会变得不切实际,因为它们的计算成本随着数据对象的数量n增加而增加。然而,对于大型数据集,可以采用一种策略,即只使用簇原型的数据集,而不是整个数据集,来减小计算的开销。这种方法的效果取决于分析的类型、所选用的原型数量以及原型样本所代表数据的精确度。在某些情况下,通过汇总仅包含簇原型的数据,可以获得与使用完整数据集相媲美的分析结果。

2. 压缩

簇原型可用于数据压缩,这种方法通常称为向量化。它的基本思想是创建一个包含所有簇原型的表格,每个原型都被分配一个整数值,表示其在表格中的位置。然后,每个数据对象都用与其所在簇相关联的原型的索引来表示。向量化常常应用于图像、声音和视频等数据类型,这些数据具有以下特点:

(1)许多数据对象之间具有高度相似性;

(2)允许一定程度的信息丢失;

(3)希望显著减小数据量。

3. 有效地发现最近邻

寻找最近邻通常需要计算所有点对之间的距离,但在实际应用中,可以更有效地发现簇和簇原型。当对象相对于簇原型较近时，可以通过利用簇原型来减少计算最近邻所需的距离对数。直观地说，如果两个簇原型之间距离较远，那么这两个簇中的对象不太可能成为彼此的最近邻。因此，为了找出一个对象的最近邻，只需要计算到相邻簇中对象的距离，其中簇的相邻性由它们的原型之间的距离来度量。

9.1.2 聚类算法要求

具有高度可伸缩性：高度可伸缩性是聚类算法的一个重要特点，它要求算法在小型数据集和大规模数据集上都能够表现出良好的聚类效果，而且不会在处理大规模数据时出现显著的性能下降或偏差。这意味着算法应该能够有效地处理不同规模的数据，无论数据集包含几百个数据对象还是包含数百万个数据对象，都能够提供合理的聚类结果。

能够处理不同类型的数据：要求算法能够处理间隔尺度、名义尺度、序数尺度、二元参数数据，或者这些类型混合的数据。

可发现任意形状的簇：聚类算法能发现任意形状的簇是一个重要的要求。传统的基于距离度量的聚类算法确实在发现球状簇方面表现较好，但在处理具有任意形状的簇时可能表现不佳。为了应对这一挑战，一些现代的聚类算法采用了不同的距离度量或数据分布建模技巧，以允许发现任意形状的簇。

降低参数输入负担：聚类算法通常需要用户提供一系列参数，如期望簇的数量、密度计算的半径和相关阈值等。然而，这些参数的选择通常取决于数据特性，而用户往往难以确定最佳参数配置，尤其是在高维数据集中。这种参数输入不仅增加了用户的负担，还使得聚类质量难以控制。

具备噪声数据处理能力：实际中数据集常常包含异常值、缺失值或错误数据对象，这些噪声数据可能对聚类算法产生不利影响。因此，聚类算法需要具备处理噪声数据的能力，以保证在存在这些异常情况下仍能产生稳健的聚类结果。

对数据输入顺序不敏感：在一些聚类算法中，数据的输入顺序可能对最终的聚类结果产生显著影响，这就要求算法对输入数据次序的敏感性较低。因此，设计聚类算法时，重要的一点是确保算法对数据输入顺序不敏感，从而提高算法的稳定性和可靠性。

处理高维度数据的能力：在实际应用中，数据往往具有高维度，这对聚类算法构成了挑战。大多数传统算法在高维空间中表现不佳，特别是当数据分布稀疏或存在高度倾斜时。因此，开发能够有效处理高维数据的聚类算法至关重要。

条件约束下的聚类：在实际应用中，经常需要在一定的约束条件下进行聚类分析。这意味着需要找到符合特定约束条件的聚类结果，同时保持良好的聚类特性。这个问题具有一定挑战性，因为需要在满足条件的前提下，寻找最佳的数据分组方式。

聚类结果可解释性和可用性：在实际应用中，聚类算法生成的结果需要具备良好的可解释性，以便用户能够理解和解释这些聚类。这种可解释性使用户能够将聚类结果应用于具体问题，从中提取有用的信息并作出决策。为了满足这一需求，研究人员致力于开发能够生成具有语义解释和应用背景的聚类结果的算法。这意味着聚类不仅要考虑数据之间的相似性，还要根据特定的应用需求来调整结果。因此，选择合适的聚类方法取决于应用的要求，以确保聚类结果对用户来说是可解释和可用的。

9.1.3 聚类技术类型划分

聚类技术一般包括划分法、密度法、层次法、网格法和模型法。同样的数据集采用不同的聚类方法，其聚类结果也往往不相同。甚至采用相同类型的聚类算法，选用不同参数，结果也很不一样。实际应用中，聚类结果好坏不仅取决于算法的选择，同时取决于业务领域的认识程度。聚类用户需要深刻了解所选用的聚类技术，而且要知道数据收集的细节和业务领域知识。对聚类数据了解越多，用户越能成功地评估数据集的真实结构。

1. 划分法

划分法聚类是一种将包含 n 个数据对象的数据集划分成 K 个簇的方法（K 小于等于 n），每个簇至少包含一个数据对象，每个数据对象属于且仅属于一个簇。这种方法首先确定初始的分组，然后通过反复迭代的方式重新划分，以达到每次划分都比前一次更好的目标。评估划分质量的标准是，同一簇内的数据对象之间的相似度应尽可能高，而不同簇之间的数据对象之间的相似度应尽可能低。为了计算一个簇内所有数据对象的相似度，需要为每个簇指定一个原型，通常是簇中心或代表对象。簇内所有对象的相似度是簇内其他对象与原型之间相似度的总和。因此，又将划分法称为基于原型的聚类算法。划分法的代表算法有 K-Means、K-Medoids、Kmodes、PAM（Partition Around Medoid）等。由于划分法基于与原型的距离进行分组，因此一般只能发现圆形或球形的簇。图 9-1（a）给出了划分法聚类结果示意图。图 9-1（a）中，划分法把数据集划分为 3 个簇，虚线包割的所有对象构成一个簇。符号"▲"表示簇原型或簇中心。

2. 密度法

与基于簇原型和相似度的划分法不同，密度法聚类基于密度定义分组数据对象。密度法中,首先根据用户给定的参数,计算每个数据对象的密度大小,并以此区分低密度区域和高密度区域,前者将后者分隔,每个高密度区域中的数据对象则可构成一个聚类或簇。密度法的代表算法有 DBSCAN(Density-Based Spatial Clustering of Application with Noise)、OPTICS(Ordering Points to Identify the Clustering Structure)和 DENCLUE(Density Based Clustering)。密度聚类法可以克服基于距离的聚类只能发现圆形或球形的簇的缺点,聚类结果也不要求每个数据对象都划分到某个簇中。图 9-1(b)给出了密度法聚类的结果示意图。图 9-1(b)中,虚线包围的区域为高密度区域,共有 4 个,即密度法聚类识别出该数据集有 4 个簇。没有被虚线包围的其他区域为低密度区域。

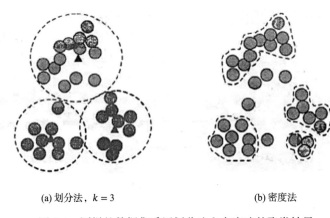

(a) 划分法,$k = 3$　　　　　　　(b) 密度法

图 9-1　同样的数据集采用划分法和密度法的聚类结果

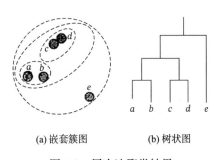

(a) 嵌套簇图　　　(b) 树状图

图 9-2　层次法聚类结果

3. 层次法

层次法聚类将数据集划分为不同级别的分组或簇。所谓不同级别指的是大的分组可能包含着小分组,大小分组之间构成上下级别或嵌套关系,所有级别分组可构成一个树状结构。层次法聚类分为凝聚式和分裂式两种基本形式。凝聚式层次聚类采用自底向上的方式,开始时将每个数据对象都看作一个独立的类,然后

反复合并最相似的类,直到所有对象合并为一个类或满足某个停止条件。而分裂式层次聚类则采用自顶向下的方式,开始时将所有对象看作一个大类,然后反复分裂为两个子类,以使其中的数据对象尽可能地不相似,然后继续分裂子类,直到每个对象成为一个类或满足某个停止条件。层次聚类算法大多数采用凝聚式,代表算法有 BRCIH。图 9-2 给出了层次法聚类的结果示意图。其结果可表示为嵌套的簇(图 9-2(a)),也可以表示为树状图(图 9-2(b))。

在层次法聚类中,不管是凝聚式还是分裂式,都依赖于簇之间的相异性,而相异性一般使用距离来度量。度量簇之间的距离函数一般有以下几种定义:

(1)最短距离:将两个簇之间的距离定义为两个簇内的元素之间距离最小者。

(2)最长距离:与最短距离相反,两个簇之间的距离定义为两个簇内的元素之间距离最大者。

(3)中间距离:两个簇之间的距离定义不取两类间最短或最长距离,而是取某个中间的距离。

(4)重心距离:两个簇之间的距离定义为这两个簇的重心间的距离。

(5)平均距离:两个簇之间的距离定义为这两个簇内的元素两两之间的平均距离。

4. 网格法

网格法聚类是一种将空间划分为有限个单元,然后对这些单元进行聚类的方法。这种方法的复杂度取决于网格单元的数量,而与数据集的大小无关。其中一些代表性的算法包括 STING(Statistical Information Grid)、CLIQUE(Clustering In Quest)和 WAVE-CLUSTER 算法。

5. 模型法

模型法假定数据对象是按潜在的概率分布模型生成的,每个聚类满足一种模型,而整个数据集是由一系列的概率分布模型所决定的。聚类时从数据集中查找满足各分布模型的数据对象,尽可能优化聚类对象与对应模型之间的适应性。模型法聚类主要有两种方案:统计方案和神经网络方案。

9.2 常用聚类算法

9.2.1 K-均值算法

K-均值(K-Means)算法是一种常用的聚类算法,属于划分法聚类技术的一种。它适用于处理包含 n 个数据对象的数据集,这些对象存在于 P 维度的连续空间中。K-均值算法的目标是将这n个对象划分为K个簇,其中每个簇内的数据对象具有较高的相似度,而不同簇之间的数据对象相似度较低。为计算一个簇的相异度,需要计算该簇内所有对象的平均值,即簇的质心,指定为簇中心(原型、代表对象)。簇的相异度为簇内所有对象与簇质心相异度之和。因此 K-均值算法又称为基于质心的聚类技术。

K-均值聚类算法的基本流程如下:首先,随机选择K个数据对象作为初始的簇中心,每个簇中心代表一个簇。然后,将剩余的数据对象分配到离它们最近的簇中心所代表的簇中。这一分配过程是根据对象与各簇中心的距离来进行的,通常采用欧氏距离或其他相似性度量。分配完成后,重新计算该簇内所有数据对象的平均值,这个平均值成为新的簇中心。接着,重复执行分配和更新中心的过程,直到簇不再发生变化,或者变化小于某个预定的阈值。这样,K-均值算法得到的簇划分被认为是稳定的,算法结束。

K-均值聚类过程如图 9-3 所示,其执行过程见图 9-4。图 9-4 给出 K-均值聚类算法如何从簇中心出发,通过 4 次指派和更新操作,将数据集划分为 3 个簇。图中灰色背景的圆表示数据对象,圆内的符号"*""+""#"分别表示所属的类,属于同一个类的所有对象对应的圆内使用同样的符号。符号"▲"表示簇中心。每个子图显示了各次迭代开始时的簇中心,以及各数据对象围绕簇中心的指派(即每一次执行完图 9-4 中语句 3 之后的结果)。

```
算法 9-1 K-均值聚类算法
输入: 结果簇的数目 k,包含 n 个对象的数据集
输出: 输出 k 个簇,使得簇内所有对象与簇的平均值的相异度总和最小
1: 随机选择 k 个对象作为初始簇中心
2: repeat
3:   将每个对象指派到最近的簇中心,构成 k 个簇
4:   计算簇的质心,指定为新的簇中心
5: until 簇中心不发生变化
```

图 9-3 K-均值聚类算法

图 9-4(a)给出了第 1 次开始时,随机选择的 3 个簇中心,以及数据对象指派的距离其最近的簇中心,被指派到同一个簇中心的对象使用同一个符号,表示属于同一个簇。图 9-4(b)显示了第 1 次迭代后更新的簇中心。这些中心是在第一次指派对象后形成 3 个簇的基础上,计算每个簇的平均值得到的。其他对象被重新指派到最新的离其最近的簇中心。同样的方式,图 9-4(c)和图 9-4(d)分别给出在第 2 次、第 3 次迭代结果基础上,重新选出的簇中心,以及依据更新的

簇中心，重新指派对象。执行第 4 次迭代后，簇中心不再发生变化，算法终止。识别的 3 个簇的划分情况最终如图 9-4（d）所示。图 9-4 为 K-均值聚类算法步骤。

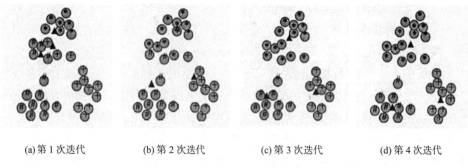

(a) 第 1 次迭代　　　　(b) 第 2 次迭代　　　　(c) 第 3 次迭代　　　　(d) 第 4 次迭代

图 9-4　K-均值聚类迭代过程示例

通常情况下，K-均值算法最终会收敛到一个解值，其中所有的数据对象都不再发生从一个簇到另一个簇的变化，即簇中心不再改变。这意味着算法达到了一个稳定状态，不再需要进一步迭代。实际上，从图 9-4 中可看到靠前子图中，初始随机选择的簇中心可能会导致早期迭代中的较大簇之间的对象移动，这会增加计算时间。通过设置一个弱条件，替换图 9-3 中算法 9-1 的语句 5，例如只有很少一部分数据对象（0.1%）改变它们所属的簇时才结束迭代，可以减少不必要的计算开销，同时确保算法在大多数情况下仍然能够达到合理的聚类结果。

把 n 个数据对象划分为 K 个簇，实质是把 n 个模式划分到 K 个原型模式，最小化所有对象（模式）与其参照中心点（原型模式）之间的相异度总和。设把 n 个对象划分为 K 个簇 $C_2, \cdots, C_k$，相对应簇中心为 $o_1, o_2, \cdots, o_k$，那么相异度总和见式 (9-1)：

$$E = \sum_{j=1}^{k} \sum_{i \in C_j} d_{m_j} \tag{9-1}$$

式中，d_{m_j} 为第 i 个对象与簇中心 o_j 之间的相异度，可基于算法 9-1 的定义进行计算。在 K-均值算法中，簇中心是簇的均值，通过算法迭代，反复计算簇均值并指定新的簇中心，可令 E 值越来越小。因此，K-均值聚类问题可看作一个 E 值优化问题。

K-均值算法复杂度：K-均值算法的空间复杂度主要取决于存储数据点和簇中心所需的内存。总的空间复杂度为 $O[(n+k)p]$，其中，n 是数据集大小，k 是划分的簇的数量，p 为属性数。K-均值算法的时间复杂度基本上与数据集大小线性相关，因为每个数据点需要与所有簇中心计算距离，并进行重新分配操作。所以总的时间复杂度可以表示为 $O(I \times k \times n \times p)$。其中，$I$ 是收敛所需要的迭代次数。由于簇中心的大部分变化通常出现在前几次。通常情况下，迭代次数 I 相对较小，因为 K-均值算法通常在早期迭代就收敛。因此，只要簇数目 k 显著小于数据对象数目n，则 K-均值的计算时间与n线性相关。

9.2.2 K-Medoids 算法

介绍的基于质心的 K-Means 算法至少存在两方面不足。其一，K-Means 算法仅适用于数据对象平均值有意义的数据集，例如P维连续空间中的对象集。对于包含名义尺度或序数尺度等属性的数据对象，平均值无法定义，无法计算簇质心，因此 K-Means 无法适用于这样的数据。其二，在每次迭代中，K-均值算法通过计算簇平均值重新指定簇中心。在这种情况下，若数据集中存在着极大值或孤立点数据，由于这些数据对平均值的计算影响很大，最终必然影响簇中心的指定。因此 K-Means 算法对孤立点比较敏感。造成这两个问题的根本原因都是算法计算簇平均值作为簇中心，因此改进的一个办法是不采用簇对象的平均值，取而代之，用每个簇中最靠近中心的对象，即 Medoid（原型，代表对象）作为簇中心，称这种基于 Medoid 的聚类算法为 K-Medoids。这里 K 是指聚类过程中始终维护K个 Medoid，对应着K个簇。

K-Medoids 算法与 K-Means 算法划分聚类的原则相同，都是基于最小化所有对象与其所指派簇中心之间的相异度之和，即最小化式 (9-1)。不同之处在于在 K-Means 算法里，式 (9-1) 中的o_j为簇C_j的质心，而在 K-Medoids 算法里，式 (9-1) 中的o_j为C_j的 Medoids。K-Medoids 聚类算法的基本思路为：首先，随机选择K个数据点作为初始的簇中心，每个簇中心代表一个簇。接下来，将剩余的数据点分配到距离最近的簇中心，形成初始的簇。其次，计算每个簇的新中心，通常是该簇内所有数据点的平均值，反复地用非中心对象替换中心对象，重新指派非中心对象改进聚类质量，即降低式 (9-1) 的相异度值，直到簇中心不再发生显著变化或者变化小于某个阈值为止。

为判断一个非中心数据对象o_r能否替换簇中心对象o_j，需要判断E^0和E^{100}的大小关系。这里E^0是替换之前K个簇的相异度，E^{100}是o_j换为o_r之后重新划分得到K个簇的相异度，E^0和E^{100}都依据式 (9-1) 进行计算。若$(E'' - E') < 0$，则将o_j替换为o_r，否则保持不变。在o_j换为o_r后，其他非中心对象o_s则根据以下 4 种情况指派到簇中心。

第 1 种情况：o_s当前指派到o_j。如果o_j替换为o_r，但o_s这时距离其他某个簇中心$o_i(i \neq j)$最近，则o_s重新指派到o_i。

第 2 种情况：o_s当前指派到o_j。如果o_j替换为o_r，且o_s这时距o_r最近，则o_s重新指派给o_r。

第 3 种情况：o_s当前指派到o_j。如果o_j替换为o_r，但o_s这时距离其他某个簇中心$o_i(i \neq j)$最近，则o_s的指派无须改变。

第 4 种情况：o_s 当前指派到其他某个簇中心 $o_i (i \neq j)$。如果 o_i 替换为 o_r，但 o_s 这时距离 o_r 最近，则 o_s 重新指派到 o_r。

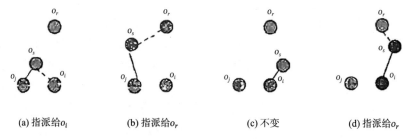

(a) 指派给 o_i　　(b) 指派给 o_r　　(c) 不变　　(d) 指派给 o_r

图 9-5　非中心对象重新指派方法

图 9-5 描述了上述的 4 种情况。图中实线表示替换前 o_r 的指派关系，虚线表示替换后 o_r 的指派关系。典型的 K-Medoids 算法如图 9-6 中算法 9-2 所示。

```
算法 9-2  K-Medoids 算法
输入：结果簇的数目 k，包含 n 个对象的数据集
输出：输出 k 个簇，使得簇内所有对象与簇中心对象的相异度总和最小
1:  随机选择 k 个对象作为初始簇中心
2:  repeat
3:      将其他每个非中心对象指派到最近的簇中心 o_j 构成 K 个簇
4:      for each (o_r, o_j)
5:          计算用 o_r 替换 o_j 后的 er_j = E'' − E'
    如果 min_{1≤r≤n-k,1≤j≤k} Δ_{rj} < 0，则用 o_r 替换 o_j，生成新的 K 个簇
6:  until 簇中心不发生变化
```

图 9-6　K-Medoids 算法步骤

K-Medoids 方法在存在噪声数据和孤立点数据时相对于 K-Means 方法更具鲁棒性，因为它使用聚类中心 Medoids，这些中心不容易受到孤立点数据的影响，而 K-Means 方法使用的是平均值，更容易受到异常值的干扰。然而，K-Medoids 方法的计算复杂度较高，因此在处理中、大型数据集时效率较低，更适用于小型数据集。在图 9-6 中的语句 5 中，每对 o_r 和 o_j，需要检查 $(n-k)$ 个非中心对象来计算 E^{100}，语句 4 可看出共有 $k(n-k)$ 对 o_r 和 o_j，因此进行一次迭代的复杂度为 $O[k(n-k)^2]$。一般情况下有可能需要迭代多次算法才能收敛，因此时间开销非常大。K-Medoids 的空间开销主要为保存 n 个数据对象和 k 个中心点，空间复杂度为 $O[(n+k)p]$，其中 p 为属性数。

9.2.3　凝聚层次聚类算法

层次聚类技术是一种重要的聚类方法，尽管它相对较老，但仍然广泛应用。

在第 9.1 节中，介绍了两种生成层次聚类的基本方法：

（1）凝聚式：它从每个数据点作为单独的簇开始，然后逐步合并最接近的簇，直到只剩下一个整体簇。

（2）分裂式：它从包含所有数据点的一个整体簇开始，然后逐步分裂簇，直到每个数据点都成为一个独立的簇。

在这两种方法中，凝聚式层次聚类是最常见的，因此本章将重点关注这一类算法。凝聚式层次聚类的基本思想是从单独的数据点开始，然后反复合并最接近的簇，直到最终形成一个整体的簇结构。图 9-7 中的算法 9-3 形式化地描述了基本过程。

算法 9-3 基本层次聚类算法
输入：包含 n 个对象的数据集
输出：形成层次结构的簇
1：如果需要，计算邻近度矩阵
2：repeat
3： 合并最接近的两个簇
4： 更新邻近矩阵，以反映新的簇与原来簇之间的邻近性
5：until 仅剩下一个簇

图 9-7　基本层次聚类算法步骤

簇之间的邻近性在层次聚类中至关重要，而不同的凝聚层次技术通常通过不同方式来定义簇的邻近性。这个定义可以基于特定类型的簇，因此算法 9-3 的关键操作是计算两个簇之间的邻近度。一些常见的凝聚层次技术包括 MIN（单链接）、MAX（全链接）和组平均，它们分别以不同方式度量簇的邻近性。例如，MIN 技术将簇的邻近性定义为不同簇中的两个最近点之间的邻近度，而 MAX 技术将其定义为两个最远点之间的邻近度。另一方面，组平均技术考虑了不同簇之间所有点对的平均相似度。这些不同的定义方式会导致不同的层次聚类结果，因此在选择适合特定问题和数据的层次聚类技术时，需要仔细考虑邻近性的定义方式。图 9-8 展示了这 3 种方法。

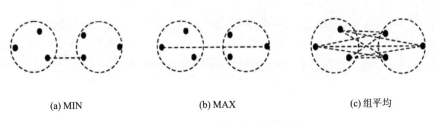

图 9-8　簇邻近度的基于图的定义

基于原型的观点在层次聚类中也有广泛应用，尤其是当簇用质心来代表时。在这种情况下，簇的邻近度通常被自然地定义为簇质心之间的邻近度。另一种常见的基于质心的层次聚类技术是 Ward 方法，它也使用簇的质心来代表，并通过合并两个簇后导致的 SSE（Sum of Squares Error）增加来度量两个簇之间的邻近性。与 K-均值类似，Ward 方法的目标是最小化点与其簇质心之间的相异度之和。

基本凝聚层次聚类算法使用邻近度矩阵，需要存储每对数据点之间的邻近度（假定邻近度矩阵是对称的），其中 n 是数据点的个数。记录簇所需的空间正比于簇的个数 $n-1$，不包括单点簇。因此，总的空间复杂度为 $O(n^2)$。

基本凝聚层次聚类算法的计算复杂度分析很明确。首先，需要 $O(n^2)$ 的时间来计算邻近度矩阵，然后迭代的过程中，步骤 3 和步骤 4 都会设计 $n-1$ 次迭代。在第 1 次迭代中，由于开始有 n 个簇，步骤 3 需要 $O((n-i+1)^2)$ 的时间，这正比于当前簇个数的平方。而步骤 4 只需要 $O(n-i+1)$ 的时间，因为在合并两个簇后只需更新邻近度矩阵中受影响的 $O(n-i+1)$ 个邻近度。如果不做修改，时间复杂度则为 $O(n)^3$。但如果某个簇到其他所有簇的距离存放在一个有序表或堆中，那么查找两个最近簇的开销可能会降低到较低的复杂度 $O(n-i+1)$。然而，需要注意维护有序表或堆的额外开销。基于算法 9-3 的层次聚类所需的总时间为 $O(n^2 \log n)$。层次聚类的空间和时间复杂度都严重限制了它所能够处理的数据集的大小。

具体凝聚层次聚类算法如下：

1. 数据集

为了解释各种层次聚类算法，本节使用包含 6 个二维点的数据对象，如图 9-9 所示。将对象 x 和 y 坐标，以及点之间的欧氏距离分别列在表 9-1 和表 9-2 中。

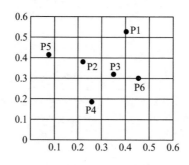

图 9-9　6 个二维点的集合

6 个二维点的坐标 表 9-1

点	x坐标	y坐标
P1	0.4005	0.5306
P2	0.2148	0.3854
P3	0.3457	0.3156
P4	0.2652	0.1875
P5	0.0789	0.4139
P6	0.4548	0.3022

6 个点的欧氏距离矩阵 表 9-2

点	P1	P2	P3	P4	P5	P6
P1	0.0000	0.2357	0.2218	0.3688	0.3421	0.2347
P2	0.2357	0.0000	0.1483	0.2042	0.1388	0.2540
P3	0.2218	0.1483	0.0000	0.1513	0.2843	0.1100
P4	0.3688	0.2042	0.1513	0.0000	0.2932	0.2216
P5	0.3421	0.1388	0.2843	0.2932	0.0000	0.3921
P6	0.2347	0.2540	0.1100	0.2216	0.3921	0.0000

2. MIN 的凝聚层次聚类

单链或 MIN 版本的层次聚类将两个簇的邻近度定义为两个不同簇中任意两点之间的最短距离，也可以说是最大相似度。从图的角度看，如果我们将所有点视为单点簇，然后逐渐连接最短的链，最短的链首先被添加，这些链将逐渐将点合并成簇。单链技术在处理非椭圆形状的簇时表现出色，但对噪声和离群点非常敏感。

$$\begin{aligned}\text{dist}(\{3,6\},\{2,5\}) &= \min(\text{dist}(3,2), \text{dist}(6,2), \text{dist}(6,5)) \\ &= \min(0.15, 0.25, 0.28, 0.39) \\ &= 0.15\end{aligned}$$

图 9-10 展示了将单链技术用于 6 个点数据集例子的聚类结果。图 9-10（a）中，聚类结果以嵌套的椭圆序列的形式显示，其中数字与椭圆相关联，表示聚类的顺序。图 9-10（b）使用树状图来呈现相同的聚类结果。在树状图中，两个簇合并的高度反映了它们之间的距离，例如，由表 9-2 可看出 P3 和 P6 的距离是 0.11，这正是它们在树状图里合并处的高度。另一个例子，簇{3,6}和簇{2,5}之间的距离是：

$$\begin{aligned}\text{dist}(\{3,6\},\{4\}) &= \max(\text{dist}(3,4), \text{dist}(6,4)) \\ &= \max(0.15, 0.22) \\ &= 0.22\end{aligned}$$

$$\text{dist}(\{3,6\},\{2,5\}) = \max(\text{dist}(3,2), \text{dist}(6,2), \text{dist}(3,5), \text{dist}(6,5))$$
$$= \max(0.15, 0.25, 0.28, 0.39)$$
$$= 0.39$$
$$\text{dist}(\{3,6\},\{1\}) = \max(\text{dist}(3,1), \text{dist}(6,1))$$
$$= \max(0.22, 0.23)$$
$$= 0.23$$

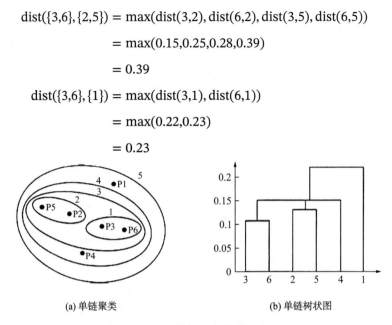

图 9-10　6 个数据对象的单链聚类

对于层次聚类的全链或 MAX 版本，两个簇的邻近度定义为两个不同簇中任意两个之间的最长距离（最小相似度）。如果所有点作为单点簇开始，每次在点之间加上一条链，最短的链先加，则一组点直到其中所有的点都完全被连接（即形成团）才形成一个簇。挑选两簇（两簇中之间最长的链与其他簇的最长相比链最短）完全连接对噪声和离群点不太敏感，但是它可能使大的簇破裂，并且偏好球形。图 9-11 展示了将全链技术用于 6 个点数据集例子的聚类结果。

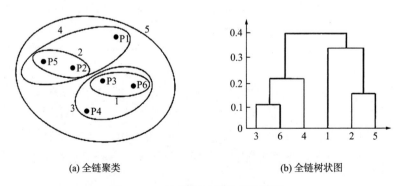

图 9-11　6 个数据对象的全链聚类

基于组平均的凝聚层次聚类是层次聚类的一种变体，它的簇邻近度定义为不同簇中所有点对的邻近度的平均值。这种方法介于单链和全链之间。对于组平均，簇C_i和C_j的邻近度proximity(C_i, C_j)由式 (9-2)定义：

$$\text{proximity}(C_i, C_j) = \frac{\sum_{x \in C_i, y \in C_j} \text{proximity}(x, y)}{m_i \times m_j} \quad (9\text{-}2)$$

其中，m_i和m_j分别是簇C_i和C_j的大小。

图 9-12 显示了将组平均用于 6 个对象样本数据集的结果。为了解释组平均如何工作，可计算某些簇之间的距离：

$$\text{dist}(\{3,6,4\}, \{1\}) = (0.22 + 0.37 + 0.23)/(3 \times 1)$$
$$= 0.28$$
$$\text{dist}(\{2,5\}, \{1\}) = (0.2357 + 0.3421)/(2 \times 1)$$
$$= 0.2889$$
$$\text{dist}(\{3,6,4\}, \{2,5\}) = (0.15 + 0.28 + 0.25 + 0.39 + 0.20 + 0.29)/(3 \times 2)$$
$$= 0.26$$

因为dist({3,6,4},{2,5})比dist({3,6,4},{1})和dist({2,5},{1})小，在第 4 阶段中，簇{3,6,4}和{2,5}合并。

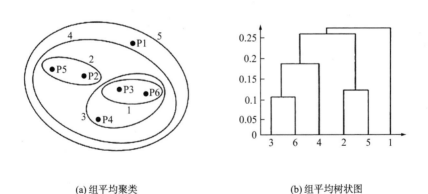

(a) 组平均聚类　　　　　　　　　　(b) 组平均树状图

图 9-12　6 个数据对象的组平均聚类

3. Ward 方法和质心方法

Ward 方法是一种层次聚类技术，它的簇邻近度定义为两个簇合并时导致的平方误差的增量。这意味着它的目标函数与 K-均值方法非常相似，因为它也试图最小化簇内点到簇质心的平方距离之和。虽然 Ward 方法在表面上与其他层次聚类技术不同，但是从数学上来看，它与组平均方法非常相似，尤其是当邻近度度量取两点之间距离的平方时。图 9-13 显示了将 Ward 方法用于 6 个数据对象数据集的聚类结果。Ward 方法的应用结果可以看出，它通过计算簇质心之间的距离来计算两个簇之间的邻近度。虽然这种技术在表面上与 K-均值相似，但它实际上更接近于组平均方法。因此，Ward 方法提供了一种将平方误差最小化作为聚类目标的方式，与 K-均值等方法具有一定的相似性。

质心方法的一个特点是可能出现簇合并的"倒置"现象，也就是说，合并的两个簇可能在某种意义上比之前合并的簇更相似。这与其他一些层次聚类方法不同，因为在这些方法中，随着聚类的进展，被合并的簇之间的距离通常会单调增加，或者至少不会减少。

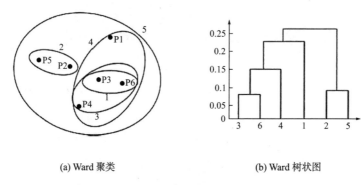

(a) Ward 聚类　　　　　　　　　(b) Ward 树状图

图 9-13　6 个数据对象的 Ward 聚类

9.2.4　DBSCAN 算法

DBSCAN（Density-Based Spatial Clustering of Applications with Noise）是一种基于密度的聚类算法，它通过在数据空间中寻找高密度区域并将其划分为簇来进行聚类。该算法将簇视为由低密度区域分隔开的高密度对象区域，从而能够在包含噪声的数据集中发现具有任意形状的聚类结构。在进行密度聚类时，首先需要定义密度的概念。DBSCAN 使用一种基于中心的方法来定义密度，并将簇定义为密度相连的点的最大集合。在这种方法中，数据集中指定数据对象的密度定义为以该对象为中心，在 EPS 半径内数据对象的数目（包括中心对象），如图 9-14 所示。对象 A 的 EPS 半径内数据对象的数目为 8，包括 A 本身。基于中心定义密度的方法可将点分类为：

（1）稠密区域内部的点（核心点）。

（2）稠密区域边缘上的点（边界点）。

（3）稀疏区域中的点（噪声或背景点）。

图 9-15 使用二维点集可以很好地展示核心点、边界点和噪声点的概念。

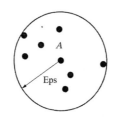

图 9-14　基于中心的密度

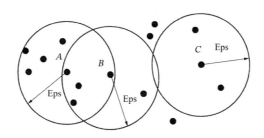

图 9-15　核心点、边界点和噪声点

1. 噪声对象

噪声对象既不是核心对象，也不是边界对象。在图 9-15 中，对象C是噪声对象。在此基础上，基于密度的簇定义如下：

（1）给定一个对象集合D，如果存在对象Q和对象P，使得P是在Q的邻域内（即距离小于等于某个特定的阈值ε），且Q是一个核心对象（即Q拥有至少 MinPts 个对象在其ε邻域内），那么我们称对象P从对象q出发是直接密度可达的。

（2）如果存在一个对象链，$\{P_1, P_2, \cdots, P_n, P_1 = q, P_n = p\}$，对于$P_i$属于D，且$1 \leq i \leq n$，$P_{i+1}$是从$P_i$关于 EPS 和 Minpts 直接密度可达的，那么我们可以说对象P是从对象Q关于 EPS 和 Minpts 密度可达的。

（3）如果对象集D中存在一个对象O，使得对象P和Q都是从O关于 EPS 和 Minpts 密度可达的，那么我们可以说对象P和q是关于 EPS 和 Minpts 密度可达的。

（4）密度可达性关系是直接密度可达性的传递闭包，这意味着如果一个对象P可以通过一系列直接密度可达关系连接到对象Q，那么它们之间是密度可达的。这种关系是非对称的，即P密度可达于Q不等于Q密度可达于P。只有核心对象之间才会相互密度可达，这是 DBSCAN 算法的一个重要特性。基于密度的簇是由密度可达性定义的，它是一组最大密度相连的对象的集合。这意味着在一个簇内的对象都是通过密度可达性连接的，而与其他簇的对象则不是密度可达的。这种基于密度的定义使 DBSCAN 能够发现具有不同密度的聚类，从而适用于各种数据分布。然而，选择合适的半径参数以保证聚类的质量是一个挑战。如果半径足够大，所有点的密度都会等于数据集的对象数 n，这可能导致将所有点都合并到一个簇中。反之，如果半径太小，所有对象的密度都是 1，这可能导致每个对象都成为一个簇。因此，用户需要谨慎地选择半径参数，通常需要通过试验和验证来找到合适的值，以获得满意的聚类结果。这也是使用 DBSCAN 算法时需要考虑的一个重要因素。

2. DBSCAN 算法

根据给定的核心点、边界点和噪声点的定义，DBSCAN 算法可以简要描述如下：当两个核心点足够接近（距离在 EPS 之内）时，它们将被放入同一个簇中。同样，任何与核心点足够接近的边界点也将归入相同的簇。而噪声对象将会被忽略。下面是 DBSCAN 算法的基本描述，细节见图 9-16 中的算法 9-4。DBSCAN 的基本时间复杂度是 $O(n*t)$，其中，t 表示找出 EPS 邻域中内点所需的时间，n 是数据对象的数量。在最坏情况下，时间复杂度可以达到 $O(n^2)$。但是，在低维空间，如果使用树索引结构，时间复杂度可以降到 $O(n\log n)$。即便对于高维数据，DBSCAN 的空间复杂度也是 $O(n)$，因为对每个数据对象，它只需要维护少量数据，如簇标记以及每个对象是否是核心对象、密度可达对象或噪声对象的标志。

确定 DBSCAN 算法的参数 EPS 和 Minpts 通常涉及观察 K-距离的特性。一种基本方法是计算每个数据点到其 K 个最近邻的距离，这些距离称为 K-距离，并对它们进行排序。通过观察排序后的 K-距离值，可以发现在某个特定 K-距离值处距离急剧变化，这可以作为潜在的 EPS 参数的候选。一般来说，对于属于某个簇的点，其 K-距离会较小，而对于不同簇中的点，K-距离较大。因此，通过选择适当的 EPS 值和 Minpts 值，可以将核心对象与噪声对象或边界对象有效地区分开来。需要注意的是，选择 EPS 和 Minpts 的最佳值可能取决于具体的数据集和问题，通常需要进行多次尝试以找到最合适的参数设置。在不同数据集上，K-距离图的特性可能会有所不同，因此选择参数时需要谨慎。

算法 9-4 DBSCAN 算法输入：
包含 n 个对象的数据集输出：
基于密度的簇
1：将所有数据对象标记为核心对象、边界对象或噪声对象
2：删除噪声对象
3：为距离在 EPS 之内的所有核心对象之间赋予一条边
4：每组连通的核心对象形成一个簇
5：将每个边界对象指派到一个与之关联的核心对象的簇中

图 9-16 DBSCAN 算法步骤

当数据集中存在密度变化较大的簇时，DBSCAN 可能面临一些挑战。例如图 9-17，它包含 4 个隐藏在噪声中的簇。它们的密度以它们的明暗度来表示。具体而言，较密的两个簇 A 和 B 周围噪声的密度与簇 C 和 D 的密度相同。如果 EPS 阈值设置得足够低，DBSCAN 可以发现簇 C 和 D，A、B 以及包围它们的对象将合并成一个大簇。如果 EPS 阈值足够高，DBSCAN 可以发现簇 A 和 B，并且将包围它们的点标记为噪声，则 C、D 和包围它们的对象也将被标记为噪声。这都可能导致不准确的聚类结果。

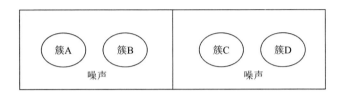

图 9-17 隐藏在噪声中的 4 个簇

DBSCAN 是一种非常有用的聚类算法，因为它基于密度的定义相对于噪声而言较为稳健，能够有效地处理不规则形状和不同大小的簇。它的优势在于可以发现那些传统的 K-均值或 K-Medoids 等算法难以处理的簇。然而，当簇密度变化过大时，DBSCAN 聚类效果较差。这主要是因为 DBSCAN 的性能高度依赖于 EPS 和 Minpts 参数的选择，而当数据中存在密度变化较大的区域时，选择合适的参数变得更加复杂。在高维数据中，密度的定义变得更加复杂，选择合适的半径也变得更加困难。

9.2.5 STING 算法

STING（Statistical Information Grid）是一种基于网格的多分辨率聚类技术，旨在处理空间数据的聚类和查询任务。它将空间区域划分为矩形网格单元，形成一个多层次的网格结构，其中高分辨率层级的单元被分割为多个低分辨率层级的单元。在每个网格单元内，提前计算并储存了与该单元相关的属性的统计信息，如平均值、最大值和最小值等。这些统计信息可用于有效处理各种空间数据的查询操作。

图 9-18 呈现了 STING 聚类的分层结构，其中从上到下的层级逐渐增加分辨率。每个高层单元的统计信息可以基于低层单元的统计信息进行简单计算。这些统计信息包括以下几个关键属性：首先是落入矩形单元的数据点数量（count），然后是属性的平均值（m）、标准差（s）、最小值（min）和最大值（max）。此外，

还包括了属性值的概率分布类型（distribution），例如正态分布、均匀分布、指数分布或未知分布。在将数据存储到数据库时，STING 会直接计算最底层矩形单元的统计信息，包括 count、m、s、min 和 max。如果属性的分布类型已知，用户可以直接指定 distribution，否则可以通过假设检验等方式来获取。对于高层矩形单元，其 distribution 通常由对应低层单元中最多数分布类型决定，如果最多数分布类型的低层单元数量超过了预定的阈值，则高层单元被指定为该分布类型，否则设置为 none。

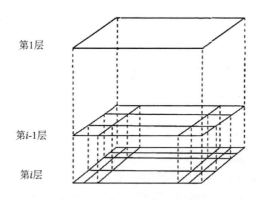

图 9-18　STING 聚类层次结构

STING 聚类方法采用自顶向下的策略，利用矩形单元中的统计信息来处理查询。首先，根据应用需求，选择一个起始层次（通常是高层次）作为查询处理的初始点。通常，初始层次包含相对较少的单元。然后，对于当前层次的每个单元，计算一个置信区间，以反映该单元与给定查询的相关程度。那些与查询不相关的单元会被排除，然后继续处理剩余的相关单元，下降到较低一层进行进一步检查。这个过程会反复执行，直到达到最底层。在达到最底层时，如果查询条件得到满足，那么就会返回相关单元的区域。如果不满足查询条件，就会检索和进一步处理位于相关单元中的数据，直到满足查询要求。虽然 STING 方法表面上看起来不是一个明显的聚类算法，而是用于查询处理的工具，但实际上，查询处理所返回的数据对象本质上就是一个聚类，因此可以说查询处理本质上等同于解决聚类问题。

STING 方法的几个要点如下：

（1）查询独立性：存储在每个网格单元中的统计信息与查询无关，不受查询影响。

（2）并行处理和增量更新：网格结构支持并行计算，同时支持数据的增量更新。

（3）高效率：STING 方法的优势在于只需一次数据库扫描来计算单元统计信息，从而使得聚类的时间复杂度为$O(n)$，其中n是数据对象的数量。在建立了层次结构之后，查询处理时间的复杂度为$O(g)$，这里g通常远小于n，因为它代表最底层网格单元的数量。

STING 采用了多分辨率的聚类方法，其中聚类质量取决于最底层网格单元的粒度。如果粒度太细，处理成本会增加；而如果粒度太大，聚类质量会下降。此外，STING 在构建父单元时没有考虑子单元和相邻单元之间的关系，导致结果簇呈等位形状，即聚类边界要么水平要么垂直，没有斜线分界。虽然 STING 能够快速处理数据，但聚类的质量和准确性可能受到限制。

9.2.6 CLIQUE 算法

一般聚类算法设计用来对低维数据对象进行聚类，在对高维数据空间的数据对象进行聚类时会遇到一些问题。

（1）大量无关属性：高维数据中很多属性与簇无关，导致簇的检测困难。

（2）稀疏性和距离等性质：高维数据中数据分布稀疏，且数据点之间距离几乎相等，传统距离-based 聚类方法不适用。

为了解决高维数据聚类问题，通常采用两种方法：

（1）特征转换：这种方法涉及将高维数据映射到低维空间中，以减少维度的复杂性。然而，它可能导致初始维度的实际意义丢失，使得聚类结果难以解释。特征转换也可能导致聚类结果难以理解，因为它可能会创建新的特征组合。

（2）特征选择/子空间聚类：这种方法的目标是在原始高维空间中找到相关的子空间，并在这些子空间中进行聚类。子空间聚类有助于产生更简单和容易解释的聚类结果。与特征选择类似，子空间聚类需要一种搜索策略和评估标准，以确定哪些子空间需要进行聚类。由于不同簇存在于不同的子空间，因此评估标准需要考虑这一点。

CLIQUE 聚类算法是一种综合了基于密度和基于网格的子空间聚类算法，用于高效地聚类大型数据库中的高维数据。该算法起源于 IBM 的 Almaden 研究中心的数据挖掘研究项目。其核心思想如下：

（1）区分稀疏和拥挤区域：CLIQUE 可以识别数据集合中的全局分布模式，区分出数据空间中的稀疏和密集区域。

（2）定义簇的方式：CLIQUE 将包含数据点数量超过阈值的单元定义为密集单元，然后将相连的密集单元形成的最大集合称为簇。这有助于发现不同簇的结构。

CLIQUE 高维聚类分为以下两步：

（1）划分数据空间和识别密集单元：在第一步，CLIQUE 将 P 维数据空间划分为互不相交的长方形单元，并在每个维度中识别出密集的单元。例如，图 9-19 显示了不同的维度如年龄、薪水、职业，CLIQUE 会识别出密集的长方形单元。这一步的目标是为每个维度找到密集单元，从而创建候选的搜索空间。接着是在候选搜索空间中搜索更高维度的密集单元。CLIQUE 将搜索限制在候选子空间密集单元的交集中，这种候选搜索空间的确定采用了基于关联规则挖掘的先验特性。具体来说，CLIQUE 利用一个特性，即如果一个 K 维单元是密集的，那么它在 $K-1$ 维空间上的投影也是密集的。也就是说给定一个 K 维的候选密集单元，如果我们检查它的 $K-1$ 维投影单元，发现任何一个单元不是密集的，那么我们知道第 K 维的单元也不可能是密集的。因此，CLIQUE 可以从 $K-1$ 维空间中发现的密集单元推断出 K 维空间中的潜在或候选密集单元。这一步的结果是在一个更小的搜索空间中检查密集单元以确定聚类。

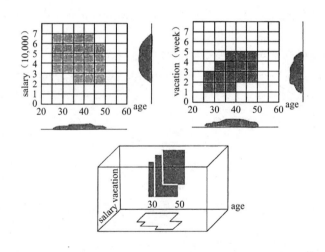

图 9-19 关于 age 与 salary、vacation 的密集单元

（2）子空间聚类：在 CLIQUE 的第二步，它会为每个聚类生成一个最小化的描述。对于每个聚类，它首先确定覆盖相邻的密集单元的最大区域，然后找出最小的覆盖区域。这个过程的目标是生成紧凑而有效的描述，以表征聚类的特性。CLIQUE 的一个重要特点是它能够自动发现具有高密度的聚类存在于数据的子空间中，而不需要假设数据的分布或规范。此外，CLIQUE 对于输入数据的大小和维度线性扩展，因此在处理大型高维数据集时具有良好的可扩展性。然而，值得

注意的是，尽管 CLIQUE 具有高效性和可扩展性，但由于其简化了方法，聚类结果的精确性可能会受到一定程度的降低。这是因为 CLIQUE 倾向于生成紧凑的描述，可能会忽略一些数据的细微变化或噪声。

9.3 聚类趋势

评估数据集中是否存在簇的一个直接方法是尝试对其进行聚类。然而，几乎所有的聚类方法都会无条件地生成一些形式的簇，即使这些簇在数据中并不存在。为了应对这一问题，我们需要对簇进行评估，仅当一些簇具有良好的质量时，才能说数据集中存在簇。但实际情况是，数据集中可能存在不同于我们使用聚类算法所找到的簇类型。如果这种情况发生，那么单一方法可能无法解决问题。为了解决这个问题，我们可以采用多种不同的聚类算法，并评估它们生成的簇的质量。如果所有算法的结果都较差，那么可能意味着数据中确实没有簇存在。

另一种方法是关注聚类趋势度量，以试图在不执行聚类的情况下评估数据集中是否存在簇。其中，最常用的方法（尤其是对于欧氏空间的数据）是使用统计检验来检验空间的随机性。然而，这涉及选择正确的模型、估计参数以及评估数据是否符合非随机性假设，这些都非常具有挑战性。需要指出，这些方法中大部分主要针对低维欧氏空间中的数据对象开发，而在高维空间或非欧氏空间中的应用可能更加复杂。

Hopkins（霍普金斯）统计量是一种评估数据集中是否存在聚类趋势的方法。它的计算步骤包括生成 p 个随机分布在数据空间上的数据对象，并从实际数据集中随机选取 p 个数据对象。接着，计算每个数据对象到其所在数据集的最近邻距离，分别表示为 u（人工产生的点的最近距离）和 w_i（样本到元数据集的最近邻距离）。Hopkins 统计量 H 由式 (9-3) 来定义：

$$H = \frac{\sum_{i=1}^{p} w_i}{\sum_{i=1}^{p} u_i + \sum_{i=1}^{p} w_i} \tag{9-3}$$

当 Hopkins（霍普金斯）统计量（H）接近 0.5 时，则表明随机生成的数据和样本数据具有大致相同的最近邻距离。这意味着样本数据在数据空间中呈现出一种随机性，不太显示出明显的聚类趋势。当 H 值接近 0 时，表示数据在数据空间中呈现高度聚类的趋势，即存在明显的聚类结构。这时候，数据点更有可能彼此靠近形成簇。而当 H 值接近 1 时，表示数据在数据空间中呈现出有规律的分布，通常不太表现出聚类趋势。这可能意味着数据点均匀分布或按照某种规则排列，而不倾向于形成聚类。

9.4 聚类与分类比较

聚类可看作一种特殊的分类。它用由数据导出的类（簇）标号创建对象的标记，然而与分类又有很大不同。分类依赖于已知类别的数据对象，类是预先定义的，类别数已知。在分类分析中，对于目标数据集中存在哪些类是已知的，要做的就是将每个数据对象分别属于哪一类标记出来。在机器学习领域，分类是监督学习，称为监督分类。监督分类需提供若干已标记的模式（预分类过的）开发模型，为一个新遇到的、无标记的模式标记类别号。监督分类依赖于已知类别的训练样本，因此又称分类是通过例子学习的。聚类要划分的类、类别个数都是未知的。在不知道目标数据集究竟包含多少个类别的情况下，进行数据对象的划分，使得在这种划分下，同一类别内数据对象之间的相似性（根据某种度量）最大化，而不同类别之间的相似性最小化，这个过程被称为"聚类"。在机器学习领域，聚类是一种无监督学习方法，因此也被称为"非监督分类"。非监督分类将一组未标记的数据样本进行聚合，以便形成有意义的簇或类别。聚类不依赖于预先定义的类别或训练样本，因此也被称为"观察学习"，它的目标是通过数据本身的内在结构来发现数据对象之间的关系和相似性，而不需要外部标签或类别信息的干预。

在数据挖掘领域，不附加任何条件使用术语分类时，一般提到"分类"时通常指的是"监督分类"。

第 10 章

关联分析

10.1 基本概念

关联规则的概念最早由 Agrawal、Imielinski 和 Swami 于 1993 年提出。一般定义如下：使用 $I = \{i_1, i_2, \cdots i_{in}\}$ 表示一个项集。假设任务涉及的数据 D 是数据库事务的集合，每个事务 T 都包含一组项，使得 $T \subset I$。每一个事务都有一个标识符，称为 TID。设 A 是一个项集包含在事务 T 中，当且仅当 $A \subseteq T$，关联规则是形如 $A \Rightarrow B$ 的蕴含式，其中，$A \subset I$，$B \subset I$，并且 $A \cap B = \varnothing$。

如果 D 中包含 $A \cup B$（即集合 A 和 B 的并或 A 和 B 的二者交集的大小）的比例称为关联规则 $A \Rightarrow B$ 在事务集 D 中的支持度，通常用 s 表示，它也可以表示成概率 $P(A \cup B)$。D 中包含 A 事务的同时也包含 B 的比例称为关联规则 $A \Rightarrow B$ 在事务集 D 中具有置信度，通常用 c 表示，它可以表示为条件概率 $P(A \cup B)$。具体见式 (10-1)、式 (10-2)。

$$\text{support}(A \Rightarrow B) = P(A \cup B) \tag{10-1}$$

$$\text{confidence}(A \cup B) = P(A|B) \tag{10-2}$$

关联分析（Association Analysis）是一种数据挖掘技术，用于发现隐藏在大型数据集中的有趣关联关系。通过关联分析，可以识别出数据中项（items）之间的相关性和关联规律。这些关联规律通常以关联规则（Association Rule）或频繁项集（Frequent Itemset）的形式表示。

支持度和置信度是关联规则分析中的两个关键概念，它们用于定量描述规则的重要性和可信度。支持度度量了在整个数据集中规则 A 和 B 同时出现的频率，通常表示为规则的普遍性。以购物篮分析为例，支持度表示购买 A 商品和购买 B 商品的交集在所有购买订单中的占比。而置信度度量了在条件 A 出现的情况下，条件 B 同时出现的概率，提供了关于规则的可信度或关联强度的信息。在购物篮分析中，置信度表示购买 A 商品的顾客中，也购买 B 商品的比例。通常情况下，只有支持度和置信度都高于事先设定的阈值（如最小支持度 min_sup 和最小置信度阈值 min_conf）的关联规则才被认为是强关联规则，因为这些规则在数据中具有足够的频繁性和可靠性，被认为是有用的关联规则。这两个度量通常以百分比形式表示，取值范围在 0~100%。

一个项目的集合被称作项集。那些含有K个项目的集合被命名为K项集。举例来说，集合{computer antiviru_software}实际上是一个由两个项目组成的两个集合。项集出现的频次经常被用来评估，也就是表示包含该项集的事务的数量，有时也被称作项集的支持度统计、频次或者简称为支持度。在式 (10-1)中，项集的支持度有时被称为相对支持度。项集出现的频次通常被定义为绝对支持度。当一个项集I的相对支持度达到了预定的最低支持度阈值（即I的绝对支持度也达到了相应的最低支持度计数阈值）时，这个项集I便被定义为频繁项集。频繁K项集的集合通常记作I_K。

由式 (10-2)推导，可得式 (10-3)：

$$\begin{aligned}\text{confidence}(A \Rightarrow B) &= P(B|A) \\ &= \frac{\text{support}(A \cup B)}{\text{support}(A)} \\ &= \frac{\text{support\_count}(A \cup B)}{\text{support\_count}(A)}\end{aligned} \quad (10\text{-}3)$$

式 (10-3)表明规则$A \Rightarrow B$的置信度可以容易地从A和$A \cup B$的支持度计数推出。因此，一旦获得了A、B和$A \cup B$的支持度计数，就可以直接计算对应的关联规则$A \Rightarrow B$和$B \Rightarrow A$，并检查它们是否为强关联规则。挖掘关联规则的问题可以归结为挖掘频繁项集的问题。

一般说来，关联规则的挖掘通常可以分为以下两个主要步骤：

（1）发现频繁项集：首先，根据预定义的最小支持度阈值，在数据集D中找出所有的频繁项集。频繁项集是指那些在数据集中出现频繁的项的集合，其出现频率不低于最小支持度计数 min_sup。这个步骤的目标是筛选出那些具有足够频繁性的项集。

（2）频繁项集生成的强关联规则需要满足预设的最低支持度和最低置信度阈值。虽然关联规则的基本原理在表面上看起来很简单，但在实际操作中，它确实遭遇了众多的挑战。从庞大的数据集中寻找有价值的关联规则可能是一项充满挑战的工作。仅仅依靠支持度和置信度这两种评价标准来判断和挑选规则的优劣，有时可能会使推荐的规则在特定情境下的表现并不理想。在进行关联规则的挖掘时，与第一步相比，第二步的计算成本通常要低得多。因此，关联规则挖掘算法的整体性能在很大程度上依赖于第一步操作,也就是频繁项集的生成。在关联规则挖掘领域,这是中心议题。在从大规模数据集中挖掘频繁项集的过程中,一个主要的挑战是,当最小支持度(min_sup)设置得非常低时,通常会生成大量满足支持度阈值的项集。之所以这样,是因为如果一个项集经常出现,那么其所有的子集也会频繁出现。一个较长的项集会包括组合数量较少的频繁子集项。例如,一个长度为 100 的频繁项集$\{a_1, a_2, \cdots, a_{100}\}$包含$C_{100}^1 = 100$个频繁 1 项集$a_1, a_2, \cdots, a_{100}$,$C_{100}^2$个频繁 2 项$\{a_1, a_2\}, \{a_2, a_3\}, \cdots, \{a_{99}, a_{100}\}$等。这样,频繁项集的总个数见式(10-4):

$$C_{100}^1 + C_{100}^2 + \cdots + C_{100}^{100} = 2^{100} - 1 \approx 1.27 \times 10^{30} \tag{10-4}$$

这对于任何计算机来说,项集的个数都太大,无法计算和存储。为了克服这一困难,引进闭频繁项集和极大频繁项集的概念。

在数据集S中,如果一个项集X没有真实的超项集Y,导致Y和X在S中的支持度计数是一致的,那么我们可以称项集X为"闭的"。更明确地讲,若X是闭的同时也是频繁的,项集X在数据集S中被定义为"闭频繁项集"。另外,项集X在数据集S中被称为"极大频繁项集"或简称为"极大项集"。如果X是一个频繁的项,并且没有超过X的真超项集Y存在,那么Y在数据集S中的出现也会相对频繁。假设C代表数据集S中所有满足最小支持度阈值 min_sup 的闭频繁项集,而M则是数据集S中所有满足 min_sup 的极大频繁项集的集合,在C和M中,我们能够获取每一个项集的支持度计数数据。值得一提的是,C中的项集及计数数据可以被用来生成频繁项集的完整集合,这意味着C能为我们提供关于频繁项集的详尽信息。但是,M仅保存了极大项集的支持度数据,而通常不会包括与之相关的频繁项集的完整支持度数据。通过以下示例,我们可以更好地理解这些概念。

【例 10-1】闭的和极大的频繁项集。

假设我们有一个包含两个事务的事务数据库:$\{<a_1, a_2, \cdots, a_{100}>;<a_1, a_2, \cdots, a_{50}>\}$。我们还设定了最小支持度计数阈值 min_sup = 1,意味着一个项集的支持度计数必须至少为 1 才能被认为是频繁的。在这个示例中,我们可以找到两个闭频繁项集,它们的支持度分别是:

$C = \{\{a_1, a_2, \cdots, a_{100}\}: 1; \{a_1, a_2, \cdots, a_{50}\}: 2\}$。只有一个极大频繁项集。

$M = \{\{a_1, a_2, \cdots, a_{100}\}: 1\}$(我们不能包含$\{a_1, a_2, \cdots, a_{50}\}$)为极大频繁项集,因为它有一个频繁超集$\{a_1, a_2, \cdots, a_{100}\}$)。与上面相比,我们确定了$2^{100} - 1$个频繁项集,当数据集变得更大时,频繁项集的数量可能会爆炸性增长,以至于无法枚举!

闭频繁项集的集合包含频繁项集的完整信息。例如,我们可以从C推出:

(1)$\{a_2, a_{45}: 2\}$,对于闭频繁项集,如果一个项集X是闭频繁的,那么可以断言它的所有子集都是频繁的,而$\{a_2, a_{45}\}$是$\{\{a_1, a_2, \cdots, a_{50}\}: 2\}$的子集;

(2)$\{a_8, a_{55}: 1\}$,对于闭频繁项集,可以断言它的超集中的项集都不是频繁的,而$\{a_8, a_{55}\}$不是$\{\{a_1, a_2, \cdots, a_{50}\}: 2\}$的子集,却是$\{\{a_1, a_2, \cdots, a_{100}\}: 1\}$的子集。然而,我们只能断言两个项集$\{a_2, a_{45}\}$和$\{a_8, a_{55}\}$是频繁的,但不能断言它们的实际支持度计数。

10.2 关联规则的分类

关联规则的分类有多种,根据不同的标准,产生的分类也不同,下面介绍几种最常见的分类方法。

10.2.1 基于规则中所处理的值类型

如果关联规则考虑的是项的出现与否,而不是数量或其他属性的关系,那么它可以被称为布尔关联规则。例如,式(10-5)中的规则是布尔关联规则。

$$\text{computer} \Rightarrow \text{financial\_management\_software} \tag{10-5}$$

当规则描述的是项或属性间的量化联系,并且其中项或属性的数值被分为多个区间时,我们可以称这种规则为量化关联规则。在关联规则的量化过程中,属性或项的量化信息通常是通过离散化的数值或区间来表示的。下面展示了一个关联规则的量化示例:在这个示例中,X代表了客户的变量,而量化属性 age 和 income 已经被离散化(式(10-6))。

$$\begin{aligned} &\text{age}(X, 30\cdots 90), \ \text{income}(X, 42k\cdots 48k) \\ &\Rightarrow \text{buys}(X, \text{high\_resolution\_TV}) \end{aligned} \tag{10-6}$$

布尔关联规则一般用于处理离散的、类别化的数值,这些数值用于描述变量间的相互关系,例如商品是否被购买或者属性是否存在。数值型关联规则在处理数值型字段时更为合适,它可以与多维关联或多层关联规则相结合,用于数值型数据的分割或直接处理,同时也可以考虑包含不同种类的变量。这种方式让数值型关联规则在处理各种数据时更为灵活,无论是连续的数值特性还是离散的种类特性。

10.2.2 基于规则中涉及的数据维数分类

单维关联规则是指规则中涉及的项或属性只涉及一个维度,通常用于描述单个属性或特定维度上的关联关系,而多维关联规则则处理多个属性之间的关系,它可以涵盖不同维度的数据,用于描述多个属性之间的复杂关系,式(10-5)可以写作式(10-7)的形式:

$$\text{buys}(X,\text{computer})$$
$$\Rightarrow \text{buys}(X,\text{financial\_mangement\_software}) \tag{10-7}$$

式 (10-7) 是单维关联规则,是商品购买与否与其他单个属性之间的关系,因为它只涉及一个维 buys;式 (10-6) 是一个多维关联规则,同时考虑顾客的年龄、购买历史和收入 3 个属性对商品购买的影响,涉及 3 个维:age、income 和 buys。

10.2.3 基于规则中数据的抽象层分类

根据规则中数据的抽象级别,关联规则可以被分为单层关联规则和多层关联规则。某些用于挖掘关联规则的技术能够在多个抽象层面上识别规则,这有助于在各种数据层面上识别出有价值的关联性。举个例子,我们假设挖掘出的关联规则集涵盖了式 (10-8) 和式 (10-9) 中列出的规则:

$$\text{age}(X,30\cdots 90) \Rightarrow \text{buys}(X,\text{laptop computer}) \tag{10-8}$$

$$\text{age}(X,30\cdots 90) \Rightarrow \text{buys}(X,\text{computer}) \tag{10-9}$$

在前面提到的两个准则里,所购买的商品包含了不同的抽象层面(即 computer 在比 laptop computer 高的抽象层)。因此,我们把挖掘出的规则集命名为多层关联规则集。从另一个角度看,如果在特定的规则集合中,规则只涉及相同的抽象级别的元素或特性,那么这个规则集就会包括一个单一的关联规则。

在单层关联规则的构建过程中,规则并未充分考虑到实际数据可能存在的多重层次或维度。与此相对,多层关联规则已经充分考虑了数据的多维性,因此这些规则可能会触及各种不同的数据级别或维度。

10.2.4 基于模式与规则之间的相互关系分类

关联规则挖掘方法根据模式之间的相互关系可以分为 3 种主要类型:完全频繁模式挖掘、最大频繁模式挖掘和闭合频繁模式挖掘。

10.2.5 基于关联规则所涉及的关联特性来进行划分

关联规则挖掘是一项广泛应用于多个领域的数据挖掘技术。除了市场篮分析之外,它在分类学习、相关分析、推荐系统、网络安全、社交网络分析等领域都有重要应用。通过挖掘数据集中的关联规则,可以揭示不同属性之间的关系、用户行为的模式以及潜在的安全威胁。因此,关联规则挖掘方法在不同应用环境和目标下具有广泛的灵活性和可适性,其中一维单层布尔型关联规则挖掘是其他方法的基础。

10.3 关联规则挖掘算法

10.3.1 Apriori 算法

Apriori 算法是 R.Agrawal 和 R.Srikartt 在 1994 年共同提出的，它在关联规则挖掘领域具有巨大影响力，主要应用于频繁项集的挖掘工作。Apriori 算法与传统的算法有所区别，因为它在数据挖掘时融入了先验的知识。Agrawal 等发现频繁项集具有两条非常重要的性质，即反单调性质：

（1）频繁项集的子项集必为频繁项集。

（2）非频繁项集的项集一定是非频繁的。

借助上述两个性质，Apriori 算法采用逐层搜索的迭代方法，利用 K 项集来探索 $(K+1)$ 项集。Apriori 算法在频繁项集产生方面有两个关键特点：

（1）在初始阶段，该系统会对整个数据库进行扫描，记录每一个项目的出现频率，并筛选出满足最低支持度标准的项目，进而构建一个包含频繁 1 个项目的集合，并将该集合作为记录 L_1。接着，用 L_1 找频繁 2 项集的集合 L_2，再用 L_2 找 L_3，以此类推，一直迭代下去，直到不再发现新的频繁 K 项集。每一轮寻找 L_k 都需要一次数据库全扫描。

（2）Apriori 算法运用了一种生成与测试相结合的策略，通过持续的迭代过程，生成了一组新的候选项集。接着，计算了这些候选项集的支持度，并与预先设定的最小支持度阈值进行了对比分析。该算法需要的总迭代次数是 $K_{max}+1$，其中，K_{max} 是频繁项集的最大长度。

1. Apriori 算法的频繁项集产生

Apriori 算法的核心理念是首先寻找所有的频繁项集，然后根据这些频繁项集生成强关联规则，这些规则必须满足最小支持度和最小置信度的条件。

搜索所有的频繁项集需要多次搜索事务数据库 D，这是影响关联算法性能的主要因素。Apriori 算法是用 $K-1$ 频繁项集生成候选的 K 频繁项集，但候选频繁项集通常是很大的。例如，在购物篮分析中，m 个项目组成的项集可能产生 2^m-1 个候选频繁项集以及 $3^m-2^{m+1}+1$ 个关联规则。但在一般的情况下，这些规则大部分不能满足强关联规则的条件，这个问题成为关联规则挖掘的瓶颈。因此，减少候选集的大小，然后再扫描事务数据库，计算候选项集的支持度是必要的。因此，关联规则挖掘的关键问题是如何高效地找出频繁项集。Apriori 算法采用了 Apriori 先验特性，即"频繁项集的任何子集也一定是频繁的，或者非频繁项集的超集一定是非频繁的"，以此来缩小频繁项集的搜索范围。图 10-1 为 $\{i_1, i_2, i_3, i_4\}$ 的项集格。

这种结构能枚举所有可能的项集。假设$\{i_2, i_3, i_4\}$是频繁项集，那么它的所有子集$\{i_2\}$，$\{i_3\}$，$\{i_4\}$，$\{i_2, i_3\}$，$\{i_2, i_4\}$，$\{i_3, i_4\}$都是频繁的。反之，如果$\{i_1, i_2\}$是非频繁的，那么它的所有超集$\{i_1, i_2, i_3\}$，$\{i_1, i_2, i_4\}$，$\{i_1, i_2, i_3, i_4\}$都是非频繁的。

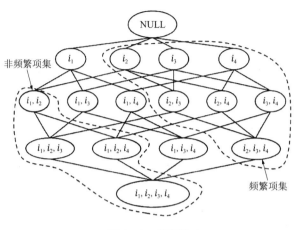

图10-1 项集格

假定频繁项集L_{k-1}中的项目按英文字典的顺序排列，由$K-1$频繁项集生成候选的K频繁项集，即如何用L_{k-1}找L_k，其中K大于等于2，需要进行下面的操作：候选频繁项集的产生和修剪。这个步骤需要避免产生过多不必要的、重复的候选频繁项集，也不能遗漏候选频繁项集。

（1）连接步：为找L_k，通过L_{k-1}与自身连接产生候选项K项集的集合。该候选项集合记作C_k。设l_1和l_2是L_{k-1}中的项。记号$l_i[j]$表示l_i中的第j项（例如，$l_i[k-2]$表示l_i的倒数第2项）。为了有效实现连接步骤，Apriori算法假设事务或项集中的项按照字典顺序排列。对于$K-1$项集l_i，这意味着将项排序，使$l_i[1] < l_i[2] < \cdots < l_i[K-1]$。执行连接$L_{k-1} \bowtie L_{K-1}$，其中，$L_{K-1}$的元素是可连接的，如果它们的前$(K-2)$个项相同，即$L_{k-1}$的元素$l_1$和$l_2$是可连接的，如果$(l_1[1] = l_2[1]) \wedge (l_1[2] = l_2[2]) \wedge \cdots \wedge (l_1[K-2] = l_2[K-2]) \wedge (l_1[K-1]) = l_2[K-1])$。条件$l_1[K-1] < l_2[K-1]$仅仅是保证不产生重复。连接$l_1$和$l_2$产生的结果项集是$\{l_1[1], l_1[2], \cdots l_1[K-1], l_2[K-1]\}$。

（2）剪枝步：C_k是L_k的超集，也就是说，L_k的成员可以是频繁的，也可以不是频繁的，但所有频繁K项集都包含在C_k中。对数据库进行扫描，确定C_k中每一候选项的支持度计数，从而确定L，（即根据定义，计数值不小于最小支持度计数的所有候选是频繁的，从而属于L_k）。然而，C_k可能很大，这样所涉及的计算量就很大。为了压缩C_k，可以采用以下办法使用Apriori性质。即任何非频繁的$(K-1)$项集都不是频繁K项集的子集。因此，如果一个候选K项集的$(K-1)$项子集不在

L_{k-1} 中，则该候选也不可能是频繁的，从而可以从 C_k 中被忽略掉。

这种子集测试可以使用所有频繁项集的散列树快速完成。该算法及其相关过程如图 10-2 所示。

```
Apriori 算法：使用逐层迭代方法基于候选产生找出频繁项集。
输入：D：事务数据库；min_sup：最小支持度计算阈值。
输出：L：D 中的频繁项集。
  (1)  L₁=find_frequent_1-itemsets(D);            //根据 min_suP，发现频繁 1 项集 l₁
  (2)  for  (k = 2; L_{k-1} ≠ φ; k ++){
  (3)        C_k =apriori_gen(L_{k-1}, min_suP);   //频繁(K-1)项集生成候选 K 项集
  (4)        for each 事务 t∈ D{                   //扫描数据库 D，确定每个项的支持度
  (5)            C_t = subset (C_k, t);            //得到 t 所包含候选项集
  (6)            for each 候选 c ∈ C_t
  (7)                c.count ++; }                //对候选项集进行支持度计数
  (8)        L_k = {c ∈ C_t | c.count ≥ min_sup}; } //获得频繁 K 项集
  (9)  return L = U_k L_k;
Procedure Apriori_gen (L_{k-1}: frequent (k-1) – itemsets)
  (1)  for each 项集 l₁ ∈ L_{k-1}
  (2)     for each 项集 l₂ ∈ L_{k-1}
  (3)       if ⟨l₁[1] = l₂[1]⟩ ∧ ⟨l₁[2] = l₂[2]⟩ ∧ ... ∧ ⟨l₁[K-2] = l₂[K-2]⟩ ∧ ⟨l₁[K-1] = l₂[K-1]⟩
  (4)          c=l₁ ⋈ l₂                          //连接步：产生候选
  (5)          if has_infrequent_subset (c, L_{k-1}) then
  (6)             delete c;                       //剪枝步：删除非频繁的候选项集
  (7)          else C_k = C_k ∪ {c}; }
  (8)  return C_k;
Procedure has_infrequent_subset (c, L_{k-1})
  (1)  for each (K-1) – subset s of c
  (2)     if s ∉ L_{K-1} then
  (3)        return TRUE;
  (4)     else return FALSE;
```

图 10-2　使用逐层迭代方法基于候选产生找出频繁项集

Apriori 算法的步骤（1）找出频繁 1 项集的集合 l_1。在第（2）～（8）步，针对 $K \geq 2$，L_{k-1} 用于产生候选项集 C_k 以便找出频繁项集 L_k。apriori_gen 过程产生候选，使用 Apriori 性质删除那些具有非频繁子集的候选（步骤（3）），一旦产生了所有候选，就扫描数据库（步骤（4））。对于每个事务，使用 subset 函数找出该事务中是候选的所有子集（步骤（5）），并对每个这样的候选项集进行计数（步骤（6）和（7））。最后，所有满足最小支持度的候选项集（步骤（8））形成频繁项集的集合 L（步骤（9））。然后调用一个过程，由频繁项集产生关联规则。apriori_gen 函数做连接和剪枝。在连接部分，L_{k-1} 与 L_{K-1} 连接产生可能的候选（步骤（1）～（4））。在剪枝部分（步骤（5）～（7）），使用 Apriori 性质删除具有非频繁子集的候选。非频繁子集的测试显示在过程 has_infrequent_subset 中。

【例 10-2】 基于表 10-1 的 All Electronics 的事务数据库 D。

这个数据库涵盖了 9 个独特的事务,也就是 ID1 = 9。我们假设事务中的项是按照字典的顺序存储的,并利用图 10-2 来解释 Apriori 算法,以寻找 D 中的频繁项集。

All Electronics 某分店的事务数据　　　　表 10-1

交易 ID	购买商品 ID 列表	交易 ID	购买商品 ID 列表
T001	i_1, i_2, i_3	T006	i_2, i_3
T002	i_2, i_4	T007	i_1, i_3
T003	i_2, i_3	T008	i_1, i_2, i_3, i_5
T004	i_1, i_2, i_4	T009	i_1, i_2, i_3
T005	i_1, i_3	—	—

(1) 在 Apriori 算法的不同步骤中,首先对每项都是候选 1 项集的集合 C_1 的成员进行初始迭代。在这一步骤中,算法简单地遍历所有事务,并计算每个项的出现次数。

(2) 假定事务的最小支持度计数为 2,也就是 min_sup = 2(此处所讨论的支持度计数为绝对支持度,其相关程度为 2/9 = 22%)。我们能够确定经常出现的 1 项集的集合 L_1。这一集合涵盖了一个满足最小支持度要求的备选 1 项集。在这个例子里,C_1 的所有的候选者都达到了最低的支持标准。

(3) 为了找到频繁 2 项集的集合 l_2,算法使用 $l_1 \bowtie l_2$ 生成了候选 2 项集的集合 C_2。C_2 由 $C_{|L_1|}^2$ 个 2 项集组成。值得注意的是,在剪枝步骤过程中,没有候选从 C_2 中删除,因为这些候选的每个子集都是频繁的。

(4) 接下来,对数据库 D 中的事务进行扫描,计算 C_2 中每个候选项集的支持度计数,如图 10-3 中的第二行中间的表所示。

(5) 然后确定频繁 2 项集的集合 L_2,这些集合由 C_2 中满足最小支持度的候选 2 项集组成。

(6) 候选 3 项集的集合 C_3 的产生步骤如图 10-4 所示。在连接步骤中,首先令 $C_3 = L_2 \bowtie L_2 = \{\{i_1, i_2, i_3\}, \{i_1, i_2, i_5\}, \{i_1, i_3, i_5\}, \{i_2, i_3, i_4\}, \{i_2, i_3, i_5\}, \{i_2, i_4, i_5\}\}$。根据 Apriori 性质,频繁项集的所有子集必须是频繁的,可以确定后 4 个候选不可能是频繁的。因此,把它们从 C_3 中删除,这样,在后续扫描数据库 D 和确定 L_3 时就不必再求它们的计数值。需要注意的是,由于 Apriori 算法使用逐层搜索技术,对于给定的一个候选 K 项集,只需要检查它们的 $K-1$ 子集是否频繁。C_3 剪枝后见图 10-3。

(7) 扫描数据库 D 中的事务确定 L_3,它由 C_3 中满足最小支持度的候选 3 项集组成(如图 10-3 所示)。

(8) 最后,算法使用 $L_3 \bowtie L_3$ 产生候选 4 项集的集合 C_4。尽管连接产生结果 $\{\{i_1, i_2, i_3, i_5\}\}$,但是这个项集被剪去,因为它的子集 $\{\{i_2, i_3, i_5\}\}$ 不是频繁的。这样,

$C_4 = \emptyset$，算法终止，找出了所有的频繁项集。

---

① 连接：
$C_3 = L_2 \bowtie L_2 = \{\{i_1,i_2\},\{i_1,i_3\},\{i_1,i_5\},\{i_2,i_3\},\{i_2,i_4\},\{i_2,i_5\}\}$
$\bowtie \{\{i_1,i_2\},\{i_1,i_3\},\{i_1,i_5\},\{i_2,i_3\},\{i_2,i_4\},\{i_2,i_5\}\}$
$= \{\{i_1,i_2,i_3\},\{i_1,i_2,i_5\},\{i_1,i_3,i_5\},\{i_2,i_3,i_4\},\{i_2,i_3,i_5\},\{i_2,i_4,i_5\}\}$

② 使用 Apriori 性质剪枝：频繁项集的所有非空子集也必须是频繁的。候选项的子集有不频繁的吗？

  a) $\{i_1,i_2,i_3\}$ 的 2 项子集是$\{i_1,i_2\},\{i_2,i_3\},\{i_1,i_3\}$。$\{i_1,i_2,i_3\}$ 的所有 2 项子集都是L_2的元素。
因此，$\{i_1,i_2,i_3\}$保留在C_3中。

  b) $\{i_1,i_2,i_5\}$ 的 2 项子集是$\{i_1,i_2\},\{i_1,i_5\},\{i_2,i_5\}$。$\{i_1,i_2,i_5\}$ 的所有 2 项子集都是L_2的元素。
因此，$\{i_1,i_2,i_5\}$保留在C_3中。

  c) $\{i_1,i_3,i_5\}$ 的 2 项子集是$\{i_1,i_3\},\{i_1,i_5\},\{i_3,i_5\}$。$\{i_3,i_5\}$不是$L_2$的元素，因而不是频繁的。因此，从$C_3$中删除$\{i_1,i_3,i_5\}$。

  d) $\{i_2,i_3,i_4\}$ 的 2 项子集是$\{i_2,i_3\},\{i_2,i_4\},\{i_3,i_4\}$。$\{i_3,i_4\}$不是$L_2$的元素，因而不是频繁的。因此，从$C_3$中删除$\{i_2,i_3,i_4\}$。

  e) $\{i_2,i_3,i_5\}$ 的 2 项子集是$\{i_2,i_3\},\{i_2,i_5\},\{i_3,i_5\}$。$\{i_3,i_5\}$不是$L_2$的元素，因而不是频繁的。因此，从$C_3$中删除$\{i_2,i_3,i_5\}$。

  f) $\{i_2,i_4,i_5\}$ 的 2 项子集是$\{i_2,i_4\},\{i_2,i_5\},\{i_4,i_5\}$。$\{i_4,i_5\}$不是$L_2$的元素，因而不是频繁的。因此，从$C_3$中删除$\{i_2,i_4,i_5\}$。

③ 这样，剪枝后$C_3 = \{\{i_1,i_2,i_3\},\{i_1,i_2,i_5\}\}$。

图 10-3 候选项集和频繁项集的产生，最小支持度计数为 2

项集	支持度计数
$\{i_1\}$	6
$\{i_2\}$	7
$\{i_3\}$	6
$\{i_4\}$	2
$\{i_5\}$	2

扫描D，对每个候选计数 →

比较候选支持度计数与最小支持度计数 →

项集	支持度计数
$\{i_1\}$	6
$\{i_2\}$	7
$\{i_3\}$	6
$\{i_4\}$	2
$\{i_5\}$	2

C_2

由L_1产生候选C_2 →

项集
$\{i_1,i_2\}$
$\{i_1,i_3\}$
$\{i_1,i_4\}$
$\{i_1,i_5\}$
$\{i_2,i_3\}$
$\{i_2,i_4\}$
$\{i_2,i_5\}$
$\{i_3,i_4\}$
$\{i_3,i_5\}$
$\{i_4,i_5\}$

扫描D，对每个候选计数 →

C_2

项集	支持度计数
$\{i_1,i_2\}$	4
$\{i_1,i_3\}$	4
$\{i_1,i_4\}$	1
$\{i_1,i_5\}$	2
$\{i_2,i_3\}$	4
$\{i_2,i_4\}$	2
$\{i_2,i_5\}$	2
$\{i_3,i_4\}$	0
$\{i_3,i_5\}$	1
$\{i_4,i_5\}$	0

比较候选支持度计数与最小支持度计数 →

项集	支持度计数
$\{i_1,i_2\}$	4
$\{i_1,i_3\}$	4
$\{i_1,i_5\}$	2
$\{i_2,i_3\}$	4
$\{i_2,i_4\}$	2
$\{i_2,i_5\}$	2

C_3

由L_2产生候选C_3 →

项集
$\{i_1,i_2,i_3\}$
$\{i_1,i_2,i_5\}$

扫描D，对每个候选计数 →

项集	支持度计数
$\{i_1,i_2,i_3\}$	2
$\{i_1,i_2,i_5\}$	2

比较候选支持度计数与最小支持度计数 →

项集	支持度计数
$\{i_1,i_2,i_3\}$	2
$\{i_1,i_2,i_5\}$	2

图 10-4 使用 Apriori 性质，由L_2产生和剪枝候选 3 项集的集合C_3

2. Apriori 算法计算复杂度

Apriori 算法的计算复杂度受多个因素的影响，其中包括：

（1）支持度阈值：降低支持度阈值会导致更多的频繁项集被发现。这会增加算法的计算复杂度，因为需要生成更多的候选项集并对它们进行计数。随着支持度阈值的降低，频繁项集的最大长度也会增加，这会导致需要更多次地扫描数据集。

（2）项数(维数)：随着项数的增加，需要更多的内存来存储项的支持度计数。如果频繁项集的数量也随着数据项数的增加而增加，那么算法会生成更多的候选项集，从而增加计算量和 I/O 开销。

（3）事务数：Apriori 算法需要反复扫描数据集，因此其运行时间会随着事务数的增加而增加。

（4）事务的平均宽度：对于密集的数据，事务的平均宽度可能会很大。这会影响 Apriori 算法的复杂度。首先，随着事务平均宽度的增加，频繁项集的最大长度也会增加，因此需要考虑更多的候选项集。其次，事务中包含更多的项集，在支持度计数时这将增加需要遍历散列树的次数。

3. 关联规则产生

当我们从数据库中的事务中识别出频繁的项集时，这些项集可以被用来产生强烈的关联规则。强关联规则确保了最低的支持度和置信度。在计算置信度时，可以用式 10-3 计算。为完整起见，这里重新给出该式：

$$\begin{aligned}\text{confidence}(A \Rightarrow B) &= P(B|A) \\ &= \frac{\text{support}(A \cup B)}{\text{support}(A)} \\ &= \frac{\text{support\_count}(A \cup B)}{\text{support\_count}(A)}\end{aligned} \quad (10\text{-}10)$$

条件概率用项集的支持度计算表示，其中，support_count($A \cup B$)是包含项集 $A \cup B$ 的事务数，而 support_count(A)是包含项集 A 的事务数。根据该式，关联规则可以产生如下：

（1）对于每个频繁项集 l，产生 l 的所有非空子集。

（2）对于 l 的每个非空子集 s，如果 $\frac{\text{support\_count}(t)}{\text{support\_count}(s)} \geq \text{min\_conf}$。

则输出规则"$s \Longrightarrow (l - s)$"其中，min_conf 是最小置信度阈值。

关联规则挖掘具有一些显著的优势。首先，每个关联规则都自动满足最小支持度要求，这降低了计算的复杂性，因为它们是从频繁项集中产生的。其次，频繁项集及其支持度计数在挖掘开始前就可以预先存储在散列表中，因此可以实现快速访问，从而减少了在大型数据集上的计算时间。另外，通过设置最小置信度阈值，可以筛选出具有实际意义的规则，减少输出规则的数量，使结果更易解释和应用。

【例 10-3】产生关联规则。

基于表 10-1 中 All Electronics 事务数据库的例子，假定数据包含频繁项集 $l=\{i_1,i_2,i_5\}$，那么可以由 l 产生哪些关联规则？

l 的非空子集有 $\{i_1,i_2\}$，$\{i_1,i_5\}$，$\{i_2,i_5\}$，$\{i_1\}$，$\{i_2\}$ 和 $\{i_5\}$，即可以由 l 产生 6 个候选关联规则，结果如下，每个都列出置信度：

$$\{i_1, i_2\} \Longrightarrow i_5, \text{confidence} = 2/4 = 50\%$$

$$\{i_1, i_5\} \Longrightarrow i_2, \text{confidence} = 2/2 = 100\%$$

$$\{i_2, i_5\} \Longrightarrow i_1, \text{confidence} = 2/2 = 100\%$$

$$i_1 \to \{i_2, i_5\}, \text{confidence} = 2/6 = 33\%$$

$$i_2 \to \{i_1, i_5\}, \text{confidence} = 2/7 = 29\%$$

$$i_5 \to \{i_1, i_2\}, \text{confidence} = 2/2 = 100\%$$

如果设定的最小置信度阈值是 70%，那么只有上述的第 2 个、第 3 个以及最后一个规则是可以被输出的。这是因为仅有这几个会形成强制性的规则。值得一提的是，与传统的分类规则相比，关联规则的右方可能含有多个合取项，这一特性使得关联规则能更加灵活地捕获数据间的相互关联。

10.3.2 Apriori 改进算法

Apriori 算法，作为数据挖掘领域的经典里程碑，发挥了重要作用。然而，随着研究的深入，该算法暴露出两个主要性能问题：首先，需要多次扫描事务数据库，这导致了大量的 I/O 开销；其次，可能会生成庞大的候选集，影响算法的效率。为了克服这些瓶颈，许多研究者，包括 Agrawal 在内，提出了多种改进的 Apriori 算法，旨在提高算法的效率和可扩展性，从而更好地满足大规模数据挖掘的需求。

1. 基于散列和压缩技术的方法

Park 及其团队在 1995 年首次提出了基于散列的计算方法。他们的研究揭示了，在寻找频繁项集时，主要的计算任务是在生成频繁 2 项集 L_2 过程中。为了克服这一性能限制,Park 及其团队采纳了散列方法,目的是优化频繁 2 项集的产生方式。这种新颖的策略有助于增强频繁项集挖掘的工作效率和扩展能力。

这一基于散列的计算方法的核心理念是,在对数据库中的每一项事务进行扫描时,如果C_1中的候选 1 项集经常产生一个项集L_1,那么它可以同时生成全部的 2 项集,并将这两个项集分散到散列表结构的不同桶中,接着增加对应桶的数量(表 10-2)。在散列表里,如果一个桶的计数低于支持度的阈值,那么相应的两个项集不会频繁出现,因此可以从候选项集中移除。这种依赖于散列的方法能有效地减少待研究的候选K项集的数目,进而增强对频繁项集的挖掘效率。

例如,散列函数为$h(x,y) = ((\text{order of } x) \times 10 + (\text{order of } y)) \bmod 7$的候选 2 项集的散列表如表 10-2 所示。

候选 2 项集的散列表 表 10-2

桶地址	0	1	2	3	4	5	6
桶计数	2	2	4	2	2	4	4
桶内容	$\{i_1,i_4\}$ $\{i_3,i_5\}$	$\{i_1,i_5\}$ $\{i_1,i_5\}$	$\{i_2,i_3\}$ $\{i_2,i_3\}$ $\{i_2,i_3\}$ $\{i_2,i_3\}$	$\{i_2,i_4\}$ $\{i_2,i_4\}$	$\{i_2,i_5\}$ $\{i_2,i_5\}$	$\{i_1,i_2\}$ $\{i_1,i_2\}$ $\{i_1,i_2\}$ $\{i_1,i_2\}$	$\{i_1,i_3\}$ $\{i_1,i_3\}$ $\{i_1,i_3\}$ $\{i_1,i_3\}$

Agrawal 和他的团队提出了一种方法,即通过减少需要进一步迭代扫描的事务数量来提升工作效率。他们注意到,在没有包含任何K项集的情况下,事务是不可能包括任何项集的,因此可以为这些事务添加删除标记,这样在扫描数据库时就不会再考虑它们了。这种方式有助于减少需要扫描的事务数量,进而提高频繁项集挖掘的效率。实际上,采用基于散列的方法也被视为一种压缩技术。

2. 基于划分的方法

采用基于分割的 Apriori 算法,只需要对数据库执行 2 次扫描操作,同时将交易数据库划分成多个不相互连接的部分,并确保每一个分割部分的尺寸都足够大,以便一次性读取可用的内存空间。这种基于数据划分的方法的核心理念是,在整个交易数据库中,如果一个数据项集属于频繁项集,那么这个项集在数据库的特定划分区域内也将频繁出现。

3. 抽样

抽样技术的核心理念是从指定的数据集D中选择一个随机样本S,并在此样本S中寻找频繁出现的项集。这个方法的一大优势是,在牺牲特定精度的前提下,能够显著提升算法运行的效率。通常情况下,样本S的尺寸被设计得非常小,以方便其在内存中的存储，并且只需对这一小样本执行一次扫描操作。尽管这种策略可能会遗漏某些全局的频繁项集，但为了减少计算的复杂性，我们可以采用一个比最小支持度更低的阈值，在样本S中识别出局部的频繁项集（记作L^S）。

接下来，剩下的数据库部分被用来计算L^S的每一个项集的真实频率。然后，我们采用了一种策略来确认样本L^S中是否包含了所有的频繁项集。若L^S实质上涵盖了D中所有的频繁项集，那么只需执行一次扫描操作。如果不这样做，我们可能需要进行第二轮的扫描，以识别在首次扫描中被遗漏的高频项集。抽样技术尤其适合于那些需要频繁操作和高计算需求的场景，因为它能有效地提升工作效率。

4. 增量更新的方法

增量更新方法的核心理念在于运用先进的技术手段来高效地管理和维护已经识别出的频繁项集及相关的关联规则，这样在数据库发生变动的情况下，就能避免对所有频繁项集和关联规则进行重新挖掘和分析。这表明，我们只需对那些发生变动的数据部分进行关联性分析，而无需对整个数据库进行再次处理。需要特别注意的是，数据库的更新可能导致原来不频繁的项集变成频繁的项集，同时也可能将原来的频繁项集变成非频繁项集。这种方法的关键在于重复使用旧的频繁项集信息，并整合新生成的频繁项集的支持度信息，从而有效地减少需要重新检查的候选项集所占用的空间和计算时间。

5. 动态项集计数

动态项集计数技术将数据库划分为若干部分，并采用起始点进行标识。与Apriori算法有所区别，这种方法在确定新的候选项集时，无需等待每一次对数据库的完整扫描。反之，在任何初始位置，都有可能动态地加入新的候选项集。这项技术的核心是对所有已经计数的项集的支持度进行持续的动态评价。当一个项集的每一个子集都被确认为频繁项集时，这一项集会被纳入新的候选项集中。与Apriori算法进行比较后发现，这一算法在数据库扫描方面所需的操作更少，从而有效地提升了运算效率。

10.3.3 FP 增长算法

尽管 Apriori 算法利用频繁项集的任何子集也是频繁的启发式，减少了候选频繁项集的大小，但仍然会产生大量的候选频繁项集，给事务数据库的重复扫描带来很大的开销。

在 2000 年，Jiawei Han 及其团队提出了被称为 FP 增长算法的频繁模式增长

(Frequent-Pattern Growth)方法,这一方法有效地解决了在频繁项集挖掘过程中生成不必要候选项集的难题。该计算方法的核心理念是运用分治策略,并分为两个主要步骤:首先,将代表频繁项集的数据库压缩成一棵名为频繁模式树(Frequent-Pattern Tree,FP 树)的树结构,这棵树仍然包含了项集的关联信息。接下来,我们将这个经过压缩的数据库分为多个条件数据库,每一个数据库都与一个频繁项或"模式段"相关联,并对每一个条件数据库进行单独挖掘。对于每一个所谓的"模式片段",我们只需关注与其相关的数据集,而无需深入研究完整的原始数据库。随着模式的逐渐扩大,这一方法能有效地缩小搜索数据集的体积,从而提升工作效率。

FP 树构造的步骤如下:

(1)首先搜索事务数据库D,找到频繁 1 项集的集合以及它们的支持度计数。假设最小支持度计数为 2。将频繁项的集合按支持度计数递减顺序排序,生成一个结果集或列表,记为L,这里$L = [i_2: 7, i_1: 6, i_3: 6, i_4: 2, i_5: 2]$。

(2)构造 FP 树的根结点,并用符号"null"标记。第二次扫描事务数据库D,每个事务中的项按L中的顺序排列(即按递减支持度计数的顺序排序),然后针对每个事务,在 FP 树创建一条由根结点 null 开始的一个分支。

例如,对表 10-1 中的事务数据库进行关联规则挖掘,第一个事务 T001 按L的次序排列为$\{i_2, i_1, i_5\}$。构造 FP 树的第一个分枝$<(i_2:1),(i_1:1),(i_5:1)>$,其中的数字表示结点的计数,$i_2$作为根的子女链接到根结点,$i_1$链接到$i_2$,$i_5$链接到$i_1$。读取第二个事务 T002,按$L$的次序包含项$i_2$和$i_4$,它导致一个分枝,其中$i_2$链接到根,$i_4$链接到$i_2$。然而,该分枝应当与 T001 已存在的路径共享前缀i_2。这样将结点i_2的计数增加 1,并创建一个新结点$<i_4:1>$,作为$<i_2:2>$的子女链接。一般地,当为一个事务考虑增加分枝时,沿共同前缀上的每个结点的计数增加 1,为在前缀之后的项创建结点和链接。

FP 树是一种挖掘频繁项集的方法,通过将事务数据库压缩为一棵树的形式,每个事务映射为树上的一条路径。这种表示允许多个事务共享相同的前缀路径,从而有效地压缩数据。使用频繁模式增长方法,重新考察表 10-1 的事务数据库D的挖掘。FP 增长算法挖掘频繁项集的过程如下。

为了方便遍历 FP 树,通常创建一个项头表,它通过链表将每一项与树中的相应位置联系起来。图 10-5 展示了在扫描所有事务后得到的带有相关结点链的 FP 树。此外,FP 树还包括指向具有相同项目的结点的指针列表,这些列表可以加速频繁项集的挖掘过程,在图 10-5 中用虚线表示。

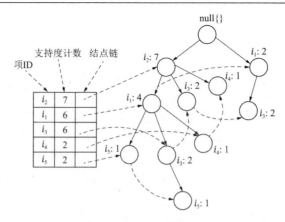

图 10-5　存放压缩的频繁模式信息的 FP 树

每一种频繁模式的发展都是从一个长度为 1 的频繁模式（也就是初始后缀模式）开始的。首先，我们建立了一个条件模式基，这个模式基是由 FP 树中与后缀模式同时出现的前缀路径集合所构成的。接下来，我们利用这一条件模式基来构建条件 FP 树，并对这棵树进行了递归的深度挖掘。在这一递归的过程中，新的频繁模式持续出现，并与条件 FP 树的频繁模式相连接，目的是构建一个更长的频繁项集。模式的增长是通过将后缀模式与由条件 FP 树生成的频繁模式相连接来实现的。

该 FP 树的挖掘总结在表 10-3 中，首先考虑它是 L 中的最后一项，而不是第一个。这种选择的原因将随着后续对 FP 树挖掘过程的解释而变得更加清晰。i_5 出现在图 10-5 的 FP 树的两个分枝（i_5 的出现沿它的结点链容易找到）。这些分枝形成的路径是 $<i_2, i_1, i_5:1>$ 和 $<i_2, i_1, i_3, i_5:1>$。因此，考虑 i_5 的条件模式基，它的两个对应前缀路径是 $<i_2, i_1:1>$ 和 $<i_2, i_1, i_3:1>$，形成 i_5 的条件模式基。它的条件 FP 树只包含单个路径 $<i_2:2, i_1:2>$，不包含 i_3，因为它的支持度计数为 1，小于最小支持度计数。该单个路径产生频繁模式的所有组合：$\{i_2, i_5:2\}$，$\{i_1, i_5:2\}$，$\{i_2, i_1, i_5:2\}$。

通过创建条件子模式基挖掘 FP 树　　　　　　　表 10-3

项	前缀路径	条件 FP 树	产生的频繁项集
i_5	$\{i_2, i_1:1\}$, $\{i_2, i_1, i_3:1\}$	$<i_2:2, i_1:2>$	$\{i_2, i_5:2\}$, $\{i_1, i_5:2\}$, $\{i_2, i_1, i_5:2\}$
i_4	$\{i_2, i_1:1\}$, $\{i_2:1\}$	$<i_2:2>$	$\{i_2, i_4:2\}$
i_3	$\{i_2, i_1:2\}$, $\{i_2:2\}$, $\{i_1:2\}$	$<i_2:4, i_1:2>$, $<i_1:2>$	$\{i_2, i_3:4\}$, $\{i_1, i_3:4\}$, $\{i_2, i_1, i_3:2\}$
i_1	$\{i_2:4\}$	$<i_2:4>$	$\{i_2, i_1:4\}$

i_4 的两个前缀路径形成条件模式基 $\{i_2, i_1:1\}$ 和 $\{i_2:1\}$，产生单结点的条件 FP 树

$<i_2:2>$,并导出一个频繁模式$\{i_2, i_4:2\}$。注意,尽管i_5跟在第一个分枝中的i_4之后,也没有必要在此分析中包含i_5,因为涉及i_5的频繁模式在考察i_5时已经分析过。

与以上分析类似,i_3的条件模式基是$\{i_2, i_1:2\}$和$\{i_2:2\}$,$\{i_1:2\}$它的条件 FP 树有两个分枝$<i_2:4, i_1:2>$和$<i_1:2>$,它产生模式集$\{i_2, i_3:4\}$,$\{i_1, i_3:4\}$和$\{i_2, i_1, i_3:2\}$。

最后i_1的条件模式基$\{i_2:4\}$,它的 FP 树只包含一个结点$<i_2:4>$,产生一个模式$\{i_2, i_1:4\}$。

10.4 改善关联规则挖掘质量问题

10.4.1 用户主观层面

事实上,规则的实用性最终是基于用户的感受来决定的。规则的有效性和可行性是由用户来决定的,因此我们应该更加紧密地将用户的需求和系统整合在一起。约束数据挖掘,为用户在知识探索中提供一个高效的策略参考。

在不同的发展阶段,用户可以采用各种方式主观地设置限制条件。例如,可以考虑将约束作为算法的一个参数,并与算法紧密结合,同时也可以通过互动的方法进行多次实验。在设定挖掘目标的过程中,约束可以预先设定,并可作为后续评价准则的基础。此外,在数据预处理的过程中,约束可以被用来减少数据的总量,或者用来限定知识的展现方式,从而降低搜索的路径。在进行数据挖掘时,我们可以根据约束对象对几种常用的约束机制进行分类。

1. 知识类型的约束

在处理各种商业应用的问题时,特定种类的知识或许能更准确地揭示问题的核心。正如前文提到的,具有多种策略的知识探索工具通常具有多样的知识呈现方式。因此,在解决商业问题的过程中,选择与应用场景相匹配的知识表示方式显得尤为关键。以商业企业为例,如果他们想要根据客户的独特性质开展目标明确的销售活动,那么采用分类或者聚类的知识表示方式或许能助其更好地识别潜在的客户群体。用户有能力清晰地定义知识挖掘的模式,这样可以避免不必要的模式探索,并提高挖掘成果的实际应用价值。

2. 数据的约束

在数据挖掘领域,数据约束起到了至关重要的作用,它有助于降低数据挖掘算法需要处理的数据量,并进一步提升数据质量。利用数据的限制,用户能够清晰地确定要挖掘哪些数据,并逐渐将庞大且复杂的原始数据集转化为与特定任务有关的数据子集。在数据挖掘的各个阶段,都可以借助数据挖掘语言来执行数据的限制。例如,在当前的众多研究中,数据挖掘操作语言普遍支持设定数据约束，用户可以根据自己的特定需求来设定这些约束，从而更加精确地完成数据挖掘任务。

3. 维/层次约束

在基于数据仓库或多维数据库的数据挖掘工作中，不同维度提供了不同粒度和视角的数据，但同时也引入了一些新的问题。例如，不同粒度的挖掘可能导致知识的冗余，而高维度的数据可能降低挖掘效率。因此，对于多维数据挖掘，可以采取一些策略来应对这些问题。一种策略是限制聚焦的维度或粒度层次，以减少冗余和提高挖掘效率。通过选择特定的维度或粒度进行挖掘，可以更精确地获取所需的知识，同时减少不必要的冗余信息。另一种策略是设置约束条件，以便在多维挖掘中灵活地应对不同需求。用户可以根据具体任务的要求，为挖掘过程设置约束条件，以限制或引导挖掘的方向。这样可以更好地满足用户的需求，同时避免不必要的挖掘复杂性。综合考虑限制维度、粒度和设置约束条件等策略，可以有效应对多维数据挖掘中的挑战，提高挖掘效率和结果的质量。这也是当前研究中集中讨论的问题之一。

4. 知识内容的约束

通过明确需要挖掘的知识范围，例如设定单价超过 10 的交易项目，我们可以显著降低探索成本并加速知识的生成过程。这种方式可以帮助用户集中关注特定领域或感兴趣的信息，而不必处理大量无关或不必要的数据。使用数据挖掘语言或工具来指定约束条件是一种方便的方法，用户可以根据自己的需求定义这些约束条件，以便更好地控制挖掘过程，提高数据挖掘的实用性和可操作性。

5. 针对具体知识类型的约束

由于不同类型的知识在约束方式和应用方面存在差异，因此对这些特定类型的知识进行约束挖掘和开展机制的研究，具有不可忽视的重要性。举例而言，在关联规则挖掘方面，可以通过指定要挖掘的规则形式（如规则模板）等来实现约束。近年来，研究者在基于约束的聚类、关联规则等领域开展了相关工作，以满足不同知识类型的挖掘需求。

10.4.2 系统客观层面

采用"支持度可信度"的关联规则来挖掘度量框架，在某些情况下可能会得到与实际情况不一致的结果。举个例子，我们之前提及的问题是"计算机游戏与录像产品之间存在负相关性"。在最近的几年中，学者们提出了众多策略来重新审视关联规则的客观度量，目的是提高挖掘出的结果的准确性。一种方法是考虑蕴含规则（Implication Rule），由 Brin 等提出。这种方法旨在识别关联规则中真正有意义的蕴含关系，而不仅仅依赖于支持度和置信度。通过引入更多的度量机制，可以更准确地评估关联规则的实际价值。另一种方法是 R-兴趣（R-Interesting）规则度量，由 Chen 等提出。这种方法试图捕捉规则中的兴趣度，以便更好地过滤出有意义的关联规则。通过引入新的度量方式，可以更全面地考虑关联规则的挖掘质量。这些方法旨在提高关联规则挖掘的客观性和质量，使其更符合实际情况，从而更好地支持数据挖掘任务。

第 11 章

深度学习

11.1 深度学习概述

11.1.1 深度学习的神经学启示

虽然人类在每一个时刻都需要处理大量的感知数据,但他们总是能够以巧妙的方法捕获那些值得关注的关键信息。仿效人类大脑以高效和准确的方式呈现信息,一直是人工智能研究领域面临的核心难题。神经科学的研究者们运用解剖学的原理,探索了哺乳动物大脑如何表达信息:他们通过感觉信号从视网膜传到前额大脑皮质,再到运动神经的过程,推测大脑皮质并没有直接处理数据的特征,而是通过一个复杂的分层网络模型,将接收到的刺激信号转化为观测数据的展示规则。换句话说,人脑在识别物体时,并不是直接基于外部世界在视网膜上的映射,而是基于经过聚集和分解处理的数据。因此,视皮层的主要职责是提取和计算感知信号的特征,而不只是简单地再现视网膜的图像。明确的人类感知系统层次结构显著减少了视觉系统处理的数据量,同时也保留了物体的有用结构信息。对于那些需要提取包含复杂结构规则的自然图像、视频、语音和音乐等丰富的结构性数据,深度学习技术能够揭示其核心特性。

受到大脑结构分层次的启发,神经网络研究人员长期以来一直专注于多层神经网络的研究。BP 算法是一种经典的多层网络训练算法,它采用梯度下降方法,并随机选择初始值。然而,由于多层神经网络的输入与输出之间存在非线性映射关系,网络的误差函数或能量函数在空间中呈现出多个极小点的非线性结构。这种复杂性使得搜索最优解的方向仅限于减小网络误差或能量的方向,因此 BP 算法常常局限于局部最优解,尤其是在网络层数增加的情况下,这一问题变得更加严重。

无论是从理论还是实验的角度来看，BP算法都不适合用于训练包含多个隐层单元的深度神经网络结构。这个问题在某种程度上阻碍了深度学习技术的进步，使得大量的机器学习和信号处理研究转向了更易于训练的浅层学习结构，而忽视了深度神经网络的重要性。

传统的机器学习和信号处理方法主要集中在浅层学习结构上，这些结构一般只涉及单层的非线性转换。浅层模型的一个显著特点是它仅包含一个简化的分层结构，这个结构能够将原始的输入信号映射到特定问题的特征空间中。一些代表性的浅层学习框架包括传统的隐马尔可夫模型（HMM）、条件随机场（CRF）、最大熵模型（Max Ent）、支持向量机（SVM）、核回归，以及只包含一个隐藏层的多层感知器（MLP）等。

11.1.2　浅层结构函数表示能力的局限性

深度学习和浅层学习之间存在着显著的差异。当前很多学习方法使用浅层结构进行算法学习，但这些学习方法有其局限性，尤其是当样本数据受限时，其容量受到限制，不能对复杂函数进行有效表达，对复杂分类问题泛化性能有限。相比之下，深度学习采用深层次的非线性网络结构，能够更好地逼近复杂函数，表征输入数据分布式用 $\prod_{i=1}^{n}\sum_{j=1}^{m}a_{ij}x_j$ 表示，并且在数据样本有限的情况下，能够学习到数据集的本质特征。以多项式计算为例，不同的计算方式会导致不同的计算复杂度。如果计算和的积，计算复杂度为 $O(mn)$；而如果计算积的和，计算复杂度为 $O(n^m)$。因此，参数较多的结构不仅训练复杂，耗时较长，而且泛化性能较差，容易出现过拟合问题。尽管浅层学习已经被广泛应用，但是其主要是针对单纯的计算任务而言，很难达到与人脑相似的处理复杂数据的效果，因此需要通过深度学习突破上述局限。总之，浅层学习网络具有显著局限性，促使研究者增加了深度网络的建模研究。

深度机器学习的核心概念是实现数据的分布式表示。在许多传统的学习结构和算法中，学习器通常是基于局部估计的，例如，使用核方法构造的学习器 $f(x) = b + \sum_{i=1}^{n}a_i K(x, x_i)$，是通过对模板的匹配度进行加权得到的。尽管这些方法在某些情况下表现良好，并且可以建立合理的假设，但当目标函数非常复杂时，需要描述的参数空间也会变得非常庞大，导致模型的泛化性能受限。在机器学习和神经网络研究中，分布式表示的概念应运而生，它可以有效地应对高维度数据和局部泛化的限制。分布式表示既能很好地捕获概念间的相似性，又能在数据受限时实现更强的泛化性能。对所接受的信息进行理解与加工是人类认知活动中最关键的一步，由于信息结构一般都很复杂，所以构造深度学习机器对人类认知活动进行仿真就显得十分必要。

11.1.3　特征提取的需要

机器学习是一种通过算法让机器能够从大量输入数据中学习并识别模式的技术。从而实现自动化和智能化的任务处理，如图像识别、语音识别、自然语言处理等，其基本流程如图 11-1 所示。

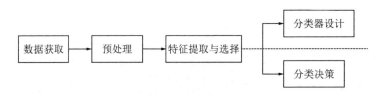

图 11-1　模式识别流程图

数据处理的流程通常开始于数据的采集，通过传感器等设备获取原始数据。接下来，对数据进行预处理，包括数据清洗、去噪和归一化等步骤，以确保数据的质量和可用性。然后，特征提取和特征选择阶段是关键步骤，它们将原始数据转换为具有信息量的特征，以供机器学习算法使用。在传统方法中，这些特征通常需要由人工设计和选择，这是一项耗时且需要专业知识的工作。然而，深度学习技术在这一领域带来了革命性的改变。深度学习模型能够自动学习数据的特征表示，无需人工干预。

深度学习是一种多层次的学习方法，如图 11-2 所示，其核心思想是通过建立多层神经网络，逐层学习和提取数据的特征表示，从而实现对输入信息的分级表达和高级抽象。与传统的浅层学习方法相比，深度学习强调网络模型的深度，通常包括多个隐层，这些隐层逐渐学习到数据的抽象特征，使得模型能够更好地理解和解释外部输入的声音、图像、文本等数据。深度学习的灵感来源于人脑的结构，人脑中的神经元通过多层次的信息传递和处理，实现了对不同层次抽象的理解。类似地，深度学习模型通过逐层的特征提取和变换，可以从原始数据中学习到更加复杂和高级的表示，从而能够预测和识别任务。

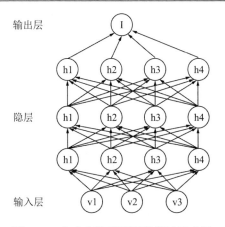

图 11-2 含多个隐藏的深度学习示意图

11.2 深度学习的经典方法

11.2.1 深度学习表示模型和网络结构

深度学习方法旨在寻找数据的内在结构，以揭示变量之间的真实关系。研究表明，数据的表征方式对于训练学习模型的成功至关重要。良好的数据表征能够消除输入数据中与学习任务无关的变化，同时保留与任务相关的信息，从而提高学习性能。在深度学习中，有多种数据表征形式，包括局部表示、分布表示和稀疏分布表示。学习输入层、隐层和输出层的单元均取值为 0 或 1。举个简单的例子，整数 1 属于 $\{1,2,\cdots,N\}$ 的局部表示为向量 $r(1)$，该向量有 N 位，由 1 个 1 和 $N-1$ 个 0 组成，即 $r_j(i) = 1_{i=j}$。另外，分布表示中的输入模式通常由一组特征表示组成，这些特征可能存在相互包含的关系，但在统计意义上是相互独立的。

示例中所描述的相同整数分布代表了有 $\log_2 N$ 位向量，这种表示方式通常更为简洁，并能在降维和局部泛化的限制上起到关键作用。稀疏分布表示位于完全局部表示与非稀疏分布表示的中间位置，其稀疏性在表示向量中表现为许多单元的取值都是 0，这有助于提高表示的效率。针对某一特定任务，选择合适的表达方式是提高学习效果的关键。本书提出了一种新的方法用于描述复杂的问题，即利用多个不同类型的表征方式对输入进行处理。例如，在进行语言建模时，我们可以直接利用词汇表中的索引来表示编码词的特性。而在提取句法、形态学和语义特征时，我们可以通过连接一个向量指示器来表示一个词的分布表示。因此，基于这些描述的模型就能获得较高的精度。在深度学习领域，分布表示经常被采用，因为它带来了众多的益处。聚类算法主要被应用于构建数据的分布表示，这是因为聚类之间本质上并没有包含关系，从而使得分布表示变成了一种高效的数据表示手段。另外，由于统计模型是基于高维稀疏矩阵的，所以利用统计模型对低维空间中的分布表示往往会有较好的表现。除此之外，独立成分分析（Independent Component Analysis，ICA）和主成分分析（Principal Component Analysis，PCA）等技术也经常被采用来构建数据分布的表示方式。为了提高分类准确率，需要对输入空间适当地进行划分以获得较好的效果，可以依据任务的具体需求和数据属性来选择。本书主要研究了基于密度峰值法的特征选取以及基于支持向量回归机和自组织映射网络两种不同分类模型下的特征提取方法。在深度学习领域，常见的表示技术有自动编码器（Auto Encoder）、受限玻尔兹曼机（Restricted Boltzmann Machine <unk>RBM）以及卷积神经网络（Convolutional Neural Networks）等。

11.2.2 自动编码器

在深度学习的众多方法中，利用人工神经网络（Artificial Neural Network，ANN）的架构是其中最为简洁的一种，因为神经网络本质上是一个层次分明的系统。在此方法里，我们首先假定神经网络的输出与输入是一致的，接着通过训练来微调网络参数，从而确定每一层的权重。经过这一流程，我们能够识别出输入数据的I种独特表示方式，每一层都代表着一种独特的表示，这些不同的表示可以被认为是特征。这一流程与主成分分析（PCA）的理念有着相似之处，它有助于识别出能够代表原始数据的关键组成部分。自动编码器的具体过程描述如图 11-3 所示。

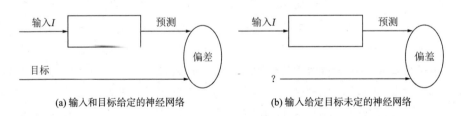

(a) 输入和目标给定的神经网络　　　　(b) 输入给定目标未定的神经网络

图 11-3　神经网络训练示意图

1. 给定无标签数据，用非监督方法学习特征

图 11-3（a）的神经网络中，如果输入的样本具有标签（即有监督学习），那么可以根据输入样本与相应的目标（标签）之间的差异来调整网络的参数，以最小化这种差异。然而，在没有标签的情况下（即无监督学习），见图 11-3（b），那么这个差如何得到？

如图 11-4 所示，在自动编码器的工作过程中，输入数据首先经过编码器部分，产生一个编码表示。这个编码可以看作是输入的一种新的表征方式。接下来,解码器将这个编码解码成一个信息,并尝试将其还原为原始输入数据。如果解码后的信息与原始输入相似,说明编码是有效的。通过不断调整编码器和解码器的参数,使得重构误差最小化,我们可以获得输入信息的第一个编码表示。在这个过程中,因为数据是无标签的,误差是通过直接比较重构结果和原始输入数据来计算的。

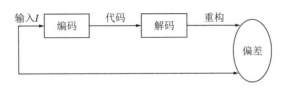

图 11-4 解码编码过程

2. 通过编码器产生特征,并进行逐层训练

上面提到的步骤产生了第一层的编码,接下来,我们使用第一层的编码作为第二层的输入数据,目的是最小化重构的误差,从而获得第二层的参数以及第二层输入的编码,这也代表了原始输入信息的第二种形式。这一流程可以按顺序执行,每一层都采用前一层编码的输出作为输入数据,目的是最小化重构误差以学习相关参数,并据此生成新的编码表示形式。值得一提的是,在对当前层进行训练的过程中,前一层的参数是不变的,并且并不依赖于这些层的解码器。

3. 有监督微调

通过执行上面提到的两个步骤,我们能够生成多层编码器,并且每一层编码器都能提供与原始输入不同的表达方式。尽管如此,目前的自动编码器尚未能直接应用于数据分类,因为它还未掌握如何将输入与某一特定分类关联起来,它仅仅是学习了如何对输入进行重构或再现。换言之,它仅仅掌握了一种优秀的特征描述方式,该方式能在最大限度上保存原始输入信号的相关信息。为了完成分类任务,我们通常需要在自动编码器的顶层编码层上增加一个分类器,如逻辑回归、支持向量机等。接下来,我们可以采用标准的监控训练手段(例如梯度下降)来对整个网络进行培训,目的是学习如何将输入数据映射到特定的分类中。

因此,需要把最后一层的特征编码输入到最终的分类器中,然后利用带有标签的样本进行监督学习,以微调网络。一旦完成了监督训练,这个网络便可以被用来执行分类的任务。通常情况下,神经网络的最高层可以被视为一个线性的分类器,但如果我们需要一个性能更出色的分类器,那么可以考虑用其他方式来替代它。

在相关研究中，我们观察到，将这些通过自动学习获得的特征与已有的特征相结合，不仅可以显著提升分类的准确性，而且在分类问题上的表现甚至超过了当前最先进的分类算法。

11.2.3　受限玻尔兹曼机

玻尔兹曼机（Boltzmann Machine，BM）是一个基于统计学原理的随机神经网络模型，由 Hinton 和 Sejnowski 在 1986 年首次提出。在这一网络结构里，神经元具有随机性，它们的输出状态仅分为两类：未被激活和已被激活，这两种状态通常用二进制的 0 和 1 来表示。神经元的状态数值是基于概率原则来确定的。从功能角度分析，BM 是一个完全由随机神经元连接而成的反馈神经网络，其连接方式是对称的，并且不存在自反馈机制。BM 模型由一个可见层和一个隐藏层组成，如图 11-5（a）所示。BM 拥有出色的无监督学习功能，能够掌握复杂的数据模式。但是，BM 的培训过程确实非常耗费时间。另外，用 BM 来表示的概率分布不能进行精确的数值计算，也很难生成与该分布相匹配的随机样本。因此，为了应对这些挑战，Smolensky 采用了一种名为限制玻尔兹曼机（Restricted Boltzmann Machine，RBM）的技术。RBM 结构仅由一个可见层和一个隐层组成，这两个层次之间并没有内置的连接，具体的结构如图 11-5（b）所示。RBM 展现了几个有益的特性：当确定可见层单元的状态时，每个隐单元的激活状态都是独立的；相对地说，在特定的隐单元状态下，可见层单元的激活状态是独立的。这一特性意味着，尽管 RBM 所描述的概率分布还不能进行精确计算，但我们可以采用 Gibbs 采样技术来产生随机样本。另外，研究者 Roux 和 Bengio 从理论角度证实，只要隐单元数量足够多，RBM 就能适应任何离散的分布情况。

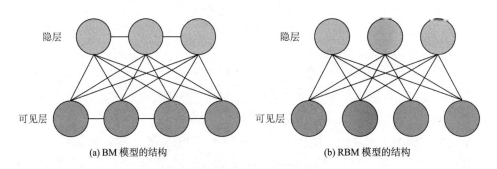

(a) BM 模型的结构　　　　　　　　(b) RBM 模型的结构

图 11-5　BM 和 RBM 模型的结构比较

BM 可以被视为一个无向图的模型，如图 11-6 所示。在这幅图里，v 是可见层的代表，通常用来表示观测数据，h 是隐层的代表，可以被看作是一些特征提取器，而W则代表两层之间的连接权重。Welling 明确表示，在 RBM 中，隐单元和可见单元可以遵循任何指数族的分布模式。这意味着在给定的隐单元和可见单元中，它们可以遵循任何指数族的分布模式，如 softmax 单元、高斯单元和泊松单元等。为了便于深入探讨，我们通常假定所有可见和隐藏的单元均为二值型变量，即对任意的 $i, j, v_i \in \{0,1\}, h_i \in \{0,1\}$。

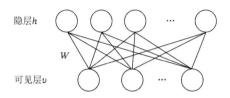

图 11-6　RBM 的图模型表示，层内单元之间无连接

如果一个 RBM 具有 n 个可见单元和 m 个隐单元，用向量 v 和 h 分别表示可见单元和隐单元的状态。其中，v_i 表示第 i 个可见单元的状态。h_j 表示第 j 个隐单元的状态。那么，对于一组给定的状态 (v, h)，RBM 作为一个系统所具备的能量定义如式 (11-1) 所示：

$$E(v, h|\theta) = -\sum_{i=1}^{n} a_i v_i - \sum_{j=1}^{m} b_j h_j - \sum_{i=1}^{n}\sum_{j=1}^{m} v_i W_{ij} h_j \tag{11-1}$$

式中，$\theta = \{W_{ij}, \alpha_i, b_j\}$ 是 RBM 的参数，它们均为实数。其中，W_{ij} 表示可见单元 i 与隐单元 j 之间的连接权重，a_i 表示可见单元 i 的偏置，b_j 表示隐单元 j 的偏置。当参数确定时，基于该能量函数，可以得到 (v, h) 的联合概率分布为（式 (11-2)）：

$$P(v, h|\theta) = \frac{e^{-E(v, h|\theta)}}{Z(\theta)}, \quad Z(\theta) = \sum_{v,h} e^{-E(v, h|\theta)} \tag{11-2}$$

式中，$Z(\theta)$ 为归一化因子（也称为配分函数）。

对于一个实际问题，我们最关心的是由 RBM 所定义的关于观测数据 v 的分布 $P(v|\theta)$，即联合概率分布 $P(v, h|\theta)$ 的边际分布，也称为似然函数（式 (11-3)）：

$$P(v|\theta) = \frac{1}{Z(\theta)} \sum_{h} e^{-E(v, h|\theta)} \tag{11-3}$$

为了确定该分布，需要计算归一化因子 $Z(\theta)$，这需要 2^{m+n} 次计算。因此，即使通过训练得到模型的参数 W_{ij}、a_i 和 b_j，仍旧无法有效地计算由这些参数所确定的分布。

然而，根据 RBM 的独特构造特点（即各层之间存在连接，而层内则没有连接），我们可以确定：在给定可见单元状态的情况下，各个隐单元的激活状态是条件上相互独立的。此刻，第 j 个隐单元的启动概率见式 (11-4)：

$$P(h_j = 1|v, \theta) = \sigma(b_j + \sum_i v_i W_{ij}) \tag{11-4}$$

确实，RBM 的构造具有对称性，这构成了它的一个显著的特点。在隐单元状态确定的情况下，所有可见单元的激活状态均为条件上的独立性，反之情况也是如此。这表明，在 RBM 技术中，可见单元与隐单元之间的连接是没有方向性的，这导致了这种条件的独立性，也就是说，第 i 个可见单元的激活概率为（式 (11-5)）：

$$P(v_i = 1|h, \theta) = \sigma(\alpha_i + \sum_j W_{ij} h_j) \tag{11-5}$$

11.2.4 卷积神经网络

在 20 世纪 60 年代，Hubel 和 Wiesel 的科研团队对猫的视觉皮层细胞进行了深度探索，并首次提出了感受野这一概念，这一概念为后续的神经网络研究产生了新的启示。受到某一理念的启发，Fukushima 后续提出了神经认知机的概念。这一概念可以被视为卷积神经网络（Convolutional Neural Networks，CNN）的起源。感知野的概念在人工神随之后，由 LeCun 等学者设计，并采用了基于误差梯度的方法来培训卷积神经网络（CNN）。与当时的其他模式识别方法相比，它在某些模式识别任务上展现出了卓越的性能。现代生理学对视觉系统的认识与 CNN 的图像处理流程高度一致，这为 CNN 在图像识别领域的实际应用奠定了稳固的理论基石。CNN 成为首个真正有效地运用多层次结构网络进行深度学习的方法，通过探究数据在空间维度上的相互关联，成功地降低了所需训练参数的数量。从当前的情况来看，CNN 在图像识别这一领域已经崭露头角，成为一种非常高效的技术手段。

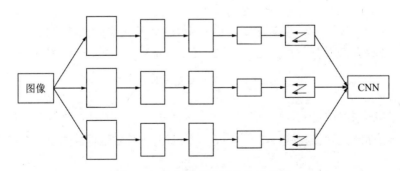

图 11-7　卷积神经网络结构示意图

如图 11-7 所示，CNN 是一个由多个层次组成的神经网络。该结构的每一层都由多个二维平面构成，而每一个平面内都含有多个独立的神经元。在 CNN 系统中，前一层的一组局部单元会被用作下一层相邻单元的输入，这种局部连接的概念最初是由感知器提出的。在处理来自外部的图像输入时，CNN 会采用经过训练的滤波器来执行卷积，并结合偏置技术，这会导致 C_1 层都生成 3 张特征映射图。接下来，特征映射图中的每组像素会分别进行求和并加上偏置，然后通过 Sigmoid 函数来生成 S_2 层的特征映射图。这些特征映射图再次通过滤波器得到 C_3 层，C_3 与 S_2 类似，再产生 S_4。最终，这些像素值经过光栅化处理，并被整合为向量输入到神经网络中，从而实现了输出结果。通常情况下，CNN 的 C 层充当特征提取的角色，其中每一个神经元的输入都与前一层的局部感受野相连接，目的是抽取局部特征，并确定这些特征在空间上的相对位置。S 层被定义为特征映射层，在这一层中，每一个特征映射都显示出位移不变性，并且在每一个平面上神经元的权重都是一致的，这有助于减少网络参数的数量，从而降低参数选择过程的复杂性。每个特征提取层（C 层）都会跟随一个计算层（S 层），用于求取局部平均和进行二次特征提取，这种结构允许网络在识别输入样本时具有良好的畸变容忍性。每个神经元都有对应的接受域，它只接收来自其接受域内的信号。多个映射层的组合可以捕获层之间的关系和图像上的空间信息，从而有助于进行图像处理。

  CNN 作为人工神经网络的一种，展现出了卓越的适应能力，特别是在数据局部特征的挖掘方面。其权值共享的结构设计更贴近生物神经网络，从而降低了网络的复杂度和权值数量，这使得它在多种模式识别任务中得到了广泛的应用，并已取得了显著的效果。CNN 的独特之处在于它融合了局部感知区、权重共享以及在空间和时间上的降采样等功能，这有助于最大化地利用数据的局部特性，同时对网络结构进行优化，并在某种程度上确保位移的稳定性。LeNet 模型是由 Lecun 首次提出的，它已经在多种图像识别任务中成功得到了应用，并被视为通用图像识别系统中的一个典型代表。随着科学研究逐渐深化，CNN 在人脸识别、文档解析、语音识别以及车牌识别等多个应用场景中的使用越来越普遍。在 2006 年，Kussul 及其团队推出了一种基于排列编码技术的神经网络解决方案，该方案在人脸识别、手写数字识别以及小型物体识别等多个任务上，实现了与专门的分类系统相当的性能表现。另外，在 2012 年，科研团队采用了连续视频帧作为 CNN 的输入，并融入了时间维度的数据，这使得网络可以准确地识别人体动作。

11.3 深度学习的应用

11.3.1 深度学习在语音识别、合成及机器翻译中的应用

  微软的研究团队利用深度信念网络技术对成千上万的 Senones（一个音素较

小的建模单元）进行了直接建模，并首次成功地提出了一个适用于大规模词汇语音识别系统的上下文相关的深层神经网络模型，这一模型被命名为隐马尔可夫混合模型（CD-DNN-HMM）。与之前采用常规 CD-GMM-HMM 的大规模语音识别系统相比，这一创新技术成功地将相对误差减少了超过 16%。随后，研究团队在 Switchboard 标准数据集上（该数据集包含了 300 小时的语音训练数据）对 CD-DNN-HMM 模型进行了深入评价。在标准测试阶段，字词的错误率达到了 18.5%，与传统系统相比，这种新方法成功地将错误率降低了 33%。

K.Cho 和他的团队提出了一种被称为 RNNenc 的向量化定长表示模型，该模型是基于循环神经网络（Recurrent Neural Network < unk >205fRNN）技术构建的，主要用于机器翻译领域。这一模型是由两个 RNN 构成的：一个负责将一组原始语言的符号序列编码为一组固定长度的向量，而另一个则负责将这些向量解码为一组目标语言的符号序列。

基于 RNNenc 模型，D.Bahdanau 及其团队提出了 RNNsearch 的新模型。该模型在翻译过程中，充分考虑了每个单词在原始文本中的具体位置和已翻译的其他单词，能够更准确地预测目标语言中与源语言单词有关的翻译情况。RNNsearch 模型由一个名为双向循环神经网络（Bidirectional RNN）的编码器和一个用于单词翻译的解码器组成。

采用多层感知机模型来预测目标单词的位置是 RNNsearch 模型的一个显著特性，这有助于提高翻译的准确度和品质。利用 BLEU 的评估标准，RNNsearch 模型在 ACL2014 机器翻译研讨会的英法双语并行语料库中获得了相当高的评价，这一评分稍微低于传统的基于短语的翻译系统 Moses。在处理含有未知词汇语句的测试数据时，RNNsearch 模型的评分甚至超越了 Moses，这表明它在处理具有挑战性的文本情境时具有显著的优势。

11.3.2 深度学习在图像分类及识别中的应用

A.Krizhevsky 和他的团队首次在 ImageNet 大规模视觉识别挑战赛（ILSVRC）中引入了深度卷积神经网络技术，这标志着深度学习在计算机视觉领域取得了重大进展。在 ILSVRC-2012 挑战赛上，他们培训的深度卷积神经网络表现出色：在图像分类任务中，前 5 个选项的错误率仅为 15.3%，这明显低于排名第二的 26.2% 的错误率，这充分证明了深度卷积神经网络在图像分类任务上的卓越表现。在执行目标定位任务时，前 5 个选项的错误率仅为 34%，这一数字明显低于排名第二的 50%，这进一步印证了深度学习在该任务中所展现出的卓越性能。在 ILSVRC-2013 的比赛期间，M.D.Zeiler 和他的团队持续优化深度卷积神经网络技术，成功地将前 5 个选项的错误率减少到了 11.7%。如果使用 TLSVRC-2011 的数据预先进行训练，那么错误率有可能降至 11.2%。这一发现证实了深度学习模型在处理大规模视觉识别任务时，其泛化能力和性能都在持续地提升。除此之外，P.Sermanet 和他的团队还运用了卷积神经网络与多尺度滑动窗口相结合的技术，成功地完成了图像的分类、定位以及多任务检测任务。这一技术在处理多目标检测任务时展现出了卓越的性能。尽管在特征提取的过程中并未采用深度学习模型，但通过使用卷积网络分类器进行重新评分，它在分类任务中依然取得了成功。

在 TLSVRC-2014 的竞赛中，深度卷积神经网络展现出了卓越的性能。绝大多数的参赛团队都采纳了这种技术或其衍生技术，并取得了令人瞩目的表现。例如，GoogleNet 团队使用了结合 Hebbian 理论的卷积神经网络多尺度模型，并以 6.7% 的显著分类错误率荣获了图像分类"指定数据"组的首位。这突显了深度学习在图像分类任务上的卓越表现，以及多尺度模型在提升分类准确度方面的关键作用。CASIAWS 小组运用了弱监督定位与卷积神经网络相结合的策略，成功地在图像分类的"额外数据"组中取得了第一名的成绩，其分类错误率达到了 11%。这进一步印证了深度学习在处理大型视觉识别任务时的卓越性能，特别是在处理附加数据过程中。

在 TLSVRC-2014 的目标定位任务中，不同的小组使用了深度学习技术，并取得了显著的成绩。例如，VGG 小组采用了深度学习框架 Caffe，并使用了 3 个结构不同的卷积神经网络进行平均评估，以 26% 的定位错误率获得了"指定数据"组的第一名。这证实了深度卷积神经网络在目标定位任务上的卓越表现，同时也展示了在不同的网络架构中进行平均评估的高效性。Adobe 团队使用了额外的 2000 种 ImageNet 数据来培训分类器，并采用了卷积神经网络的架构来进行分类和定位。他们凭借 30% 的错误率荣获了"额外数据"组的首位。

在执行多目标检测任务时，各个小组使用了各自独特的深度学习技巧和方法。在 TLSVRC-2014 的比赛中，NUS 小组成功地结合了改进的卷积神经网络（Network In Network，NIN）和多种其他技术，以 37% 的平均准确率（Mean Average Precision，MAP）荣获了"提供数据"组的首位。这意味着他们的模型在处理多目标检测任务时展现出了卓越的性能，而 MAP 是一个经常被用来评价目标检测效果的标准。GoogleNet 凭借其 44% 的平均准确性荣获了"额外数据"组的首位。

图像识别领域因深度学习方法的兴起而经历了深刻的变革。该技术在 ILSVRC 挑战赛中首次使用时就展现出了卓越的性能，截至 2014 年，几乎所有的参赛团队都已经采纳了深度学习的策略，并成功地将图像分类的误差率减少到只有 6.7%。这种发展趋势明确地揭示了深度学习技术与传统手工特征抽取手段相比所具有的显著优越性。

11.3.3 深度学习在人脸识别中的应用

在人脸识别任务中，基于卷积神经网络的学习策略已经取得了非常显著的效果。以下展示了两个具有代表性的项目在人脸识别性能方面的表现：由香港中文大学实施的 DeepID 项目在户外人脸识别（Labeled Faces in the Wild，LFW）数据库中实现了令人震惊的人脸识别准确率，高达 97.45%。这个项目使用了一个 4 层的卷积神经网络架构，并通过深度学习技术来提取关键特征，从而达到了与人类相似的性能表现。Facebook 的 DeepFace 项目在 LFW 数据库上实现了惊人的 97.35% 的人脸识别准确率。该项目使用了一个 5 层的卷积神经网络架构，在这其中，后 3 层并没有使用权值共享机制，以便获取各种不同的局部统计特性。这样的架构设计让网络有能力更精确地捕获人脸图像中的细微信息，进而显著提升人脸识别的整体性能。

随着深度学习技术的持续进步，香港中文大学的 DeepID2 项目在人脸识别这一领域已经取得了令人瞩目的成果。他们成功地将识别准确率提升至令人震惊的 99.15%，这一数字不仅超越了当时所有先进的深度学习和非深度学习算法在 LFW 数据库上的表现，而且还略微超过了人类在同一数据库上的识别能力。DeepID2 项目采纳了一种深度的结构设计，它包括 4 个卷积层。在这 4 层中，第 3 层使用了 2×2 邻域的局部权值共享方式，而第 4 层并未使用权值共享。此外，输出层与第 3、4 层都实现了完全的连接。

11.3.4 深度学习在视频分类及行为识别中的应用

A.KarPathy 和他的团队在大规模视频分类的研究中，提出了一个基于卷积神经网络（CNN）的经验评估模型。这个模型专门针对 Sports-1M 数据集中的 100 万段 YouTube 视频数据，并将其细分为 487 个不同的类别。为了对这个模型进行训练，他们使用了 4 种独特的时空信息整合技术，这些技术包括单帧、两帧之间的不相邻、连续的多帧以及多阶段的连续多帧融合策略。除此之外，他们还设计了一种具有多分辨率的网络架构，目的是提高神经网络在处理大规模数据时的训练效率。在 Sports-1M 数据集上，该模型表现出色，其分类的准确性高达 63.9%。相较于基于人工特征的方法（55.3%），该模型展示了显著的性能提升。此外，该模型也展示了出色的泛化性能。当仅通过多阶段相邻多帧方法进行训练时，UCF-101 动作识别数据集上的识别准确率高达 65.4%，而在该数据集上，基准识别率仅为 43.9%。

S.Ji 和他的团队设计了一个用于行为检测的三维卷积神经网络模型。这个模型的显著特性在于，它利用时空域的三维卷积技术来抽取特征，从而捕获多个邻近帧间的动态信息。该模型接受视频帧作为输入，基于这些帧产生了多个特征图通道，并整合了所有通道的数据，从而得到了最后的特征描述。研究表明，在 TRECVID 数据集上，该三维卷积神经网络模型比其他方法更优，这表明该方法在处理真实环境数据时表现出色。但是，在 KTH 数据集上，这个模型的表现并不如其他技术，主要原因是为了简化运算过程而减少了输入数据的清晰度。

M.Baccouche 和他的团队提出了一个时序深度学习的模型，此模型能够在不依赖任何先验知识的前提下，对人体行为进行学习和分类。该模型的核心步骤涉及将卷积神经网络拓展至三维空间，以便自动获取时空特性，接着采用循环神经网络（RNN）技术对各个数据序列进行分类处理。基于 KTH 数据集的实验结果显示，该模型在性能上超越了其他已知的深度模型，特别是在 KTH1 和 KTH2 数据集上，其分类准确率分别高达 94.39%和 92.17%。深度学习的应用范围并不仅仅局限于此。本研究专门针对不同的数据维度（如一维：图像；二维：视频；三维：音频文本）进行了深度学习应用的深入探讨，旨在强调深度学习在多种数据类型中的卓越表现和广泛适用性。深度学习在其他领域的应用还涵盖了图像的超分辨率重建、纹理的辨识、行人的识别、场景的标识以及门牌的识别等功能。

11.4 深度学习的总结与展望

11.4.1 研究现状

随着深度学习技术的普及，众多创新的算法层出不穷。在 2010 年，一种名为判别深度置信网络（Discriminative Deep Belief Networks，DDBNs）的创新半监督学习方法被提出，并在可视化数据分类任务中得到了成功的应用。DDBNs 融合了非监督学习的广泛应用性和监督学习的识别能力，因此，在合成数据集和真实世界的数据集上展示了令人印象深刻的学习性能。2013 年，我国的研究人员推出了一种名为卷积深度网络（Convolutional Deep Networks，CDN）的半监督学习方法，其主要目的是解决深度学习领域中的图像分类难题。在 CDN 的预训练过程中，研究人员采纳了非监督正则化技术，并结合边际 Fisher 准则对特征进行了进一步限制。基于此，他们提出了一种基于深度学习的边际 Fisher 分析特征提取方法，简称为 DMFA（Deep Marginal Fisher Analysis）。该算法显著地提升了图像识别的准确性，给模式识别领域的特征提取问题带来了新的突破。

研究者们正面对一个紧迫的问题，那就是如何采用深度学习技术来解析个体的思维模式和情感反应。为了达到这样的理解水平，首先要设计一个能够捕捉人们情感的算法，接着进一步研发能够解读多维度情感的方法。为了应对自然语言领域中的情感分析难题，研究人员推出了众多创新的计算方法。最近，斯坦福大学的研究生 Richard Socher 与 Google 深度学习项目的工程师 Andrew Ng 等联合开发了一种名为 Neural Analysis of Sentiment（NaSent）的全新深度学习算法，该算法的主要目的是更深入地理解书面表达中所蕴含的情感。NaSent 致力于研发一种算法，该算法能在没有监督的环境中执行。词汇的意义可能会因不同的语境而有所变化，这使得即便是语言专家也难以准确地定义语言中的情感。深度学习模型的诞生是为了应对这些挑战。现阶段，被广泛采用的情感分析技术被称为"词袋"模型，这种模型并没有涉及词汇的排列顺序。在词袋模型里，单词被标识为正面或负面，然后通过计数来推测整个段落或文本的情感是正面还是负面。尽管如此，部分研究者持有这样的观点：把词汇当作一个单独的单位来分析是不够精确的，而在进行情感分析时，应该考虑将词汇置于更广泛的语境和结构之中。Socher 和他的团队从影评网站 Rotten Tomatoes 中搜集了 12000 个句子，并将这些句子细分为 214000 个词组，每个词组都用数字表示为负面、中性或正面。计算机科学专家把这些数值描述称作"特征描述"，这一方法与人类大脑对概念和定义的理解有着相似之处。NaSent 算法的关键在于对这些标记数据的分析和组织，它已经取得了明显的成果，将情感分析的准确性从 80% 提升到了 85%。

11.4.2 未来发展

在经过几十年的大量研究后，深度学习领域已经取得了一定的进展，实验证明了其出色的学习性能。然而，深度学习仍然面临许多需要解决的问题。未来深度学习的研究需要集中关注以下 5 个方面：理论分析、数据表示与模型、特征提取、训练与优化求解以及研究拓展。

1. 理论分析

深化对深度学习和模型的理论探索和理解，是目前迫切需要解决的课题。至今，深度学习模型的训练难度依然是一个尚未解决的问题。这一复杂问题受到多种因素的影响，包括深度结构神经网络的分层复杂性，非线性神经元的存在，以及梯度下降等优化方法的局限性。从另一个角度看，随着深度结构神经网络的深度逐渐加深，局部极值的数目和构造也经历了显著的变化，这使得训练过程变得更为复杂。问题的根源在于监督训练准则中存在众多的不良局部极值，还是因为这些训练准则对于优化算法来说太过复杂，这一点还需要进一步深入探讨。此外，在堆栈自编码网络的学习过程中，对于模型是否有适当的概率解释、深度学习模型中似然函数梯度的方差和偏差的估计，以及是否存在容易求解的 RBM 配分函数的近似函数等方面，都需要进行深入探讨。

2. 数据表示与模型

数据的呈现方法对学习效果起到了决定性的作用，现在已经出现了多种不同的表示策略，如局部表示、分布表示和稀疏分布表示等。尽管如此，仍有很多尚未解决的疑问，比如是否有其他的数据表示方法，是否可以通过加入稀疏惩罚项来提高 RBM 和自编码模型的训练效果，以及如何对这些模型进行优化。此外，是否可以采用凸模型来替代 RBM 和自编码模型，以及是否可以通过非参数的能量函数来增加 RBM 的容量，这些都是需要进一步研究的问题。除了已经存在的深度学习模型，例如卷积神经网络、DBN 和堆栈自编码网络，我们还需进一步研究其他更为高效的深度学习方法。此外，是否有可能调整现有的概率模型以简化训练过程，以及是否存在其他在理论或实际应用中都有效的学习深度学习模型的策略，这些都是亟待深入探讨的问题。目前，像 DBN-HMM 和 DBN-CRF 这样的方法在利用 DBN 的潜能上尚未得到充分的发掘。因此，我们需要对 DBN 的结构特性进行更为深入的探讨，最大化地发挥其内在优势，并探索更为有效的策略来建立深度学习模型。在这个研究过程中，我们可以考虑采用社交网络、基因调控网络、结构化建模理论和稀疏化建模等相关理论，以扩展深度学习模型的应用范围。

3. 特征提取

除了高斯伯努利模型，还有其他多种模型可以用于从特征中抽取关键的判别信息。未来，我们需要提出有效的理论和方法，来指导每一层在寻找更适合的特征提取模型时的选择。尽管自编码模型在保留输入信息上展现出了明显的优越性，但我们仍需探讨使用 CD 进行训练的 RBM 是否也能维持这些输入信息，以及在不能维持输入信息时应如何进行调整。对于像树和图这样的结构化数据，由于其尺寸和结构的变化性，用向量来描述其中的信息变得相当困难。在未来的研究中，我们需要深入探讨如何将深度学习模型进行泛化，以便更有效地呈现这些结构化数据所蕴含的信息。现有的生成式预训练结合判别式微调学习方法，在众多任务中都展现出了不错的效果，但在某些特定任务中可能会遭遇失败。在处理这些任务时，特征提取阶段的数据似乎可以描述语音的变化，但这还不足以区分不同的语言。为了在未来的研究中更有效地提取关键特征，我们需要引入新的学习方法，这将大大减少深度学习系统所需的模型规模。

4. 训练与优化求解

在使用基于梯度的算法对随机初始化的深度结构神经网络进行训练时，通常会遇到一些困难。这可能是因为深度结构神经网络包含多层结构，每一层都包含多个非线性神经元，这增加了整个网络的非线性程度，从而使得基于梯度的优化方法出现梯度下降、难以找到全局最优解等问题。另外，随着网络深度的逐渐加深，局部极值的数目和构造都会经历定性的变化，这无疑增加了培训过程中的复杂性。产生式预训练方法的有效性部分归因于它通过分层的网络训练，使得初始参数更趋近于全局最优解，进而有效地解决了局部最优解的问题。虽然贪婪逐层预训练算法在最小化训练数据的似然函数方面已经取得了一定程度的成功，但该算法的效果还需要进一步研究，包括是否存在过度贪婪的算法，以及是否有其他类型的算法能提供深度结构神经网络的局部训练信息。尽管无监督分层训练在深度学习模型的培训中起到了一定的助益，但它仍然面临局部极值的挑战，并且不能充分挖掘数据集中的全部信息。在未来，我们需要探索更为高效的优化方法以应对这些挑战，这包括研究基于连续优化的策略是否适用于优化深度学习的培训流程。虽然二阶梯度方法和自然梯度方法在理论研究中已被证实对深度学习模型的训练是有效的，但它们目前还未成为深度结构神经网络优化的标准算法。为了确定这些算法是否能够替代微批次随机梯度下降等其他算法，未来的研究工作需要对它们进行验证和优化。另外，为了有效地处理大数据集，我们需要设计出在理论上切实可行的并行学习方法，这样可以最大化地利用计算资源并加快深度学习模型的培训速度。

5. 研究拓展

在深度学习这一领域内，自适应技术以及高维数据鲁棒性算法的进步都被视为关键的研究方向。当测试数据集与训练集的分布存在差异时，深度学习模型的表现往往不尽如人意。因此，有必要引入更多的自适应方法，以更好地适应各种数据分布，并增强模型的稳健性。此外，在处理半监督学习和自监督学习的场景时，深度学习算法需要在这些特定情境下表现得更为出色，并在性能方面超过现有的半监督学习算法。深度学习模型中的监督与无监督标准的结合仍需进一步探讨，目的是提高模型的表达效果和整体性能。最后，研究者们需要深入研究深度学习模型是否能在计算性能上与人类在多种人工智能任务中的表现相当接近，这无疑是一个极具挑战性的议题。

第 3 部分

商务智能应用

第 12 章

数据挖掘在电子商务中的应用

12.1 网站结构优化

在网站结构优化这一领域内,研究团队在多个不同的时间节点上提出了多样化的策略和观念,目的是提升用户的使用体验以及网站的自适应能力。在 1997 年,Mike Perkowitz 和 Oren Etzioni 首次提出了自适应网站的理念,该理念的目的是通过学习用户的访问行为,来自动调整网站的组织结构和内容展示方式。在这其中,他们采用了 PageGather 算法,该算法是通过分析服务器日志中的用户访问数据来构建用户访问模式的关联图的。接下来,我们通过对网页的分类,创建了能够反映用户兴趣的索引页面,从而优化了用户的浏览体验。但是,这种算法有局限性,比如管理员必须手动决定哪些聚类可以作为索引页面的候选集合。此外,该算法的相似性评估主要是基于页面间是否存在链接连接,而没有涉及页面的具体内容,这可能不能完全展现出用户的喜好和网站的内部构造。

在 2001 年,Yen 等香港大学的研究团队提出了一个新的策略,该策略的目标是通过提高网页的可达性和知名度来进一步完善网站链接的结构。他们采用了一种名为"无权有向图"的表示方式来展示网站,并运用了一种层次化的策略,该策略综合考虑了网页的期望链接数量和访问频率,以优化网站结构。更具体地说,他们用链接数来表示网页的可达性期限,用访问率来衡量知名度,并假定可达性与知名度之间存在正比关系。但是,这种简化的表达方式可能遗漏了现实生活中的一些复杂元素。比如说,一个网站的知名度不只是基于其访问量,还可能受到用户数量等多种因素的影响。在特定的场合下,如果一个用户经常点击某个网站,该网站的知名度有可能会急剧增加,进而可能引发不必要的网站架构调整。

在 2007 年,Hamed Qahri Saremi 和他的团队采用了图论方法来构建网站模型,并进一步将二次分配问题(Quadratic Assignment Problem)应用于网站链接结构的深入分析中。他们致力于通过网页的定位分配策略来增强网站的用户友好性，从而为用户带来更优质的导航体验。更具体地说，他们使用了启发式蚁群算法来处理二次分配的问题，目的是确定网页的最佳位置，进而优化网站的整体结构。在确定网页间的距离时，他们综合考虑了多种变量，如访问频率、网络连通性以及页面的深度等。不过，这一方法存在一定的局限性，主要是因为它高度依赖于当前的网站架构，并未充分考虑页面内容间的相互关联性。

在 2008 年，黄艳欢和她的研究团队提出了一种基于合作反馈机制的蚁群优化算法，该算法用于分析网站之间的关联性，并根据用户的访问日志生成相应的系统推荐。他们的研究目标是优化传统的蚁群算法，以更好地满足网站结构的优化需求，并提高蚂蚁间的合作和反馈能力。这种方法的优化是协同过滤机制的一种改进，它旨在通过蚂蚁的合作来提升网站结构的质量，并根据用户的行为生成个性化推荐。尽管如此，这种方法依然有其固有的局限。首先，协同过滤方法本身也存在一些局限性，例如在处理冷启动问题时（如何为新用户或新网站推荐），其效果可能并不理想。再者，这种方法更多的是从用户的视角考虑，而忽视了网站结构的独特性和它们之间的互动。

在 2009 年，王洪伟和他的团队提出了一种结合 Web 挖掘和站点拓扑结构的新方法，目的是筛选网站中的关键节点，并采用高亮显示、动态地图和缓冲预取的策略，为用户提供自适应的服务。这一方法的核心理念是，通过对网站的拓扑结构和若干关键指标，例如节点的连通性、深度、偏好和地标系数等，进行深入分析，来识别哪些节点在网站中起到了关键作用，并为用户提供所需的服务。不过，这种方法确实有其固有的局限。首先，该系统需要手动调整多个参数，这可能会受到主观因素的干扰，从而导致结果的可重复性和稳定性不佳。接下来，我们选择将访问路径的长度和节点的减少率作为评估标准，但这些建议可能并不完全真实地展现方法在实际场景中的表现。

在 2009 年的时候，程舒通和他的团队将网站的结构优化模型总结为四大核心环节，它们是数据的收集、前期处理、模式的识别和深入分析。他们在文献资料中深入阐述了各个部分涉及的核心算法和相关技术，并对该领域未来的发展趋势进行了预测。

在 2010 年，Shian-Hua Lin 及其团队提出了一种创新的网站地图生成器技术。该技术的核心是根据网页 HTML 文件的内容、超链接等特性，将其划分为多个部分，并对这些部分进行聚类处理，从而生成一系列与内容和链接相关的网页集合。接着，对这些集合进行层次划分，最终形成完整的网站地图。这种方法为网站地图的创建提供了一个全面的解决策略。不过，这一方法存在一个局限性，即它并未充分考虑到用户的访问习惯。因此,所创建的网站地图在呈现用户的需求和行为上可能会有一些不准确之处。

在 2012 年,M.R.Martinez-Torres 和他的团队提出了一种利用渐进式因子分析来估算网站结构的挖掘技术。这种方法的核心理念是将网站的架构拆分为两部分:域网(Domain Net)和页面网(Page Net),并把它们看作是社交网络。接下来,通过对该网络内多个变量的深入分析,我们使用了渐进式遗传算法以确定最优的站点布局。虽然这种方法综合考虑了网页内容、链接等多种元素,但它的确有其固有的局限。在这其中,由于与众多的相关因子和相对复杂的选择流程有关,计算过程变得更为复杂。

在 2013 年,来自中国台湾的 Peng-Yeng 及其团队提出了一种名为 ETS(Enhanced Tabu Search)的新算法。该算法通过优化禁忌搜索(Tabu Search)算法并加入自适应禁忌列表,来解决在多种约束条件下网站结构的优化问题。这一算法综合考虑了多种限制因素,如连通性、出度、基础链接、网页分类、账户的安全性以及网站的深度等,目的是更好地优化网页的访问路线。然而,在文献资料中明确提到,ETS 算法对于网站的规模设置了相当严格的约束,特别是在处理大规模网站的过程中,网页数量的增长可能会显著延长算法的执行时间,因此不太适合用于大型网站的优化工作。

在 2015 年,吴小欣针对 ASP.NET 网站的系统设计和性能提升进行了深入探讨,目的是增强网站的性能和可承受性。为了优化 ASP.NET 网站系统和性能,我们从分离 Web 与 DB 服务器、分离式图片服务器、页面优化和逻辑层优化等多个方面进行了全面改进。这些改进显著优化了网站在高访问量环境下的稳定性和多并发现象,同时响应速度也提升了 20%。

在 2020 年的时候,高尚建和他的合作伙伴都强调了公司进一步优化内部网站搜索引擎的迫切性。随着信息技术时代的进步,企业内部形成了复杂的多层次网络结构,如何更高效地运用这些网络资源已经变成了企业信息化进程中的核心任务。在当前的情境中,为了各个部门和专业人士能在网站上有效地访问各类有价值的信息资源,执行高效且出色的搜索引擎优化显得尤为关键。为了对网站的搜索引擎进一步优化,研究团队进行了深入分析,包括了网站的结构调整、关键词之间的竞争分析、网站内部界面的改进以及外部链接的构建。

除此之外,还有其他一些研究人员也提出了各种不同的策略,以优化网站的结构和链接。例如,Corin、LemPel 和 Rafiei 等学者采用了基于马尔可夫链的方法,以评估网站链接或页面的知名度。王有为和他的团队使用了经过优化的 PrefixSPan 算法,目的是在用户的访问序列中找出常见的模式,并据此生成推荐的网页集合。

Asllani 和杜华等学者通过对多个约束条件的深入分析和总结，采用遗传算法对网站的结构进行了优化，目的是减少网页的平均负担并提升其整体表现。

在优化网站结构的研究中，目前的焦点主要是利用 Web 日志数据挖掘技术来深入探讨页面结构和访问顺序。不过，有几个焦点和发展趋势确实值得我们关注。首要的是，绝大部分的研究更倾向于关注网页内容，而不是它们的访问顺序。由于网页通常作为用户与网站互动的核心平台，因此对其进行优化和高度关注是非常必要的。其次，在分析网页内容时，研究人员往往更多地集中在链接间的相互联系上，而相对较少地关注网页内容间的相互关联性。这种情况可能会在某种程度上降低分析结果的准确性，因为内容的相关性对于用户体验和获取信息都是至关重要的。另外，有学者将网站结构的优化划分为两大类：一种是基于用户行为来评估网站结构的问题，而另一种是基于站点模型的方法，这种方法不考虑用户行为对网站结构的影响。

对网站的结构进行优化，有助于增强用户的使用体验，提高网站的访问量，并为其创造更多的经济价值。随着互联网技术在多个行业中的广泛应用，网站的种类和数量都在持续增长，这也意味着这项技术的使用范围将进一步扩大。

12.2 智能搜索引擎

搜索引擎主要是由信息提取系统和用户交互界面这两大核心部分组成的。在信息提取系统里，网络机器人的主要职责是从互联网中提取网页的信息，接着进行文本的分析和处理，这包括但不仅限于提取关键词或标签、生成自动摘要和自动分类文档等步骤，最后形成一个用于搜索的索引库。

搜索引擎系统由信息提取系统和用户交互界面两个主要组成部分构成。信息提取系统利用网络机器人捕获互联网页面，并对这些页面深入进行文本分析，这包括索引项的提取、自动摘要的生成以及文档的自动分类等步骤，最后成功构建索引库。一旦索引库建立，搜索引擎将能够接受用户的查询请求，并利用文档相似性算法在索引库中搜索与用户需求有关的文档。在对文档进行适当排序之后，搜索引擎会将其搜索结果反馈给用户，包括文档的标题、摘要、创建的日期以及文档所处网站的链接等详细信息，以满足用户对信息的各种需求。

根据传统的分类方式，搜索引擎主要可以被划分为两大类：一是索引搜索，二是网站目录搜索。像 Google 这样的索引搜索引擎，是通过创建互联网页面的索引来进行搜索的。网站目录搜索引擎，例如 Yahoo，为用户提供了一个按照主题进行分类和整理的网站目录。如今，众多的搜索引擎已经融合了这两种技术，允许用户在整个网络页面上进行搜索，同时也能根据特定的主题或种类进行查找。除此之外，还出现了多种创新的搜索服务，如产品搜索、新闻检索、多媒体信息检索等，以满足各种不同的用户需求。下一步，我们会逐一解析这些搜索引擎所涉及的各种技术。

12.2.1 网络机器人

网络机器人，通常被称为网络蜘蛛或爬虫，在互联网领域被广泛用于数据采集、信息搜索、链接维护等任务。在搜索引擎中，网络机器人扮演着关键的角色，主要负责两个核心功能：一是分析和获取互联网上的链接信息；二是抓取各个链接指向的网页内容。这些功能使得搜索引擎能够构建庞大的索引数据库，以便为用户提供高效的信息检索服务。网络机器人在执行任务时需要具备一定的智能和功能，主要包括以下几个方面：

（1）链接提取与处理：网络机器人应能够有效地提取网页中的链接，并排除无意义的链接，如广告等。它还应处理链接中的拼写错误，以确保准确的链接分析。

（2）重要性判断：机器人需要判断页面上各个链接的重要性，以确定哪些链接值得进一步探索和抓取。这需要考虑链接的权重、页面的相关性等因素。

（3）处理无效链接：网络机器人应当能够分析和处理无效的死链接（指向不存在的页面）和黑洞式链接（指向无限循环的页面），以维护链接的质量和有效性。

（4）链接跟踪：机器人需要能够识别已经访问过的链接，以避免重复抓取相同的内容，从而提高效率和节省资源。

（5）更新机制：机器人应当具备及时更新链接内容的机制，以捕捉链接内容的变化，确保搜索引擎索引库中的数据保持最新。

（6）请求控制：为了不对服务器造成过大的负担，机器人应当具备请求频率或速度的控制机制，以遵守网站的访问规则和礼仪。

在特定领域信息搜索中，网络机器人扮演着重要的角色，其智能功能至关重要。首先，它们必须能够评估文档的相关性，以便过滤掉与搜索主题无关的文档，从而减少索引的混乱，提高搜索结果的准确性和可用性。此外，当网络机器人在特定范围进行信息搜索时，例如在某一网站内，它们还需要具备过滤超出范围的链接的能力，以确保只抓取和索引与搜索范围相关的内容，从而提高搜索效率和精度。

在上面提到的各项要求里，信息的即时更新被认为是最显著的需求之一。随着网络上的网站和页面数量急速上升，确保搜索引擎索引数据库的实时更新变得尤为关键。随着时间的推移，搜索引擎能够覆盖互联网上所有页面的能力正在逐步降低，因此，构建一个高效的内容更新和变动控制系统变得尤为重要。一个不容忽视的问题是，对于网络机器人在运行过程中对服务器资源的消耗和带宽的占用，需要进行有效控制和监控。虽然随着互联网服务器的性能进步和带宽的扩大，这种矛盾得到了一定的缓解，但是开发人员仍然面临着设计高度智能且对服务器资源影响较小的网络机器人的技术挑战。

在设计网络机器人的搜索算法时，存在两个核心策略：宽度优先策略和深度优先策略。宽度优先的算法在搜索过程中表现出色，但在某些情况下可能会导致算法在特定区域停留的时间过长。与其他方法相比，深度优先算法在发现新站点方面更为高效，但在获取信息的速度上稍显缓慢。这两种策略都有其各自的长处和短处，所以在实际操作中，我们需要根据实际状况做出适当的权衡和妥协。为了确保一个算法在各种环境下都能稳定运行并展现出良好的性能，它必须经历漫长的实践检验。

12.2.2 文本分析

在互联网上，你可以找到各种不同的文件格式，包括但不限于文本、图片、音频以及视频。但是，当大部分人使用搜索引擎时，他们主要进行的是文本检索。尽管某些搜索引擎为用户提供了搜索多媒体文件（例如图像和 MP3）的能力，但它们在处理这些文件时仍然高度依赖其中的文字内容和标注。虽然已经积累了一些关于搜索视频文件基本内容的研究，但在实际的互联网应用中，仍然存在一些差距。因此，目前网络数据挖掘的研究焦点主要是集中在文本分析这一领域。文本分析所涵盖的研究领域包括索引项的提取、自动摘要的生成、自动分类器的构建以及文本聚类等多个方面。这些文本分析技术主要依赖于文本内所包含的词语、超文本标识以及超链接等多种信息。

索引项在数据搜索中起着关键的作用，它们是计算机进行搜索的基础。通常，搜索引擎会将网页中出现的词汇作为索引项，但有时也会使用更复杂的技术来确定索引项，这些技术可以根据文档中包含的概念来确定适当的索引项。

在中文搜索引擎领域，词汇的切分被视为一个关键要素，它对搜索的速度和准确性产生直接的影响。众多的搜索引擎已经能够实现对网页内容的全面检索，也就是说，它们可以对文本中的每一个词汇进行索引。因此，索引的刷新和查找速度提升成为一个充满挑战的议题。设计高效的数据结构可以极大地帮助提高索引的更新速度、加速搜索操作，并节省存储空间。

文本的分类和聚类都旨在对文档进行组织和归类，尽管它们的方法和目标略有不同。文本分类涉及将文档划分到事先定义的明确标准或概念类别中，而文本聚类则是根据文档之间的相似性自动进行分类和归组，无需提前定义类别。这两种任务都使用各种算法来实现，例如神经网络、贝叶斯分类器、K 最近邻法等方法用于文本分类，层次凝聚法和平面划分法等用于文本聚类。通常，人们会根据任务需求和文本数据的特点选择适当的算法或组合，以获得最佳的文本分类和聚类结果。

文本分析技术不仅在搜索引擎领域发挥关键作用，还在数字图书馆的核心技术中具有重要地位。然而，值得注意的是，数字图书馆的文档通常更加规范，并且数据结构化程度较高，相对于互联网上的非结构化数据而言，数字图书馆中的文本更容易进行处理和管理。

12.2.3 搜索条件的获取和分析

当前的搜索引擎往往更倾向于关注用户的友好性，而在获取和分析用户查询请求方面的投入则相对较少。通常，搜索引擎的主要功能是支持关键词的查找和基于此的逻辑计算，部分搜索引擎还为用户提供了在初步搜索后进行二次查找和复杂搜索的限制条件。虽然有些搜索引擎声称它们支持使用自然语言进行查询，但是它们的核心仍然是关键词，只提供了一个简洁的输入框和一个搜索按钮。在现有算法效果不佳的背景下，这种简化的用户信息检索方法可能会对搜索结果的精确度和相关性产生直接的负面影响。

搜索引擎在预处理查询条件时，通常会考虑以下两个方面，目的是将其转化为系统能够识别的查询条件：

（1）从查询条件中提炼出有用的元素，这包括关键词以及它们之间的逻辑联系；

（2）利用现有的知识库，我们可以提取关键词中的同义词、近义词和其他相关词汇，以增加查询条件的多样性。

的确，这些建议主要集中在词汇处理上。当用户面临复杂逻辑关系的搜索需求时，利用关键词组合查询条件可能会变得更为复杂。当用户使用自然语言来描述他们的查询需求时，搜索引擎的分析能力将面对更为严峻的挑战。因此，在搜索引擎的处理流程中，如何获取和分析查询条件始终是一个核心的挑战。

12.2.4 信息的搜索和排序

确实，获取最相关的信息对于搜索引擎来说是一个极具挑战性的任务。即使在现实生活中，人们在查找信息时也经常会发现不是所有的资料都满足他们的需求。判断哪些文档满足特定用户的查询要求通常需要考虑多个因素，并且往往需要专家的经验，这有点类似于中医开药方，需要深刻的领域知识和判断力。目前，搜索引擎所能实现的是基于一般性的相关性标准来进行搜索，即根据查询中的关键词和其他条件来匹配文档。

在搜索引擎中，常用的相关信息查找方法包括相似性函数法和归类（组）法。这些方法依赖于文档的相似性因素，这些因素通常包括索引项在文档内的频率、位置以及与 HTML 标记（如字体和链接）相关的数据。这些统计数据通常在为文档建立索引时就已经完成。为了确保不同因素对搜索结果的影响平衡，需要对它们进行适当的加权处理，并不断调整各因素的权重，以获得更准确的搜索结果。

通常，召回率和精度是评估查找效果的重要指标。召回率衡量了被正确检索的相关文档占实际相关文档总数的比例，它反映了查找的全面性和覆盖率。而精度则表示被正确检索的相关文档占所有被检索文档的比例，它衡量了检索结果的准确性和质量。一般情况下，提高召回率往往会导致精度的提高，因为更多的相关文档会被检索到。但在实际应用中，需要权衡召回率和精度，因为有时候过高的召回率可能会导致大量的非相关文档被检索到，从而降低了精度。

在信息检索领域，有两种备受关注的方法，分别是 PageRank 方法和 Kleinberg 提出的 Authority 和 Hub 方法。这两种方法都依赖网页之间的链接结构来评估文档的重要性。

前者将整个网络视为一个由超链接连接的有向图，其中链接的投票类似于民主投票，即某个网页向其引用的网页投票，从而形成 PageRank 作为衡量页面重要性的指标。这一技术使 Google 搜索引擎在行业内迅速崭露头角。后者则在 IBM 的 CLEVER 系统中得到了应用，它将搜索与特定的查询需求相结合，将被大量查询相关页面引用的页面称为"权威"（Authority），而包含多个权威链接的页面则被称为"中心"（Hub）。权威页面和中心页面通常是用户最渴望获取的查询结果。

需要注意的是，这些方法主要依赖于页面之间的链接结构，而没有涉及文本的语义分析。因此，它们并没有从根本上解决相关性的问题，仍然存在一定的局限性。

在大多数情况下，搜索引擎的用户都期望能够迅速获得根据相关性进行排序的搜索结果，并且这些结果应当被明确地分类，以便更好地满足他们的搜索需求。作者持有的观点是，相对于网站的分类目录，搜索后的分类目录更能满足用户的实际需求。现有的搜索引擎常常未能为用户提供明确的搜索结果分类，这使得新闻报道、企业简介和技术性文章等多种内容混杂，给用户造成了不小的困扰。事实上，文档的分类方式可以依据多个线索来决定，包括文档的名称、网页的标题、文档所处的文件夹，以及文档内部所包含的各种链接等。此外，每一份文件都带有不同的特性，例如一篇关于超精密加工设备电路板的新闻报道。因此，文档的分类方式有很多种，其中与人们的认知习惯相契合的一种方式是根据学科或知识的不同层次来进行分类。不可否认的是，用户在搜索时通常希望得到清楚、分层的结果。

12.3 移动商务智能

面向移动商务环境的数据挖掘研究是一个以数据和应用为驱动力的研究领域。这方面的研究主要聚焦于两个核心方向：用户的移动行为数据分析和地理信息数据分析（Geographic Information Data）。用户的移动行为数据（User Mobility Data）涵盖了来自移动设备的 GPS 轨迹数据、蜂窝基站数据（Cell Tower）以及社交平台的签到（Check-in）数据等。基于这些数据，研究者进行了多方面的应用研究，包括面向出租车服务的移动商务系统，面向旅游场景的商务系统，以及基于位置社交网络的商务系统等。例如，Ge 等利用出租车的车载 GPS 轨迹数据，分析并提供了最优的载客点（Pick-up Points）序列，以最大程度提升司机的收益。Qu 等则在此基础上设计了一种时效感知的移动推荐系统，旨在为计程车司机提供单位时间最大收益的行驶路线建议。此外，Yuan 等根据计程车司机和乘客的不同需求，提出了一系列商务推荐方法，例如最佳等车点的推荐。Liu 等则根据旅游景点的特性和游客的偏好，设计了一种情境感知的旅游套餐推荐方法，以为游客推荐最佳的旅游景点组合。Ge 等还分析了游客在费用、距离等方面的不同偏好，提出了一种开销感知（Cost-Aware）的旅游景点推荐方法。同时，Lian 等结合了移动用户的签到数据，分析了位置社交网络的特性，从而提出了自动化地理位置命名方法以及创新的位置推荐算法。

此外，地理信息数据是另一个重要方面，包括城市路网数据、公共交通数据和兴趣点（POI）数据等。基于这些数据，研究者开展了多个面向商务领域的应用研究，如面向城市计算（Urban Computing）和兴趣点推荐等。举例来说，Yuan 等探索了如何利用移动用户的轨迹数据和城市兴趣点数据，实现对城市功能区域的自动化识别。Zheng 等结合了公共交通数据和城市空气监测数据，提出了一种自动化的空气污染预测方法，可以用于对缺乏监测站点的城市区域进行精确的空气质量预测。Fu 等通过整合城市交通数据和兴趣点信息等多源信息，建立了城市房地产小区的模型，从而能够准确地预测最有投资潜力的房地产小区。此外，Liu 等通过分析移动用户在不同兴趣点的访问记录，提出了一种创新方法，用于学习用户对不同地理位置的偏好，以实现更精确的兴趣点推荐。

来自移动 APP 的商务数据与之前提到的用户移动行为数据和地理信息数据不同，它包含更丰富的语义信息，因为大多数智能移动应用和服务都是通过移动

APP 提供的。因此，这些数据有助于更精确地理解移动用户和应用服务，促进一系列研究，如移动 APP 的推荐系统和安全隐私分析等。以推荐系统为例，研究者们开发了名为"Appjoy"的移动 APP 推荐系统，它基于用户的 APP 使用记录来构建用户偏好矩阵，以提供个性化的 APP 推荐。此外，为解决 APP 使用记录的稀疏性问题，还提出了基于内容的协同过滤模型"Eigenapp"，用于向用户提供 APP 推荐服务。在移动 APP 的安全隐私方面，研究者们开发了"TaintDroid"系统，用于检测恶意代码，通过监视第三方 APP 的数据访问行为来进行实时的安全分析。还提出了解决 Android 系统中针对 WebView 攻击问题的解决方案，并开发了相应的系统。为了检测可能存在信息窃取风险的移动 APP，提出了基于 Android 系统的安全隐私模型，并开发了支撑该模型的系统"TISSA"。尽管已经有了一些相关研究，但通常这些工作是在已有问题的基础上进行扩展，缺乏对新型移动商务问题的研究。例如，现有的移动 APP 推荐系统主要依赖于 APP 的流行度信息，缺乏本质上的创新。另外，一些研究在特定领域（如安全领域）具有较强的领域驱动性，缺乏对移动商业应用的主题敏感性。

12.4 客户关系管理

在客户关系管理（CRM）中，客户价值管理是一个重要的方面，而 CRM 关注的是客户与企业之间的全面交互关系，涵盖客户的整个生命周期。客户数量的增加、客户与企业的频繁互动以及客户生命周期的延长都会导致海量的客户数据积累。对于这些大规模的客户数据，数据挖掘技术发挥着关键作用，用于分析和处理这些数据，以发现其中蕴藏的有价值的客户信息，从而支持企业在市场营销、销售和客户服务等方面的决策。客户关系管理中的数据挖掘应用模型，如图 12-1 所示。

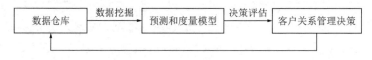

图 12-1 数据挖掘应用模型

数据挖掘在客户关系管理中的具体应用可以从以下几个方面来进行分析。

12.4.1 营销

企业成功的市场营销离不开充分的市场调研和消费者信息分析。这些数据和见解是制定成功的市场策略的基石。首先，市场调研帮助企业深入了解目标市场，将其划分为更具针对性的细分市场,并明确定位目标客户群体。接着,基于这些信息,企业可以制定更具针对性的营销计划,提高客户的响应率,并在同时降低营销成本。此外,通过对消费者信息的分析,企业可以洞察客户需求的趋势,迅速捕捉市场机遇。

计算机网络通信技术的快速发展以及这些技术的综合应用对企业营销产生了重大影响。如今,企业与客户之间的互动和沟通通过 Web、电子邮件、电话等多种渠道已经变得非常普遍。这些营销活动为潜在客户提供了更良好的体验,使他们能够根据自己的需求在方便的时间获得所需信息。为了提高价值,通过数据和信息的分析与挖掘,企业营销人员可以跟踪这些商业机会,从而将潜在客户转化为实际消费者,以实现最大化的收益。

在当前的营销实践中,数据库营销(Database Marketing)被认为是其中最为成熟的应用之一。数据库营销的核心目标是通过交互式查询、数据分割以及模型预测等多种手段,筛选出有潜力的客户,从而更有效地向他们推广产品或服务。通过深入分析现有的客户数据,我们将用户划分为多个级别,其中高层次的客户往往拥有更大的购买可能性。在进行营销分析时,首先需要手动对现有客户信息进行分类,这些分类通常是由专业人员根据客户的实际行为和特征进行划分的。这样,通过训练数据,数据挖掘技术可以学习用户分类模式。当新客户出现时,系统可以根据已学习的模式预测他们的购买可能性,从而有针对性地采取营销措施来满足不同客户的需求。

12.4.2 销售

销售力量自动化(Sales Force Automation,SFA)是客户关系管理中应用最为成熟的领域之一。在这个领域,销售人员与潜在客户的互动至关重要,因为他们的工作涉及将潜在客户转化为真正的客户,并维护客户的忠诚度,这对企业的盈利至关重要。数据挖掘技术在销售力量自动化中发挥了重要作用,它可以实时跟踪和分析多种市场活动的有效性。数据挖掘帮助销售人员及时发现销售机会,缩短销售周期,显著提高工作效率。一个例子是购物篮分析,它通过分析事务数据库中频繁出现的商品组合来识别客户的购买行为模式。购物篮分析已经在改善交叉销售、店铺布局、货架陈列和网页目录等方面取得了显著成果,对于提升销售绩效和客户满意度具有重要意义。

12.4.3 客户服务

在客户关系管理中,客户服务起到了不可或缺的作用,因为提供高品质的客户服务是吸引新客户、保持老客户、提升客户满意度和忠诚度的核心要素。企业可以通过对客户的人口统计数据和历史消费信息进行数据挖掘分析，总结出客户的个人偏好、消费习惯、需求特征等信息。这种深刻的洞见能助力企业为客户提供个性化、迅速且精确的一对一服务，以满足客户的独特需求。

12.4.4 客户保持

保持原有客户对企业来说至关重要。获取新客户的成本通常要高于维持老客户的成本，这在各个行业都是一个共识。例如，在移动通信、金融服务、高科技销售等领域，获得新客户的成本往往相当高昂，而维持老客户的成本相对较低。这是因为老客户已经建立了对企业的信任，了解其产品或服务，并可能会更频繁地购买或使用。因此，通过提供出色的客户服务、个性化的体验和持续的关系管理，企业可以留住老客户，并从他们那里获得更多的业务和利润。

在过去的几年中，国内众多的公司和媒体逐渐重视一对一（One To One）营销策略的核心地位。一对一的营销策略的核心理念是深度了解每一个客户，并与他们建立长久而个性化的关系。虽然这一营销理念在表面上看似非常现代，但在实际执行过程中，经常会采用过时和传统的方式。一些企业甚至简化了一对一的营销策略，即在客户的生日或纪念日送上一张贺卡。随着科技的进步，每个人都有机会拥有自己独有的商品或服务。例如，企业可以根据自己的需求定制一套合身的服装，但真正的营销策略并不是裁剪衣物。尽管企业可以确定哪种服装最适合客户，但他们永远无法确定哪种股票最适合他们。虽然科技的飞速进步使得提供个性化服务变得更为简单，但确保每位客户都满意这依然是一个充满挑战的工作。

数据挖掘技术有能力将企业庞大的客户群细分为多个不同的类别，每一个类别的客户都具有类似的特性和属性，但不同类别的客户则表现出明显的差异性。企业有能力根据客户的不同类别提供个性化的服务，目的是提升客户的满意度。对客户进行分类的好处是不言而喻的，哪怕是最基础的分类方式也能为公司带来明显的益处。以企业为例，如果他们发现85%的客户是老年群体，或者仅有20%的客户是女性，这可能会导致企业在市场策略上产生变化。数据挖掘技术为企业提供了客户分类的帮助，这种细致且实用的分类方式对企业的经营策略制定产生深远的意义。

12.4.5 风险评估和欺诈识别

在金融行业、通信企业以及其他各种商业环境中，欺诈活动屡见不鲜，如信用卡透支、保险诈骗和电话盗窃等，这些都给商业实体带来了沉重的经济损失。

虽然准确地预测欺诈行为可能具有挑战性，但有了这样的预测，欺诈的发生概率会大大降低，进而减少经济损失。在识别欺诈和进行风险评估的过程中，通常需要总结正常行为与欺诈或异常行为之间的联系，以便识别异常行为的特征模式。当某个业务满足这些特定的模式特征时，它有权向决策者发出预警。在风险评估和欺诈识别领域，数据挖掘方法的应用涉及以下几个关键方面：

（1）异常数据：通过识别与自身相比异常的数据以及与其他群体相比异常的数据，可以帮助发现潜在的欺诈行为。这种方法可以检测到与正常行为模式明显不符的异常数据点。

（2）无法解释的关系：数据挖掘可以帮助检测到具有不正常值的记录或者与其他记录相比存在异常关系的情况。这有助于发现那些可能是欺诈行为的异常模式，即使这些模式在表面上看起来不明显。

（3）通常意义下的欺诈行为：已经被确认的欺诈行为可以用来建立欺诈行为的模型或者规则，然后应用这些模型或规则来检测其他可能的欺诈行为。这种方法利用了已知的欺诈案例来辅助识别新的欺诈行为。

基于历史数据来找到检测欺诈行为的规则和评估风险的标准是一种重要的方法。数据挖掘技术，包括回归分析、决策树、神经网络等，在欺诈的预测和识别中发挥着关键作用。通过选择适合任务的模型，构建有意义的特征，划分数据集，进行模型训练和评估，以及实时监测新交易，企业可以有效地预测和识别欺诈行为。同时，随着时间的推移和不断积累的历史数据，欺诈检测系统将不断改进，系统的质量和可信度进一步提高，从而更好地保护企业免受欺诈行为的损害。

12.5 客户分类

一个企业要想成功运营，首先需要明确"你的客户是谁"，并对这些客户进行科学且高效的分类。企业可以通过对客户进行分类来更准确地识别各种不同的客户群体，并据此制定出有针对性的营销策略。这一差异化战略不仅有助于减少运营成本，还能在市场环境中实现更广范围和更高利润的渗透。

客户被视为公司中最有价值的资产之一。在当前这个商业竞争异常激烈的环境里，企业间的角逐主要集中在争夺客户这一方面。一个企业能否吸引并维持客户，很大程度上依赖于其与客户间的关系品质。为了优化这些客户关系，企业有必要实施客户关系管理策略。在管理客户关系的过程中，对客户的深入分析显得尤为关键。然而，在客户分析的关键环节之一，也就是客户的细分方面，目前还没有找到有效的实施方法。

客户让渡价值（Customer Delivered Value）理论和客户生命周期价值理论为从多个视角研究客户与企业间的价值感知提供了坚实的基础。客户让渡价值这一概念是从客户的视角出发，量化客户在交易过程中的感知效用。它主要关注客户感知到的各种收益（包括产品价值、服务价值、员工价值和品牌形象价值）与他们感知到的各种付出（如货币成本、时间成本、精力成本和体力成本）之间的比例关系。但是，这种价值观念可能会使企业过分追求市场占有率和客户的价值转移，却忽略了公司的盈利状况。另外，客户让渡价值是一种包含大量主观元素的感知理论，它需要通过问卷调查和主观判断等多种方式来获取，这使得其在实际应用中遇到困难，同时度量的客观性和准确性也相对较低。

客户生命周期价值（Customer Lifetime Value，CLV）是从企业视角考虑的，旨在量化客户在企业的整个生命周期中为企业创造的净收益总额。它被划分为两个主要部分：客户当前价值（Customer Current Value，CCV）和客户潜在价值（Customer Potential Value，CPV）。这两部分不仅揭示了客户在当前时期对公司的贡献，还详细地考虑了为获得这些贡献所需支付的成本。更加关键的一点是，客户的生命周期价值已经充分地考虑到了客户在未来可能为企业带来的长期价值增长，这使得我们能够更为客观和全面地评估客户对企业总体价值的潜在影响。

12.5.1　传统的客户分类理论

传统的客户分类理论主要包括两种方法：基于客户统计学特征和基于客户让渡价值理论。基于客户统计学特征的客户分类方法通常依赖于客户的年龄、性别、收入、职业、地区等统计学特征来进行分类。尽管这种方法简单易行，但它存在一些问题，如缺乏有效性，难以反映客户的需求、客户的价值以及客户关系的不同阶段。因此，它难以为企业提供指导，帮助企业吸引和保持客户，并满足客户关系管理的需求。另一种方法是基于客户让渡价值理论的客户分类。这种方法试图全面考虑客户对企业的各种可感知价值，但它也存在一些问题。首先，它可能导致企业过于强调市场份额，盲目追求客户让渡价值，而忽视了企业的利润。其次，由于这种方法包含许多主观感知因素，因此在实践中操作起来较为困难，而且度量客户价值的客观性和准确性也受到挑战。

12.5.2　基于客户行为的客户分类

这种细分方法充分依赖企业积累的大量客户数据，操作和实施简单可行。然而，它也存在一些问题，问题之一就是难以反映客户的价值和客户关系的不同阶段。

12.5.3 基于客户生命周期的客户分类

前面介绍的基于客户生命周期的客户分类理论将客户关系划分为开拓期、形成期、稳定期和衰退期几个阶段。这种分类方法有助于企业清晰地洞察客户关系的动态特征以及不同阶段客户的行为特征。它使企业能够有针对性地制定营销策略，针对客户所处的不同阶段采取相应的措施，促使客户向稳定期发展，或者延长客户的稳定期。

然而，这种方法也存在一些不足。例如，它难以准确识别在同一生命周期阶段的客户之间的差异。即使客户处于相同的形成期，其客户价值可能存在差异，这种方法可能无法精确识别这些差异。这可能导致企业难以避免与不良客户建立关系，从而增加了潜在的风险。

12.5.4 基于客户生命周期价值的客户分类

依据 CLV 的详细分类理论，CLV 被定义为客户未来能为企业创造的总现值，即未来可能获得的利润。在此理论框架下，CCV 与 CPV 各自从独特的视角揭示了客户未来的盈利可能性。通过将 CCV 与 CPV 的数值相加，我们可以计算出客户在未来可能为公司带来的整体利润，也就是 CLV = CCV + CPV。

这个细分理论的核心观点是将客户划分为不同的类别，并根据 CCV 和 CPV 的高低来进行分类。对于那些在 CCV 和 CPV 上都表现出色的客户，如果他们被视为最有价值的客户，公司会优先分配资源并实施策略，以确保这些客户的忠实度和满意度。然而，对于那些在 CCV 和 CPV 上表现不佳的客户，由于他们的价值相对较低，企业可以选择减少或不投资任何资源，因为这些客户可能不值得追求或维护。

但是，这种细分理论有一个明显的缺点，那就是它没有充分地考虑到客户忠诚度对 CLV 产生的影响。尽管某一客户拥有相当高的现有和潜在价值，但如果它对客户的忠实度不高，那么它 CLV 的价值也可能会相应地降低。在这样的背景下，对这类客户的过度投资可能会带来不必要的额外成本，因为这些客户更有可能流失，同时企业的市场推广努力也可能无法带来长远的价值。因此，仅仅依靠客户的当前价值和潜在价值这两个方面来预测 CLV 并进行客户价值的细分是有局限性的。

第 13 章

商品信息检索

13.1 信息检索概述

13.1.1 起源

信息检索的起源可以追溯到图书馆的参考咨询和文摘索引工作。它最初在19世纪的后半段开始兴起，并逐步演变为图书馆中的一个独立工具和用户服务项目。但是，20世纪40年代标志着信息检索领域真正的巨大进步。在这段时间里，信息检索的理论逐步走向成熟。随着1946年全球首台电子计算机的问世，计算机技术开始深入到信息检索的各个领域，并与之建立了紧密的联系。随着时间流逝，离线的批量情报检索系统和在线实时情报检索系统已经成功研发并开始商业化运营。在20世纪60年代至80年代这段时间里，得益于信息处理、通信、计算机以及数据库技术的飞速进步，信息检索行业经历了一个高速增长的黄金时代。在这个阶段，教育、军事和商业等多个行业都广泛采用了信息检索技术。Dialog 国际联机情报检索系统在当时被视为信息检索领域的标志性成就之一，并且至今依然是全球最知名的信息检索系统之一。

13.1.2 定义

在信息检索方面，可以将其划分为广泛的定义和更为狭窄的定义两个维度。在广泛意义上的信息检索领域，它也被称作"信息存储与检索"，这是一个按照特定模式组织和保存信息，并根据用户需求寻找相关资料的流程。这个观念涵盖了信息的组织、保存、分类以及查找等多个步骤。在信息检索的狭义定义中，这通常被称作"信息查找"或"信息搜索"，它是广义信息检索的后半部分，其核心目标是从众多的信息中筛选出用户真正需要的相关资料。这一流程覆盖了众多领域，涵盖了对用户信息需求的深入理解、信息检索技术和方法的应用，以及如何满足信息用户的各种需求。

信息检索的核心思想是信息的储存，这是信息检索成功的决定性因素。这个信息存储系统包括了原始的文档数据，以及图片、视频、音频等多种不同的信息格式。最主要的工作是将这些初始数据转换为计算机能够识别的格式，并将其存储在数据库里，这样机器就可以更好地处理和识别这些数据。当用户按照自己的需求提交查询请求时，检索系统会根据这些用户的请求在数据库中搜寻相关数据。这个流程利用特定的匹配策略来确定信息的相似性，并根据这种相似性从高到低地输出信息，以确保满足用户的期望。

13.1.3 类型

信息检索可以根据不同的标准和途径进行分类，以满足不同的需求和应用场景。

（1）首先，基于存储和检索目标的差异，信息检索可以被划分为3个主要类别：文献检索、数据检索以及事实检索。文献检索的核心目标是找出包含必要信息的相关文献，例如学术论文、书籍和文章等。数据检索的目的是找出包含必要数据的相关数据集，例如数据库中的数据、统计数据等。事实检索的核心目标是查找与实际情况紧密相关的所需事实或信息，如实时的新闻报道、天气预报等。在这样的场景中，无需查阅完整的文档或数据集，仅需获取相关事实或信息的简要描述。

（2）其次，信息检索也可以按存储的载体和实现查找的技术手段进行划分。这种分类方法包括手工检索、机械检索和计算机检索。手工检索依赖人工操作和查找方法，如在书籍或文档中手动查找所需信息。机械检索借助机械设备和工具进行信息查找，如使用索引卡片、档案检索系统等。而计算机检索则利用计算机技术和算法进行信息检索，包括在网络上的信息检索，即网络信息检索，通过互联网使用搜索引擎或浏览器等工具查找和获取信息。

（3）最后，根据检索途径的不同，信息检索可以分为直接检索和间接检索。直接检索是用户直接提出检索请求，通过关键词、短语或问题来查找所需信息。而间接检索则指用户可能并不直接提出检索请求，而是通过浏览、点击链接或参与在线讨论等方式获取信息，而不明确地进行搜索。

13.1.4 原因

1. 信息检索是获取知识的捷径

来自美国普林斯顿大学物理系的年轻学子约翰·菲利普向大家展示了他在图书馆中借阅公共资料的研究成果。在短短的4个月内，他成功地完成了原子弹设计的图纸。这款原子弹的设计特点包括：体积紧凑（仅与棒球相当）、质量轻盈（只有 7.5kg）、威力惊人（相当于广岛原子弹的 3/4）、同时制造成本也相对较低（仅需 2000 美元）。此项成果引起了多个国家的关注，其中包括法国和巴基斯坦等国，他们纷纷向美国大使馆发送信件，表示想要购买约翰·菲利普设计的原子弹复制品。

在 20 世纪 70 年代期间，美国的核能专家泰勒接收了一篇题为《制造核弹的方法》的研究报告。他对这篇报告里展现的高超技术设计感到震惊，并惊讶地表示："在我所阅读的所有报告中，这份是最为详尽和全面的。"令他更加震惊的事实是，这篇报告的撰写者居然是哈佛大学经济学领域的一位年轻学子。这篇报告的总页数超过 400 页，所有提供的信息都是从那些普遍且完全公开的书籍资料中整理出来的。

2. 信息检索是科学研究的向导

在美国执行"阿波罗登月计划"的过程中，对阿波罗飞船的燃料箱进行了压力测试，意外地发现甲醇导致了钛的应力腐蚀问题。为了应对这一难题，美国投入了几百万美金进行深入研究。但是，后续的调查揭示，大约 10 多年前，已经有研究者找到了一个解决方案，而这个方案非常直接，只需要在甲醇中加入 2%的水。为了寻找这篇至关重要的文献，你只需投入超过 10 分钟的时间。这一事件明确指出，在科学研究和发展的领域中，全球各地都存在着重复性的劳动问题。统计资料显示，美国由于每年进行的重复研究，导致的经济损失大约占到全年研究资金的 38%，总额高达 20 亿美元。在日本，化学和化工领域的研究课题与国外的重复率相当高，其中大学占 40%，民间部门占 47%，国家研究机构占 40%，平均重复率超过 40%。在中国，重复率甚至达到了更高的水平。

3. 信息检索是终身教育的基础

学校致力于培育学生在多个领域的智慧，包括独立学习、研究、思考、表达和组织管理的能力。

UNESCO 提出，教育已经演变为一个人终身的过程。这意味着教育不再仅限于学生在学校时期的阶段，而是贯穿整个生命。终身教育的理念强调，只有通过不断学习和更新知识，才能够应对快速发展的信息社会的需求，避免知识的老化。

13.1.5 四个要素

1. 信息检索的前提——信息意识

信息意识是指人们通过信息系统来获取所需信息的内在动力，主要体现在对信息的敏感性、选择能力和吸收消化能力上。借助信息意识，个体可以评估某一信息是否对其自身或某一特定群体有益，以及是否具有解决实际问题的能力，这是一系列的思维过程。信息意识涵盖了3个不同的维度，它们是信息的认知、信息的情感以及信息的行为趋势。

信息素养，也被称为信息素质（Information Literacy），最初是由美国信息产业协会的主席 Paul Zurkowski 在1974年的报告中首次提出的。他将信息素养定义为人们在职场上应用信息、掌握信息技术以及运用这些信息来解决问题的各种能力。

2. 信息检索的基础——信息源

根据联合国教科文组织的定义，《文献术语》中，信息源被定义为个人为满足其信息需求而获得信息的来源。

信息源可以按照多个标准进行分类，包括：

（1）按表现方式划分：根据信息的表现方式，信息源可以分为口语信息源（口头传递的信息）、体语信息源（通过身体语言传达的信息）、实物信息源（物理实体作为信息源，如试验样本）和文献信息源（书面或文字形式的信息）。

（2）按数字化记录形式划分：根据信息的数字化记录形式，信息源可以分为多种类型，包括书目信息源（关于书籍的信息）、普通图书信息源、工具书信息源、报纸、期刊信息源、特种文献信息源、数字图书馆信息源和搜索引擎信息源。

（3）按文献载体划分：信息源可以根据文献载体进行划分，包括印刷型（印刷出版物）、缩微型（小型复制品或缩微胶片）、机读型（数字化形式）、声像型（音频和视频信息）等。

（4）按文献内容和加工程度划分：根据信息的内容和加工程度，信息源可以分为一次信息（原始信息，如研究数据）、二次信息（已经分析和处理过的信息，如期刊文章）和三次信息（综合和汇总的信息，如综述文章或报告）。

（5）按出版形式划分：信息源可以按出版形式进行分类，包括图书、报刊、研究报告、会议信息、专利信息、统计数据、政府出版物、档案、学位论文和标准信息等。其中，后8种被称为特种文献，而教育信息资源主要分布在教育类图书、专业期刊、学位论文等不同类型的出版物中。

3. 信息检索的核心——信息获取能力

（1）了解各种信息来源。

（2）掌握检索语言。

（3）熟练使用检索工具。

（4）能对检索效果进行判断和评价。

判断检索效果的两个指标为：

查全率＝被检出相关信息量/相关信息总量（％）

查准率＝被检出相关信息量/被检出信息总量（％）

4. 信息检索的关键：信息利用

社会进步的机制在于不断产生、传播和再利用知识。为了更全面、高效地利用已有的知识和信息，人们在学习、科学研究以及日常生活中不断增加信息检索的时间比例。

获取学术信息的终极目标在于，通过对收集到的信息进行细致地整理、分析、总结和归纳，并借助个人的学习和研究思维，对这些信息进行重新整合，从而产生新的知识和信息，进一步激活和增值这些信息。

13.2 信息检索的过程

信息检索的方法多样，不同的检索系统或平台也可能有不同的检索步骤，因此如何选择和正确使用适当的检索方法和步骤成为现代信息检索的重要问题。主要包括以下几个步骤：

（1）信息内容分析与编码：首先，需要对信息进行内容分析，以确定信息记录的关键特征和关键词。这些关键词将成为后续检索的基础。然后，对信息进行编码，将其转化为计算机可识别的形式，产生信息记录和检索标识。

（2）组织存储：将所有的信息记录按照文件、数据库或其他有序的形式进行组织和存储。这可以帮助有效地管理和检索信息。

（3）用户提问处理：当用户提出查询请求时，需要对用户的查询进行处理。这包括理解用户的查询意图，识别关键词，以及确定适当的检索策略。

（4）检索输出：最后，根据用户的查询，系统将执行检索操作，并输出与查询相关的信息记录。这些结果可以以不同的方式呈现给用户，如列表、摘要、全文等。

信息检索的关键环节是将用户提出的问题与现有的信息集合有效地进行匹配和筛选，通过一系列的相似性比较和匹配准则，筛选出与用户提问直接相关的关键信息。根据不同的目标和设备，信息检索可以被分类为文献检索、数据检索、事实检索，以及手工检索、机械检索和计算机检索等多种方式。信息检索系统是由特定的设备和信息集合组成的服务设施，例如穿孔卡片系统、在线检索系统、光盘检索系统、多媒体检索系统等。起初，图书馆和科技信息机构是信息检索的主要应用场所，但随着时间的推移，它逐步拓展到其他多个领域，并与各类管理信息系统进行了整合。与信息检索有关的各种理论、技术和服务组成了一个相对独立的知识体系，这是信息学的一个关键子领域，并与计算机应用技术存在紧密的交叉联系。

用于信息检索的方法有：普通法、追溯法以及分段法。

（1）普通法是一种依赖书目、文摘、索引等多种检索工具进行文献资料检索的方法。关键是要对各种检索工具的特性、属性和查找流程深入了解，并能从多个视角进行检索。普通法可以被划分为顺检法与倒检法两大类。使用顺检法按照时间线从过去到现在进行检索，不仅成本高昂，而且效率也相对较低。倒检法采用了逆时间序列的方式，从短期到长期进行检索，特别关注即时信息，表现出良好的检索效果和主动性。

（2）追溯法是一种通过不断地追踪和查找现有文献中附带的参考资料来实现目标的方法。在缺乏合适的搜索工具或工具不齐全的情况下，追溯法能够获取具有高度针对性的信息，虽然查准率相对较高，但查全率却相对较低。

（3）分段法是一种融合了追溯法与普通法的技术手段。该方法将这两种策略划分为不同的步骤和段落，并交替应用，直至获得所需的信息。这一方法充分利用了多种方法的优点，提升了检索效率。

下面介绍信息检索的步骤。

13.2.1 分析研究课题，明确检索要求

分析课题的主题内容、研究要点、学科范围、语种范围、时间范围、文献类型等。

13.2.2 选择信息检索系统，确定检索途径

1. 选择信息检索系统的方法

（1）使用信息检索工具指南：如果在使用信息检索系统时有可用的信息检索工具指南，首先可以查阅指南，以获取关于选择工具的建议和指导。这些指南通常提供了工具的特点、用途和如何使用等信息，可以帮助您做出明智的选择。

（2）浏览图书馆或信息机构的信息检索工具室：如果没有信息检索工具指南或需要更直接的方法来选择工具，可以前往图书馆或信息机构的信息检索工具室。这些地方通常会陈列各种信息检索工具，包括数据库、索引、目录等。通过查看和了解这些工具，您可以根据自己的检索需求和目标选择适当的工具。

（3）从所熟悉的信息检索工具中选择：如果您已经熟悉某些信息检索工具，并且知道它们能够满足您的需求，那么可以优先选择这些工具，以节省时间和提高效率。

（4）主动向工作人员请教：如果您不确定应该选择哪种工具，可以咨询图书馆或信息机构的工作人员。他们通常具有丰富的信息检索经验，可以为您提供专业的建议和指导。

（5）通过网络在线帮助选择：许多信息检索工具和数据库提供在线帮助和支持，您可以通过官方网站或在线聊天服务咨询工具的选择和使用方法。

2. 选择信息检索系统的原则

（1）确保系统收录的文献信息与检索课题相关。

（2）优先选择距离方便查阅的系统。

（3）选择质量高、信息量大、报道及时、索引齐全、使用方便的系统。

（4）确保系统记录来源、文献类型和文种符合检索课题需求。

（5）检查是否存在数据库的印刷型版本。

（6）根据经济条件做出选择。

（7）考虑个人对信息检索系统的熟悉程度。

（8）选择相关度高的网络搜索引擎。根据需求和熟悉程度，做出明智选择。

13.2.3 选择检索词

确定检索词的基础方法包括选择标准化的检索词，使用国际通用的学科术语和国外文献中已经出现的术语，找出课题中的隐性主题概念，选择课题的核心概念作为检索词，注意检索词的缩写、词形的变化、英美拼写的差异，以及使用联机方式来确认检索词。

13.2.4 制定检索策略，查阅检索工具

（1）在构建检索策略的过程中，首先需要深入了解信息检索系统的核心性能，明确检索主题的具体内容和目标，接着选择合适的检索词，并巧妙地应用逻辑组合策略。

（2）检索词错误可能有多种原因，包括但不限于使用具有多重意义的检索词，使用与英美人姓名、地址或期刊名称一致的检索词，不精确地使用位置算符，没有应用逻辑非运算符，截词操作不恰当，忘记在组号前输入"s"指令，逻辑运算符号前后没有添加空格，括号使用不当，以及检索式中的概念数量过少。

（3）可能导致漏检或检索结果为空的因素有多种，包括但不限于：没有使用足够数量的同义词和近义词，位置算符过度或严格使用，逻辑"与"的过度使用，对后缀代码的严格限制，选用不适当的检索工具，截词操作出现错误，拼写不准确，以及文档号、组号或括号之间的不匹配等。

（4）为了提高检索的准确性，我们可以采用以下策略：利用下位概念进行检索，将检索的词汇限制在文章名称、叙述词和文摘字段之间，并结合逻辑"与"或逻辑"非"，通过限制选择功能来实现高级检索。

（5）为了提升查全率，我们可以选择全字段检索，减少对文献外观特征的限制，利用逻辑"或"和截词检索，采用检索词的上位概念进行检索，将（W）算符改为（1N）或（2N），并在更适合的数据库中进行查找。

13.2.5 处理检索结果

我们对检索到的结果进行了系统性的整理和筛选，目的是提取出满足课题需求的相关文献资料。在这一流程中，我们需要挑选合适的记录格式，明确文献的种类、作者、标题、内容和来源等关键信息，最后呈现出检索的成果。

13.2.6 原始文献的获取

（1）通过使用二次文献查找工具，我们可以获得原始的文献资料。
（2）通过图书馆的藏书目录以及联合目录来收集原始的文献资料。
（3）通过文献出版和发行机构来收集原始的文献资料。
（4）通过文献的作者来收集原始的文献资料。
（5）通过网络技术来检索原始的文献资料。

13.3 特征选择

13.3.1 含义

特征选择（Feature Selection）指的是从现有的 M 个特征（Feature）中筛选出 N 个特征，目的是更好地优化系统的特定性能指标。该过程旨在减少数据集的维度，从而增强学习算法的表现，它在模式识别的数据预处理中起到了关键作用。一个优质的学习样本在模型训练中能起到关键作用。

13.3.2 特征选择四要素

通常特征选择可以被认为是一个寻找最优解的搜索问题。在一个由 n 个特征组成的集合中，搜索的空间是由 $2n-1$ 种可能的状态组成的。Davies 观察到，寻找最小特征子集实际上是一个 NP 问题，这意味着除了进行穷举搜索外，很难确保找到最优解。但是，在真实的应用场景中，面对大量的特征，由于穷举搜索的计算复杂度过高，它变得不太实用，因此，人们更偏向于采用启发式的搜索方法来寻找次优的解决方案。通常，特征选择算法需要明确以下4个关键因素：（1）搜索的起始点和方向；（2）探索的策略方法；（3）用于评估特性的函数；（4）终止的标准。

1. 搜索起点和方向

搜索起点定义为算法在初始搜索阶段的状态或特征子集的起始状态，而搜索方向则描述了在整个搜索过程中特征子集生成的顺序。这两个要素是相互关联的，因为选择合适的起始点会对搜索的方向和策略产生影响。通常情况下，根据搜索点和方向的不同，存在以下4种不同的场景：

（1）前向搜索的定义：首先从一个空的特征子集S开始搜索，然后根据特定的评估准则，在搜索过程中，那些从未被纳入S内的特征子集会选择最合适的特征并逐渐加入到S中。

（2）后向搜索方法：首先搜索一个包含所有特征的全集S，然后根据一个特定的评价标准，不断地从S中筛选出最不重要的特征，直到满足一个特定的停止标准。

（3）双向搜索模式：从前向和后向两个不同的方向同时启动搜索活动。当我们在特征子集空间的中心位置进行搜索时，所需评估的子集数目急速上升。采用单向搜索策略可能导致在中部区域有大量的时间消耗，因此双向搜索成为一种普遍采用的搜索手段。

（4）随机搜索模式：从一个随机的起始点开始进行搜索，对于特征的添加或删除都显示出某种程度的随机特性。

2. 搜索策略

如果在原始特征集中存在n个特征（也可以称为输入变量），那么存在$2n-1$个可能的非空特征子集。搜索策略的主要目的是在一个包含$2n-1$个候选解的搜索范围内，寻找到最佳的特征子集。可以将搜索策略粗略地划分为3个主要类别：

（1）穷举式搜索策略会尝试搜索每个可能的特征子集，包括所有可能的组合。虽然全面，但当特征数量较大时，计算成本会急剧增加，因此可能不太适合大规模的特征集。分支定界法（Branch and Bound）是一种用于穷举式搜索的技术，它通过剪枝来减少搜索时间。

（2）序列搜索策略避免了对所有特征子集进行全面的穷举，它是根据特定的规则和顺序，不断地添加或删除特征，从而得到优化后的特征子集。常见的序列搜索方法有前向搜索、后向搜索、浮动搜索、双向搜索以及序列向前和序列向后的算法等。这些方法在实施上相对简单，计算的复杂性也较低，但它们可能会被困在局部的最优解中。

（3）随机搜索是一种策略，它从一个随机生成的候选特征子集开始，然后根据特定的启发式信息和规则，逐步接近全局最优解。常用的随机搜索算法有多种，包括遗传算法（Genetic Algorithm，GA）、模拟退火算法（Simulated Annealing，SA）、粒子群算法（Particle Swarm Optimization，PSO）以及免疫算法（Immune

Algorithm，IA）等。这批算法在搜索范围内提供了随机跳跃的能力，从而有助于防止落入局部最优解。

3. 特征评估函数

如果在原始特征集中存在 n 个特征（也可以称为输入变量），那么就有一个可能的非空特征子集存在。一般来说，我们可以将评价标准划分为两个主要的类别。首先，单一特征的评估标准主要集中在独立地衡量每个特征的预测准确性或对信息的贡献，这有助于明确每个特征在问题解决过程中的核心地位。这些标准使用各种统计指标来度量特征与目标变量之间的关联，如卡方检验、信息增益和方差分析等。其次，特征子集评价标准用于评估整个特征子集的综合性能，以确定一组特征是否在解决问题时具有协同作用。这类标准包括交叉验证、信息增益比、均方误差和分类准确度等，通常需要考虑特征之间的相互关系和组合效应。

在进行特征选择时，主要采用了两种策略，分别是 Filter 方法和 Wrapper 方法。Filter 方法一般不需要依赖特定的学习算法来评估特征子集，而是依据统计学、信息论等多学科的理论，通过分析数据集的内在属性来评估每个特征的预测能力，然后识别出表现良好的特征，并构建一个排序较高的特征子集。通常情况下，这种方法认为最佳的特征子集是由多个具有出色预测能力的特征所构成的。

与此相对，Wrapper 方法是将学习算法整合到特征选择流程中，通过在该算法上对不同的特征子集进行测试，以评估其性能，并据此确定优缺点。在 Wrapper 方法的应用中，我们主要关注的是特征子集在特定的学习算法中的预测能力，而不是每一个特征自身的表现。因此，Wrapper 方法并不强制要求特征子集中的每一项特征都必须展现出卓越的性能。

4. 停止准则

停止准则决定何时终止算法的执行，这一决策通常与评价标准、搜索算法的选择以及具体应用需求相关。以下是常见的停止准则：

（1）执行时间：预先规定算法执行的时间限制，当达到指定的时间限制时，算法被强制终止，并输出当前结果。

（2）评价次数：设定算法需要进行的评价次数。通常用于控制随机搜索算法的运行次数，特别是在算法结果不稳定的情况下，通过多次运行以获取稳定结果。

（3）设置阈值：设定目标值，并与该阈值进行比较，以决定是否停止算法。但要注意，设置适当的阈值并不容易，需要对算法性能充分了解，否则可能导致算法无法达到预期性能或者陷入无限循环。

13.3.3 特征选择的一般过程

（1）产生过程（Generation Procedure）：产生过程是搜索特征子集的过程，其任务是生成不同的特征子集，以供后续评价函数进行评估。

（2）评价函数（Evaluation Function）：评价函数是用于衡量一个特征子集的好坏程度的准则。它可以根据特征子集在某些性能指标上的表现来进行评估，例如分类准确率、回归误差等。

（3）停止准则（Stopping Criterion）：停止准则与评价函数相关联，通常是一个阈值或条件。当评价函数的值达到或超过这个阈值时，搜索过程会停止，特征子集被选定。

（4）验证过程（Validation Procedure）：在验证数据集上验证所选特征子集的有效性。这是为了确保所选择的特征子集在不同数据集上都能良好地工作，而不只是在训练数据上表现良好。

13.3.4　特征选择经典三刀

特征选择的经验总结有 3 种方法：Fliter、Wrapper、Embedded。

1. Filer

Filter 顾名思义就是过滤式方法，对过滤之后的特征进行训练，特征选择的过程与后序学习器无关。其评估手段是判断单维特征与目标变量之间的关系，常用的手段包括 Pearson 相关系数、Gini 系数、信息增益、方差校验和相似度度量等。这里选取 Pearson 系数与方差检验进行说明。

（1）方差

方差的统计学意义表征的是数据分布的"发散"程度，即方差越大数据分布越不集中。而在特征选择中，我们往往认为如果特征分布相对集中，即特征取值差异不大，则其对分类器的贡献值相对较小。

（2）Pearson 相关系数

Pearson 系数能衡量分布之间的线性相关性，但是计算相对复杂一些。其计算公式如式 (13-1) 所示，但 Pearson 系数需要满足的前提是两个变量在误差范围之内服从高斯分布。

$$s = \frac{\sum_{i=0}^{n}(x_i - \overline{x}) \times (y_i - \overline{y})}{\sqrt{\sum_{i=0}^{n}(x_i - \overline{x})^2 \times \sum_{i=0}^{n}(y_i - \overline{y})^2}} \tag{13-1}$$

2. Wrapper

Wrapper 即封装法，可理解为将特征选择的过程与分类器封装在一起，以一个分类器的交叉验证结果，作为特征子集是否优秀的评估方式。

而特征子集的产生方式分为前向搜索与后向搜索,在实现上,常见的方法有递归特征消除(Recursive Feature Elimination)和稳定性选择(Stability Selection)两种方式。

(1)递归特征消除

递归特征消除的主要思想是,反复构建模型,然后选出其中贡献最差的特征,把选出的特征剔除,然后在剩余特征上继续重复这个过程,直到所有特征都已遍历。这是一种后向搜索方法,采用了贪心法则。而特征被剔除的顺序,就是它的重要性排序。为了增强稳定性,这里模型评估常采用交叉验证的方法。

(2)稳定性选择

这是对基于L_1正则方法的一种补充,基于L_1正则方法的局限性在于:当面对一组关联的特征时,它往往只会选择其中的一项特征。为了减轻该影响,使用随机化的技术,通过多次重新估计稀疏模型,用特征被选择为重要的次数/总次数来表征该特征最终的重要程度。

稳定性选择是一种基于抽样和选择相结合的方法,评估的方法可以是回归、SVM等可引入正则项的算法,理想情况下,重要特征的得分会接近100%,而无用的特征得分会接近于0。

3. Embedded

Embedded可以理解为嵌入法,即使用分类器本身的特性进行特征选择。这种方法速度快,也易出效果,但需较深厚的先验知识调节模型。

1)基于正则化的方法进行特征选择

线性模型在特征选择中具有一定的应用价值。它将特征之间的关系表示为系数,这些系数反映了特征的重要性。通常情况下,与输出变量高度相关的特征将具有较大的系数,而与输出变量关系较弱的特征系数接近于零。然而,线性模型在处理具有高度相关性的特征(多重共线性)以及离群点或噪声时可能表现不佳。为了克服这些问题,通常需要采用正则化技巧来改进线性模型的性能,并对数据进行适当的预处理,以减轻离群点的影响。具体见式(13-2):

$$\min_{w,b} \mathcal{L} = \frac{1}{n}\sum_{i=1}^{n}\ell(y_i, f(x_i)) + \lambda\Omega(w) \tag{13-2}$$

在特征筛选过程中,我们经常采用的方法是L_1正则化和L_2正则化。该方法是通过加入惩罚项来降低模型的复杂度,从而避免过度拟合,也就是上述公式的最后一个部分。在这里,L_1正则是权值向量绝对值的总和,而L_2正则则是权值向量平方和的进一步平方。在损失函数去均方误差的情况下,使用正则项L_1的线性模型被称为LASSO回归;使用正则项L_2的线性模型被称为Ridge回归。

（1）L_1正则化

在优化过程中，目标函数经常与梯度下降方法结合使用。L_1正则项，也就是权值向量的绝对值总和，对权值的偏导是一个常数。当梯度下降时，正则项的影响会逐步减少，最终接近0。这种情况可能会导致某些特征变得稀疏，从而自然地淘汰那些不那么关键的特征。这种特性让它能够自然地作为特征筛选的手段。虽然L_1正则模型无法解决与线性模型一样的不稳定性问题，但由于其稀疏性，它依然是特征选择过程中的有力工具。

（2）L_2正则化

从同样的角度看，由于L_2正则项是平方项的总和，梯度下降的方向与权值有关。这种梯度下降可以被视为权值的缩放过程。尽管它不会导致特征变得稀疏，但它对大数的惩罚是相当大的。因此，这种方法可以使权值更加均匀，从而解决线性模型和L_1正则所不能解决的不稳定性问题，这在特征选择中经常被采用。

2）基于树模型的特征选择

在学习树模型的过程中，我们采用纯度作为评估标准，挑选出最佳的分裂属性进行分割，这也可以被视为一个特征筛选的步骤。在这里，我们选择了随机森林作为选择算法，并在实施过程中实现了平均不纯度的降低和平均精确度的减少这两种策略。

（1）平均不纯度减少

树模型的训练过程，总在选择最优的属性将数据分裂，属性的优劣通过计算每个特征对树的不纯度的减少程度来确定。而对于随机森林，可以计算每棵树减少的不纯度的平均值，作为特征的重要性系数。

但不纯度方法存在一定的缺陷。不论哪种度量手段，都存在着一定的偏好。例如信息增益偏好取值多的属性、信息增益率偏好取值少的属性，且对于存在关联的一组强特征，率先被选择的属性重要性远远高于后被选择的属性，因为某属性一旦被选，意味着数据集不纯度会迅速下降，而其他属性无法再做到这一点，容易对特征的理解产生歧义。

（2）平均精确率减少

平均精确度减少（Mean Decrease Accuracy）是一种评估每个特征对模型准确性影响的策略。该方法的核心理念是，通过随机调整特征的特征值顺序，来衡量特征顺序变化对模型准确性的潜在影响。显然，对于那些不那么关键的变量，顺序的打乱对准确性的影响并不显著，但关键的特性会对准确性产生显著的作用。

13.3.5 基于搜索策略的方法分类

搜索策略在特征子集形成过程中可以分为全局最优、随机搜索和启发式搜索

3 种基本类型。不同的搜索算法通常会综合使用这些策略，比如遗传算法就同时具备了随机搜索和启发式搜索的特性。下面对这 3 种基本搜索策略进行分析和比较。

1. 采用全局最优搜索策略的特征选择方法

到目前为止，唯一一种能够确保找到最优结果的搜索方法是分支定界法。在事先确定了需要优化的特征子集维度的情况下，它可以找到相对于设计的可分性标准而言的最佳子集，它的搜索空间是 $O(2^N)$（其中 N 为特征的维数）。然而，这种方法也面临一些挑战。首先，确定需要优化的特征子集数量通常是一项困难的任务。其次，设计既符合问题需求又具有单调性的可分性标准并不容易。最后，在处理高维度和多类别问题时，算法的时间复杂度较高，因为搜索空间会随着特征维度的增加而呈指数级增长。因此，尽管全局最优的搜索策略能够找到最佳解，但由于种种限制因素，它无法被广泛应用。

2. 采用随机搜索策略的特征选择方法

在处理特征选择的问题时，我们通常会融合模拟退火算法、禁忌搜索算法、遗传算法等多种算法，并与随机重采样技术相融合。这些建立在概率推断和样本采集之上的算法，为特征分配了权重，并依据用户设定的或自适应的阈值来评估特征的价值。当某一特征的权重超出了设定的阈值，那么这个特征将被选为分类器的训练对象。Relief 系列算法是一种依赖于权重选择特征的随机搜索技术，它能够有效地剔除无关的特征，但是不能消除冗余，并且只适用于两种类别的分类问题。随机方法可以被分为完全随机和概率随机两类。尽管搜索空间仍为 $O(2^N)$，但通过限制最大迭代次数限制搜索空间小于 $O(2^N)$。例如，遗传算法采用启发式搜索策略，它的搜索空间远远小于 $O(2^N)$。然而，随机搜索策略存在较高的不确定性，只有在总循环次数较大时才可能找到较好的结果。在随机搜索中，合适的参数设置对结果至关重要，因此参数选择成为关键步骤。

3. 采用启发式搜索策略的特征选择方法

特征选择的方法有很多种，包括独立的最优特征组合、序列前向选择（SFS）、广义序列前向选择（GSFS）、序列后向选择（SBS）、广义序列后向选择（GSBS）、增 1 去 r 选择、广义增 1 去 r 选择以及浮动搜索方法等。这些建议的方法不仅容易执行，而且操作迅速，但它们的搜索范围非常广泛，通常是 $O(N^2)$。在实际应用中，浮动广义后向选择方法（FGSBS）表现得相当出色，该方法全面地考虑了各特征间的相互关联性，并通过浮动机制保证了算法运行的速度和稳定性。尽管启发式搜索方法具有高效性，但它经常需要以牺牲全局最优解为代价。在实际应用中，选择合适的搜索策略需要根据具体环境和准则函数来找到最佳平衡点。例如，如果特征较少，可以选择全局最优策略；如果不需要全局最优，但追求计算速度，启发式策略是不错的选择；如果需要高性能子集且能够接受计算时间，采用随机搜索策略则是一个不错的方案。

13.3.6　基于评价准则划分特征选择方法

根据是否依赖后续的学习算法，特征选择方法可以分为过滤式（Filter）和封装式（Wrapper）两种。过滤式方法（Filter）并不依赖于后续的学习算法，它通常会直接使用所有训练数据的统计特性来评估其特性，这使得其执行速度相对较快。但是，由于该方法没有考虑到特征子集与特定学习算法的相互关系，可能会导致评价结果与后续学习算法的表现有很大的偏差。从相对的角度看，封装式方法（Wrapper）采用了后续学习算法的训练精度来评估特征子集，从而使得评估的结果更为精确。封装式方法确实考虑了特征子集与特定学习算法之间的匹配度，但由于需要多次执行学习算法以评估不同的特征子集，计算量会较大，因此不太适合处理大数据集。接下来，我们将对 Filter 方法和 Wrapper 方法进行详细分析。

1. 过滤式（Filter）评价策略的特征选择方法

在 Filter 特征选择方法中，通常会使用评价标准来加强特征与类之间的关联性，同时也会降低特征间的相关性。这些评估函数可以被划分为 4 个不同的类别：距离度量、信息度量、依赖性度量以及一致性度量。

Relief 先在 x_i 的同类样本中寻找其最近邻 $x_{i,nh}$，称为"猜中近邻"，再从 x_i 个异类样本中寻找其最近邻 $x_{i,nm}$，称为"猜错近邻"，属性 j 的相关统计量定义见式 (13-3)：

$$\delta^j = \sum_i - \text{diff}\left(x_i^j, x_{i,nh}^j\right)^2 + \text{diff}\left(x_i^j, x_{i,nm}^j\right)^2 \qquad (13\text{-}3)$$

式中，x_a^j 表示样本 x_a 在属性 j 上的取值，若属性为离散型，则 diff 当且仅当属性相等时为 0，否则为 1，若属性为连续型，则 diff 表示为距离。相关统计量越大越好。对于多分类，可采用 Relief $-$ F 来表示（式 (13-4)）：

$$\delta^j = \sum_i - \text{diff}\left(x_i^j, x_{i,nh}^j\right)^2 + \sum_{\lambda=k}\left[p_l \times \text{diff}\left(x_i^j, x_{i,nh}^j\right)^2\right] \qquad (13\text{-}4)$$

式中，p_l 为第 l 类样本的比例。

2. 封装式（Wrapper）评价策略的特征选择方法

除了前面提到的 4 个标准外，分类错误率也被视为评估选定特征子集好坏的一个重要标准。Wrapper 特征选择方法将特征选择算法纳入学习算法的一环，并采用分类性能来直接评估特征的重要性。这一方法通过直接应用选定的特征子集来构建分类模型，因此，它会直接选用那些有助于提升分类效能的特性。虽然与 Filter 方法相比，其运行速度稍显缓慢，但其所选取的特征子集规模相对较小，这有助于更准确地识别关键特征。这一方法具有较高的准确率，但其泛化性能不佳，并且所需的时间复杂度也相对较高。在这项研究里，这一方法获得了普遍的关注。例如，Hsu 和他的团队使用遗传算法寻找能够最小化决策树分类错误率的特征子集，而 Chiang 和他的团队则将 Fisher 判别分析与遗传算法结合起来，用于识别关键变量，这在化工故障处理过程中表现出了很好的效果。Guyon 和他的团队采用了支持向量机的分类能力来评估特征的重要性，并据此设计了一个表现出色的分类器。在这一领域内，也涌现出了若干创新性的方法。例如，Krzysztof 提出了一种基于相互关系的双重策略的 Wrapper 特征选择方法，而叶吉祥和他的团队则提出了一种名为 FFSR（Fast Feature Subset Ranking）的快速 Wrapper 特征选择方法。该方法以特征子集作为评估标准，并以子集的收敛性能作为评价准则。戴平等人成功地融合了 SVM 线性核与多项式核函数的独特属性，并运用二进制 PSO 技术，提出了一套基于 SVM 的高速特征筛选方案（图 13-1）。

输入：　数据集 D；
　　　　特征集 A；
　　　　学习算法 ξ
　　　　停止条件控制参数 T
过程：
1:　$E = \infty$；
2:　$d = |A|$；
3:　$A^* = A$；
4:　$t = 0$；
5:　while $t < T$ do；
6:　　随机产生特征子集 A'；
7:　　$d' = |A'|$；
8:　　$E' = Cross\ Validation(\xi\ (E^{A'}))$；
9:　　if $(E' < E) \vee (E' = E) \wedge (d' < d)$ then；
10:　　　$t = 0$；
11:　　　$E' = E$；
12:　　　$d' = d$；
13:　　　$A^* = A'$
14:　　else
15:　　　$t = t + 1$
16:　　end if
17:　end while
输出：特征子集 A^*

图 13-1　SVM 算法

综合权衡后，Filter 和 Wrapper 的特征选择技术都各自展现出了独到的优点和局限性。通过将启发式的搜索方法与分类器的性能评估标准相结合来评价所选择的特征，与采用随机搜索策略相比，这种方法大大节约了时间。Filter 方法与 Wrapper 方法是相互补充的，它们可以一同被应用。在混合特征选择的标准流程中，通常会经历两个主要步骤：首先，通过 Filter 方法对大多数不相关或有噪声的特征进行初步剔除，仅保留少数关键特征，从而有效地缩小后续搜索活动的规模。然后，在第二个步骤中，我们把保留下来的特征和样本数据一起传递给 Wrapper 选择方法，目的是进一步提高关键特征的选择效率。例如，在某些研究中，我们使用了混合模型，首先利用互信息度量标准和 bootstrap 技术确定了前 K 的关键特征，接着采用支持向量机来构建分类器。这一综合应用充分利用了 Filter 和 Wrapper 方法的优点，从而获得了更加精确和高效的特征子集。

13.4　特征提取

在机器学习、模式识别和图像处理领域，特征提取是一个关键的过程。它从最初的一组测量数据出发，通过建立旨在提供信息和非冗余派生值（特征）的方法，为后续的学习和泛化步骤提供支持。特征提取的目标是将原始数据转换为更具意义和可解释性的表示形式，从而提高机器学习算法的性能。特征提取的过程与降维密切相关。通过选择和提取关键特征，可以减少数据的维度，降低问题的复杂度，提高算法的计算效率。而且，好的特征对模型的泛化能力和性能起着至关重要的作用。

13.4.1　定义

特征提取是指使用计算机技术从图像或模式数据中抽取出具有代表性和区分性的信息的过程。这个过程涉及将某一模式的原始测量值进行变换，以便凸显出该模式中具有代表性特征的方法。在图像处理和模式识别领域，特征提取通常通过影像分析和变换等方法来实现，旨在从复杂的数据中提取出关键的特征，以便用于后续的分析、识别或分类任务。

13.4.2　特征提取基本概念

1. 应用类型

特征的定义往往会受到问题的性质或应用的种类的影响，因此直到现在还没有一个既普遍又精确的特征定义。在图像处理这一领域内，特征一般是指那些在图像中表现出显著和代表性的元素。它们构成了众多计算机图像处理算法的核心,所以一个算法能否成功,往往与其所依赖和定义的特性有关。"可重复性"是特征提取中的一个核心特点,意味着在同一个场景中,不同的图像应当提取出一致的特征。

2. 初级运算

在图像处理领域,特征提取是一个基础的计算过程,它通常被视为图像处理的首要步骤。在这一流程里,每一个像素都将接受检验,以确认其是否象征着某一独特的属性。如果特征提取只是更大算法的一部分,那么通常只会检查图像的特定区域,而不会检查整个图像。在特征抽取的初步阶段,输入的图像通常会在尺度空间中通过高斯模糊核进行平滑处理。然后,利用局部导数的计算方法,对图像的一个或数个特性进行分析。

3. 寻找特征

当特征提取需要大量的计算时间,而时间又有限制时,可以使用高层次的算法来控制特征提取的范围。这意味着仅仅对图像的特定部分进行特征提取,而不是整个图像。通过这种方式,可以节省计算资源,提高算法的效率。这种方法常被应用在实时图像处理和大规模图像数据分析等场景中,以确保在有限的时间内完成对图像特征的提取。

特征提取在计算机图像算法中扮演着关键角色,因此涌现出了众多特征提取算法。这些算法提取的特征种类多样,包括边缘、纹理、形状、颜色等,适用于各种图像处理需求。这些算法在计算复杂度和可重复性方面存在差异,因此在选择合适的特征提取算法时,需要权衡这些因素,以确保算法的准确性和效率。

13.4.3 特征提取基本概念

1. 边缘

边缘可以定义为两个图像区域间的像素线条或曲线,它们的形态可以是随意的,有时甚至可能是交叉的点。在实际使用场景中,图像的边缘通常是由具有明显梯度的点构成的子集。一些经常使用的算法能够将高梯度的点连接在一起,从而得到更加完整的边缘描述。这些计算方法可能会对边缘设置某些约束,把边缘看作是一维的局部结构。

2. 角

在图像中,角被视为具有局部二维特性的特征点。在早期,算法一般首先执行边缘检测操作,接着通过分析边缘走向来定位边缘突然改变方向的位置,也就是所谓的角点。随着算法技术的进步,现在不再依赖边缘检测,而是可以直接在图像梯度中找到高曲率的点，这些点通常代表角度。更深入的探索揭示，这一技术有时能够在图片中原先无角的部分识别出与角点相似的特性区域。

3. 区域

区域与角点有所区别，它描述了图像中的某一特定区域结构，尽管这个区域可能仅由一个像素组成。因此，多种区域性的检测技术同样适用于角点的识别。一个专门的区域检测器能够识别出图像中对角点检测器而言过于平滑的部分。从理论角度看，可以将区域检测理解为先在图像中减小尺度，接着在这些缩小后的图像上进行角点的检测。

4. 脊

在图像处理领域，脊被视为一种代表对称轴的一维形态的物体。每一个脊像素区域都具有一个特定的脊宽度。相较于从灰度图像中抽取边缘、角点和区域，脊线的提取通常更加具有挑战性。在航空摄影技术中，脊的检测经常被用来区分道路，而在医学成像中，它被用来识别血管和其他结构。

13.4.4 特征提取的步骤

特征提取的步骤为：

（1）求出每个特征词的平均值；

（2）减去平均值后的特征值；

（3）计算协方差矩阵（协方差矩阵分为2种，一个是样本间的，另一个是特征间的）；

（4）计算特征值和特征向量；

（5）将特征值按从大到小的顺序进行排序，选择其中最大的K个，然后将对应的K个特征向量分别作为列向量组成特征向量矩阵，这里的特征向量有3个，我们选择其中2个，即第一个和第三个特征值。

13.4.5 常用的特征提取方法

在特征降维过程中，常用的方法包括主成分分析（PCA）、独立成分分析（ICA）和线性判别分析（LDA）。当数据拥有明确的类别信息时，最好首先考虑使用线性判别分析（LDA）进行降维。如果数据受到噪声干扰，可以首先使用小幅度的PCA降维来消除噪声，然后再使用LDA进行降维。如果训练数据没有明显的类别信息，那么考虑使用PCA进行降维。

特征提取是由原始输入形成较少的新特征，它会破坏数据的分布，为了使训练出的模型更加健壮，若不是数据量很大、特征种类很多，一般不要用特征提取。

1. PCA（主成分分析）

PCA 作为一种非监督学习的降维技术，能够通过特征值分解来对数据进行压缩和降噪处理，因此在实际应用场景中得到了广泛的应用。为了解决 PCA 存在的某些限制，诞生了众多 PCA 的不同版本。作为一个例子，为了应对非线性的降维挑战，我们采纳了核主成分分析（KPCA）技术；为了克服内存的局限性，我们引入了增量主成分分析（Incremental PCA）的技术手段；为了满足稀疏数据的降维要求，我们引入了如稀疏主成分分析（Sparse PCA）这样的技术手段。

PCA 是一种广泛使用的线性降维技术。它的目标是通过线性投影，将高维度的数据映射到低维度的空间中。在这个过程中，PCA 试图将数据在投影后的维度上的方差最大化，以便保留尽可能多的原始数据特征。通过最大化方差，PCA 帮助数据科学家和研究人员减少了数据的维度，同时尽可能地保留了原始数据的关键特征。

PCA 的优缺点分析如下：

（1）优点

PCA 拥有若干核心的优点。首先，该方法仅采用方差作为衡量信息量的标准，不会受到数据集外因素的干扰，从而确保了信息的客观性。接下来，PCA 生成的主要成分是正交的，这表明它们是相互独立的，能够消除原始数据中不必要的相互影响。最终，PCA 的运算方式极为简洁，主要集中在特征值的分解上，实施起来相对容易，因此在实际操作中广泛受到了欢迎。

（2）缺点

PCA 也有固有的一些限制。首先要注意的是，我们提取的特征维度可能带有某种程度的模糊性，与原始样本特征相比，其解释能力相对较弱。接下来，PCA 可能会剔除某些类别的信息，因为那些方差相对较小的非主成分可能蕴含了样本间的关键差异信息。因此，在数据降维的过程当中，有可能会遗失那些对接下来的数据处理产生影响的关键信息。

2. LDA（线性判别分析）

LDA 代表了一种基于监督学习的降维方法，这意味着其数据集中的每一个样本都具有类别的输出。LDA 的核心理念可以简洁地总结为："在投影之后，类内的方差达到最小，而类与类之间的方差则是最大的"。更明确地说，LDA 的核心目标是在较低的维度上对数据进行投影，确保相同类别的数据在投影完成后更为接近，同时尽量扩大不同类别数据之间的类别中心距离。这个方法的目标是保存数据中的类别信息，以便降维后的数据能更好地反映不同类别之间的差异。

LDA 的优缺点分析如下：

（1）优点

LDA（线性判别分析）具有两个主要优势。首先，它能够充分利用类别的先验知识和经验，在降维过程中保留更多的数据类别信息。与无监督学习方法（如 PCA）相比，LDA 能够利用关于数据类别的先验知识，提高降维的效果。其次，LDA 依赖于数据的均值而不是方差，在处理样本分类信息时更为准确。相比之下，与 PCA 等算法相比，当样本数据的类别信息主要由均值而不是方差决定时，LDA 通常表现得更为优越。这些特点使得 LDA 在需要保留类别信息的任务中，特别是在分类问题中，比其他无监督学习方法更为有效。

（2）缺点

首先，与 PCA 一样，LDA 不适用于非高斯分布的样本数据。其次，LDA 的降维维度最多降到类别数为 $K-1$ 的维数，如果我们降维的维度大于 $K-1$，就不能使用传统的 LDA 方法。尽管现有一些进化版的 LDA 算法可以解决这个问题，但仍然是一个挑战。第三，当样本分类信息主要依赖于方差而不是均值时，LDA 的降维效果可能不理想。最后，LDA 容易出现过度拟合的问题，特别是在样本量较少的情况下。

13.5 经典的信息检索模型

13.5.1 检索模型

在搜索引擎中，搜索结果的排序起到了决定性的作用，它主要受到两大因素的影响：用户的查询与网页内容之间的关联性，以及网页链接的状态。检索模型为计算内容的相关性提供了理论支撑，并且是其关键组成部分。一个标准的检索模型通常由 3 个主要部分构成：查询和文档的表示方式，以及一个检索函数。该函数根据查询和文档的具体表示来显式或隐式地评估它们之间的相关性可能性。

值得强调的是，检索模型的理论探讨往往是建立在一个理想化的假设之上，那就是用户的需求已经通过查询方式被明确地呈现出来，但在实际应用中，情况并不总是这样。因此，目前搜索引擎的主要任务是缩小用户实际需求与查询关键词之间的差距，以便更有效地满足用户多样化的需求。

13.5.2 布尔模型（Boolean）

集合论构成了布尔模型的数学根基。

在布尔逻辑模型里，文档与用户查询的呈现方式是基于它们所携带的词汇集合来完成的。在此模型里,文档与查询的相似度是通过布尔代数的计算(与、或、非)来确定的。虽然这一方法在简洁性和直观性方面表现得相当出色,但由于其不能依据相关性的不同程度来进行排序,因此其搜索出的结果相对不够精确,难以给出准确的排序方案。

13.5.3 向量空间模型(Vector Space Model)

1. 文档表示

在向量空间模型中,每个文档被表示为一个t维的向量,其中t是特征的数量。这些特征可以是单词、词组、N-gram 片段等,尽管最常用的是单词。每个特征都会有相应的权重,这些带有权重的特征共同构成了文档的向量表示,用于描述文档的主题内容。在实际的搜索系统中,特征的维度通常非常高,可能达到成千上万。

2. 特征权重计算

在将文档和查询转换为特征向量时,每个特征(例如单词)都会被赋予一个权值。常用的计算权值的方法是使用 TF-IDF(Term Frequency-Inverse Document Frequency)框架。

(1)词频因子(TF)—局部(一个文档)

往往反映主题,故一个单词的出现频率越高,相应权值越高。

计算公式有多种变体,最简单的就是直接利用词频数作为 TF 值。

一种词频的变体公式是:$Wtf = 1 + \log(tf)$。数字 1 用于平滑,log 机制用于抑制过大差异。另一种公式是:$Wtf = a + (1 - a) \times [tf/\text{Max}(tf)]$。$a$为调节因子,这被称为增强型规范化 TF。

(2)逆文档频率因子(IDF)——全局(文档集合)

TF-IDF 的逆文档频率(IDF)部分反映了一个特征词在整个文档集合中的分布情况。如果一个特征词在更多的文档中出现,它的 IDF 值就会较低,因此它对于区分不同文档的能力相对较差。相反,如果一个词只在较少的文档中出现,它的 IDF 值较高,说明它在文档集中是比较独特和区分性强的词。

计算公式为:$IDF = \log(N/n)$。N代表文档集合中的文档总数,n代表特征词在其中多少文档中出现过。

(3)TF × IDF 框架

Weight(word)= TF × IDF

3. 相似性计算

向量空间模型以文档和查询之间的相似性作为相关性的度量,并且根据这种相似性的得分来给搜索结果排序。然而,这种相似性并不等同于真实的语义相关性。

Cosine 相似性计算定义如式 (13-5) 所示：

$$\text{Cosine}(Q, D_i) = \frac{\sum_{j=1}^{t} w_{ij} \times q_j}{\sqrt{\sum_{j=1}^{t} w_{ij}^2 \times \sum_{j=1}^{t} q_j^2}} \tag{13-5}$$

这个公式计算用户查询Q和D_i文档的相似性，分子部分将文档的每个特征权值和查询的每个特征权值相乘取和，这个过程也叫作求两个向量的点积；分母部分是两个特征向量在欧氏空间中长度的乘积，作为对点积计算结果的规范化（对长文档的惩罚机制）。

13.5.4 概率检索模型（Probability model）

Okapi BM25（Best Matching 25）是一种经典的概率检索模型，广泛应用于商业搜索引擎的网页排序和信息检索任务中。BM25 模型是基于概率排序原理的一种算法，它考虑了查询词在文档中的频率、文档长度以及查询词的文档频率等因素，从而更准确地估计文档与查询的相关性。

1. 概率排序原理

搜索系统的最优性基本思想在于：当用户输入查询时，如果搜索引擎能够根据文档和用户查询之间的相关性，将搜索结果按照相关性由高到低进行排序，那么这个搜索系统的准确性将达到最优水平。

2. 实际实现

根据用户的查询，可以将文档集合分为两个子集：相关文档子集和不相关文档子集。这种划分方式将相关性问题转换为了一个分类问题。对于给定的文档D，如果它属于相关文档子集的概率大于它属于不相关文档子集的概率，那么就可以认为该文档与查询相关。

另$P(R|D)$代表给定一个文档D对应的相关性概率，而$P(NR|D)$代表该文档的不相关概率，若$P(R|D) > P(NR|D)$，我们就认为此文档与查询相关。

根据贝叶斯定理（详见贝叶斯公式推导及意义），最终等价于计算：$P(R|D)/P(NR|D)$

搜索系统无需分类，只需将文档按照上式，降序排列即可。

3. 估值公式

基于二元独立模型（BIM）的二元假设和词汇独立性假设，得到最终的相关性估算公式（式 (13-6)）：

$$\frac{P(D|R)}{P(D|NR)} = \prod_{d_i=1}^{i} \frac{p_i(1-s_i)}{s_i(1-p_i)} \tag{13-6}$$

式中，p_i 代表第 i 个单词在相关文档集合中出现的概率，s_i 代表第 i 个单词在不相关文档集合中出现的概率。

取 log 便于计算（式 (13-7)）：

$$\prod_{d_i=1}^{i} \frac{\log p_i(1-s_i)}{s_i(1-p_i)} \tag{13-7}$$

4. BM25 模型

BIM 模型只关注单词是否在文档中出现，而没有考虑单词的权重。相比之下，BM25 模型在 BIM 的基础上考虑了单词在查询中和文档中的权重，综合了这些权重信息，并引入了一些经验参数，通过试验进行了优化。计算公式如图 13-2 所示。

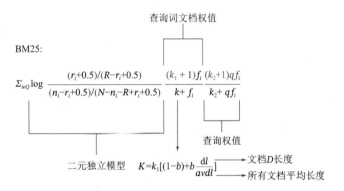

图 13-2　BM25 模型公式

式 (13-6) 考虑了 IDF 因子、文档长度因子、文档词频和查询词频，并利用 3 个自由调节因子（k_1、k_2 和 b）对各种因子的权值进行调整组合。

13.5.5　语言模型（Language Model）

基于统计语言模型的检索模型最早于 1998 年提出，它受到了语音识别领域采用的语言模型技术的启发。其中，一种最简单的语言模型与一个概率有穷自动机等效。在一元语言模型中，词汇出现的次序并不重要，因此这类模型通常被称为词袋模型。

1. 基本思想

与大多数检索模型不同，语言模型的思想是从文档到查询，而不是从查询到文档。它为每个文档建立不同的语言模型，衡量文档生成用户查询的可能性。然后，按照这种生成概率从高到低进行排序，作为搜索结果呈现给用户。这种方法更加注重文档与用户查询之间的语言关系，使搜索结果更符合用户的语言习惯和查询意图。

2. 生成查询概率

在语言模型中，为每个文档建立一个独立的语言模型，该模型代表了单词（或单词序列）在文档中的分布情况。对于查询中的每个单词，都有一个抽取概率与之对应。这些单词的抽取概率相乘，形成了文档生成查询的概率。

3. 存在问题

由于每个文档的文字内容都是有限的，很多查询词可能在文档中并未出现，这种情况下，这些未出现的词的生成概率会被计算为零，导致整个查询的生成概率也为零。这种问题被称为语言模型的数据稀疏性。

4. 解决方案

通常，为了解决语言模型中的数据稀疏问题，常采用数据平滑方法。在语言模型检索中，一种常见的方法是引入一个背景概率，为所有单词赋予一个基本的出现概率，从而对数据进行平滑处理。文档生成查询概率的计算如图 13-3 所示：

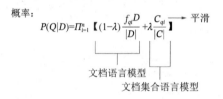

图 13-3　文档生成查询概率计算公式

在加入数据平滑的语言模型中，文档生成查询的概率计算公式被修正为上述形式。每个查询词的生成概率由两个关键部分构成：一部分是特定文档的语言模型，反映了该文档中词汇的分布情况；另一部分则是用于平滑的整个文档集合的语言模型，旨在解决数据稀疏问题。这两部分之间的权重可以通过参数调节，以实现生成概率的精确估计。

13.5.6　查询似然模型（Query Likelihood Model）

对文档集中的每篇文档 d 构建其对应的语言模型 Md。目标是将文档按照与查询相关的似然 $P(d|q)$ 排序。最普遍的计算 $P(d|q)$ 的方法是使用多项式一元语言模型，该模型等价于多项式朴素贝叶斯模型，这里的文档相当于后者中的类别，每篇文档在估计中都是一门独立的"语言"。

在基于语言模型（简记为 LM）的检索中，可以将查询的生成看成一个随机过程。具体的方法是：

（1）对每篇文档推导出其 LM；

（2）估计查询在每个文档d_i的 LM 下的生成概率$P(q|Md)$；

（3）按照上述概率对文档进行排序。

13.5.7 机器学习排序（Learning to Rank）

近年来，利用机器学习技术对搜索结果进行排序备受关注。机器学习在这个领域的应用得益于其能够处理大量特征并进行精确的公式拟合。例如，Google 目前的网页排序算法考虑了超过 200 种因子，这些因子的复杂关系可以通过机器学习方法进行建模。

（1）基本思想：在机器学习排序中，与传统的人工拟合排序公式不同，最合理的排序公式是机器自动学习获得的。人只需提供训练数据，机器学习算法会通过分析这些数据自动发现数据中的模式和规律，然后生成一个排序模型。

（2）实现步骤：在机器学习排序的实施中，首先，人工标注训练数据，包括查询与相关文档的匹配关系，这构成了训练模型的基础。接着，从文档中抽取各种特征，这些特征可以是文档的关键词频率、链接权重、内容质量等。然后，利用这些带有标注的数据，训练机器学习模型，这个过程通常包括选择适当的算法、特征工程、模型训练、交叉验证等步骤，以建立一个准确预测查询与文档的相关性的分类函数。最后，在实际的搜索系统中，将训练好的机器学习模型应用于搜索结果的排序，确保用户得到相关性更高的搜索结果。这个方法可以不断迭代，通过监控用户行为数据和反馈，不断优化模型，提高搜索引擎的性能和用户满意度。

（3）方法分类：单文档方法（Point Wise Approach）、文档对方法（Pair Wise Approach）、文档列表方法（List Wise Approach）。

13.6 信息检索的评价指标

信息检索评价是为了评估信息检索系统的性能，主要考察系统是否能够满足用户的信息需求。这个评价活动的目的在于比较不同技术的优劣，分析不同因素对系统性能的影响，从而推动该领域的研究水平不断提高。信息检索系统的目标是在较少的资源消耗下，尽快且全面地返回准确的搜索结果，以提高用户的满意度。

信息检索（IR）的评价指标通常可以分为 3 个方面：

（1）效率（Efficiency）：这方面的评价可以采用常见的指标，包括系统的时间开销、空间开销和响应速度。这些指标衡量了系统在处理用户查询时的快速性和资源利用效率。

（2）效果（Effectiveness）：这方面的指标主要关注返回的文档集合中有多少是相关文档，在所有相关文档中系统返回了多少以及系统返回的相关文档在结果中的排名。这些指标用来评估系统的检索准确度和相关性。

（3）其他指标：除了效率和效果，还可以考虑一些其他指标，如覆盖率（Coverage，系统检索到的相关文档占总相关文档的比例）、访问量（用户访问系统的次数或频率）以及数据更新速度（系统更新数据的速度）。这些指标可以提供关于系统全面性和实时性的信息。

评价不同检索系统的效果通常需要进行实验比较。在这些实验中，使用相同的文档集合、查询主题集合以及评价指标，对不同的检索系统进行比较，以便全面了解它们的性能。

（1）The Cranfield Experiments（1957—1968 年）：这是早期的信息检索评测实验，使用了上百篇文档集合。这个实验奠定了信息检索评测的基础，为后续研究提供了经验和方法。

（2）SMART System（1964—1988 年）：由 Gerald Salton 创建，使用了数千篇文档集合。SMART 系统是早期信息检索系统中的经典之作，为信息检索研究提供了重要的参考和实验平台。

（3）TREC（Text Retrieval Conference）（1992 年至今）：由美国国家标准技术研究所主办，使用了上百万篇文档。TREC 是信息检索领域的"奥运会"，每年吸引了来自世界各地的研究者参与。在 TREC 中，研究者们可以使用相同的数据集和评价指标，进行各种信息检索任务的比较，促使了信息检索技术的不断进步。

信息检索的评价指标可以分为两类：

（1）对单个查询进行评估的指标：对单个查询得到一个结果。

（2）对多个查询进行评估的指标（通常用于对系统的评价）：求平均。

13.6.1 单个查询的评价指标

1. *P&R*

召回率（Recall）= 检出的相关文档数/相关文档数，是指在所有相关文档中，被成功检出的文档所占的比例。计算方式为检出的相关文档数除以所有相关文档数，通常用 R 表示，取值范围为[0,1]。召回率衡量了检索系统找到所有相关文档的能力，也称为查全率。

准确率（Precision）= 检出的相关文档数/检出文档数，是指在所有被检出的文档中，有多少是相关文档的比例。计算方式为检出的相关文档数除以所有被检出的文档数，通常用P表示，取值范围为[0,1]。准确率衡量了检索系统找到的文档中有多少是相关的，也称为查准率。

在假设文本集中所有文献已经进行了检查的情况下，可得到图 13-4 的结果。

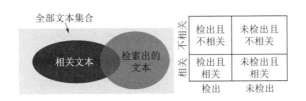

图 13-4　信息检索评价原则图

关于召回率的计算，确实在大规模语料集合中准确地列举每个查询的所有相关文档是不可能的。为解决这个问题，研究者采用了缓冲池（Pooling）方法。这种方法中，多个检索系统的 Top N 个结果被组成一个集合，并且对这个集合中的文档进行标注，将标注出的相关文档集合作为整个相关文档集合。这种做法被验证是可行的，并且在 TREC（Text Retrieval Conference）等信息检索领域的研究中被广泛采用。

在实际应用中，不同的场景和用户需求可能对 Precision 和 Recall 的要求不同。这种差异性需要根据具体应用情况来权衡和调整：

（1）垃圾邮件过滤：在垃圾邮件过滤中，更高的 Precision（查准率）意味着将更少的正常邮件误判为垃圾邮件，这是用户所期望的。即使 Recall（查全率）相对较低，漏掉一些垃圾邮件，用户也更容忍，因为他们更关心不错过重要的正常邮件。

（2）搜索引擎：在搜索引擎中，不同用户可能有不同的期望。有些用户希望返回的结果集越全面越好，即便其中包含了一些不相关的内容；而有些用户则更注重结果的准确性，他们希望返回的结果中尽可能包含与查询相关的信息，即使牺牲了一些全面性。

2. F 值和 E 值

（1）F 值：召回率R和正确率P的调和平均值，if $P = 0$ or $R = 0$, then $F = 0$, else 采用式 (13-8) 计算：

$$F(j) = \frac{2}{\frac{1}{R(j)} + \frac{1}{P(j)}} \qquad (P \neq 0, R \neq 0) \tag{13-8}$$

或者式 (13-9)：

$$F = 2 \cdot \frac{\text{precision} \cdot \text{recall}}{\text{precision} + \text{recall}} \tag{13-9}$$

F 值也被称为 F_1 值（F_1 measure），因为 recall 和 precision 的权重一样。

式 (13-10) 为更通用的公式：

$$F_\beta = (1 + \beta^2) \cdot \frac{\text{precision} \cdot \text{recall}}{\beta^2 \cdot \text{precision} + \text{recall}} \tag{13-10}$$

其中，F_2 值（更重视召回率）和 $F_{0.5}$ 值（更重视准确率）也是非常常用的指标值。

（2）E 值：召回率 R 和正确率 P 的加权平均值，$b > 1$ 表示更重视 P。具体见式 (13-11)。

$$E(j) = 1 - \frac{1 + b^2}{\frac{b^2}{R(j)} + \frac{1}{P(j)}} \quad (P \neq 0, R \neq 0) \tag{13-11}$$

或者式 (13-12)：

$$E = 1 - \frac{1}{\frac{\alpha}{P} + \frac{1 - \alpha}{R}} \tag{13-12}$$

F 和 E 的关系如式 (13-13) 所示：

$$F_\beta = 1 - E \text{ where } \alpha = 1 - \frac{1}{1 + \beta^2} \tag{13-13}$$

（3）R-Precision：计算序列中前 R 个位置文献的准确率。R 指与当前查询相关的文献总数。

3. P-R 曲线

P-R 曲线（Precision-Recall Curve）是一种图形表示方式，用于呈现不同召回率下的正确率。检索结果以排序方式排列，用户不可能马上看到全部文档，因此，在用户观察的过程中，正确率和召回率在不断变化（vary）。可以求出在召回率分别为 0，10%，20%，30%，…，90%，100% 上对应的正确率，然后描出图像。

某个查询 q 的标准答案集合为：$R_q = \{d_3, d_5, d_9, d_{25}, d_{39}, d_{44}, d_{56}, d_{71}, d_{89}, d_{123}\}$

某个 IR 系统对 q 的检索结果如表 13-1 所示。

表 13-1　IR 系统对 q 的检索

1. $d_{123}\ R = 0.1, P = 1$	6. $d_9\ R = 0.3, P = 0.5$	11. d_{38}
2. d_{84}	7. d_{511}	12. d_{48}
3. $d_{56}\ R = 0.2, P = 0.67$	8. d_{129}	13. d_{250}

续表

| 4. d_6 | 9. d_{187} | 14. d_{113} |
| 5. d_8 | 10. d_{25} $R = 0.4, P = 0.4$ | 15. d_3 $R = 0.5, p = 0.33$ |

Precision-Recall 曲线如图 13-5 所示。

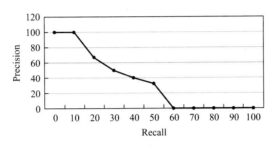

图 13-5 Precision-Recall 曲线

P-R曲线的优点如下：

（1）简单直观：P-R曲线以简洁的图形形式展示了在不同召回率下的正确率，易于理解和比较。

（2）综合考虑：P-R曲线同时考虑了检索结果的覆盖度（Recall）和排序准确性（Precision），提供了一个综合性能评估，能够在不同应用场景下为用户提供有用的信息。

P-R曲线的缺点如下：

P-R曲线在单个查询的情境下提供了清晰的性能评估，然而，它的缺点在于难以直接比较两个查询的检索结果。

P-R曲线可以通过两种方法转化为单一指标，以便进行直接比较：

（1）Break Point：P-R曲线上P = R的那个点可以作为单一指标。在该点上，精确率等于召回率，表示系统找到的相关文档数量与所有相关文档的数量相等。这个点的数值即为单一指标，用于比较。

（2）11 点平均正确率（11 Point Average Precision）：在召回率分别为 0，0.1，0.2，…，1.0 的 11 个点上，计算相应的正确率，并求平均。这个方法等价于在P-R曲线上进行插值操作，得到的平均正确率作为单一指标。这种方法考虑了不同召回率点上的正确率，提供了更全面的性能评估。

4. AP

平均正确率（Average Precision，AP）是指在不同的召回率点上，正确率的平均值。

（1）关于未插值的 AP：当某查询 Q 显示出 6 个相关的结果时，某个系统会将 5 篇相关文档进行排序，它们的位置依次为第 1、第 2、第 5、第 10 和第 20 位，则AP = (1/1 + 2/2 + 3/5 + 4/10 + 5/20 + 0)/6。

（2）插值的 AP：在召回率分别为 0，0.1，0.2，…，1.0 的 11 个点上，计算正确率的平均值，这与 11 点的平均值是等同的。

（3）那些仅对返回的相关文件进行处理的 AP，AP = (1/1 + 2/2 + 3/5 + 4/10 + 5/20)/5，更偏向于那些能快速给出结果的系统，而忽略了召回率的考量。

在忽略召回率的前提下，仍然存在单一的查询评估指标。

（1）Precision@N：在第 N 个位置上的准确率，考虑到大多数作者只关注前一两页的结果，P@10、P@20 对于大型搜索引擎是非常有效的。

（2）NDCG：接下来会有详尽的描述。

（3）Bpref：Binary Preference，2005 年首次引入到 TREC 的 Terabyte 任务中。

5. NDCG

NDCG 的全称是 Normalized Discounted Cumulative Gain（归一化折损累计增益），在搜索和推荐任务中，系统常返回一个 item 列表，如何衡量这个返回的列表是否优秀呢？

例如，当我们检索【推荐排序】，网页返回了与推荐排序相关的链接列表。列表可能会是[A,B,C,G,D,E,F]，也可能是[C,F,A,E,D]，现在问题来了，当系统返回这些列表时，怎么评价哪个列表更好？

NDGG 就是用来评估排序结果的。

（1）Gain：表示一个列表中所有 item 的相关性分数。$rel(i)$表示$item(i)$相关性得分。表示为 Gain = $rel(i)$。

（2）Cumulative Gain：表示对 K 个 item 的 Gain 进行累加。具体见式 (13-14)。

$$CG_k = \sum_{i=1}^{k} rel(i) \tag{13-14}$$

CG 只是单纯累加相关性，不考虑位置信息。

如果返回一个 list_1 = [A,B,C,D,E]，那 list_1 的 CG 为 0.5 + 0.9 + 0.3 + 0.6 + 0.1 = 2.4。

如果返回一个 list_2 = [D,A,E,C,B]，那 list_2 的 CG 为 0.6 + 0.5 + 0.1 + 0.3 + 0.9 = 2.4。

所以，顺序不影响 CG 得分。如果想评估不同顺序的影响，就需要使用另一个指标 DCG 来评估。

（3）Discounted Cumulative Gain：考虑排序顺序的因素，使得排名靠前的 item

增益更高，对排名靠后的 item 进行折损。

CG 与顺序无关，而 DCG 评估了顺序的影响。DCG 的思想是：list 中 item 的顺序很重要，不同位置的贡献不同，一般来说，排在前面的 item 影响更大，排在后面的 item 影响较小。（例如一个返回的网页，肯定是排在前面的 item 会有更多人点击）。所以，相对于 CG 来说，DCG 使排在前面的 item 增加了影响，排在后面的 item 减弱了影响。具体见式 (13-15)。

$$\mathrm{DCG}_k = \sum_{i=1}^{k} \frac{rel(i)}{\log_2(i+1)} \tag{13-15}$$

在 CG 的基础上，DCG 计算公式中，每个 item 的相关性比上 $\log_2(i+1)$，i 越大，$\log_2(i+1)$ 的值越大，相当于给每个 item 的相关性打个折扣，item 越靠后，折扣越大。

（4）Normalized Discounted Cumulative Gain：是根据 $rel(i)$ 降序排列，即排列到最好状态。算出最好排列的 DCG，就是 NDCG。因为不同 query 的搜索结果有多有少，所以不同 query 的 DCG 值就没有办法来做对比。所以提出 NDCG（式 (13-16)）。

$$\mathrm{NDCG}_k = \frac{\mathrm{DCG}}{\mathrm{IDCG}} \tag{13-16}$$

这样的话，NDCG 就是一个相对值，那么不同 query 之间就可以通过 NDCG 值进行比较评估。

NDCG（Normalized Discounted Cumulative Gain）的优点包括图形直观、易于解释。与 P-R 曲线相比，NDCG 支持非二值的相关度定义，因此更能够精确地反映不同文档在用户需求中的权重。此外，NDCG 能够捕捉到用户的行为特征，比如用户的持续性，这使得它在评估搜索系统性能时更具代表性。然而，NDCG 也存在一些缺点。首先，相关度的定义在实际应用中可能难以达成一致，这可能导致不同的评估结果。其次，NDCG 需要参数设定，这意味着在使用 NDCG 进行评估时，需要事先确定一些参数，这可能引入主观因素，将影响评估的客观性。

6. Bpref

Bpref（Binary Preference）是 2005 年首次在 TREC 的 Terabyte 任务中被引入的，其主要功能是评估搜索结果列表中经过筛选的文档的质量。Bpref 与其他技术指标有所不同，它主要关注那些相关性判断完整的文档。即使在测试集相关性判断不完整的场景中，Bpref 仍然展现出了出色的应用表现，甚至在某些方面超越了 MAP。这一指标主要关注与搜索系统无关的文档在相关文档之前的出现频率，目的是更精确地评价搜索系统中文档的排序性能。式 (13-17) 为详细的数学公式：

$$\mathrm{MAP} = \overline{P}(r) = \sum_{i=1}^{Nq} \frac{Pi(r)}{Nq} \qquad (13\text{-}17)$$

在这个定义里，对于每一个特定的主题（Topic），都已经明确了与之相关的 R 个结果。在这里，r 代表与主题相关的文档数量，而 n 则代表在 Top R 篇的结果中，排名高于 r 的不相关文档的数目。在这里，"n ranked higher than r"意味着在当前相关结果项 r 之前，存在 n 个不相关的结果。

下面举个例子来说明 Bpref 的性能，假设检索结果集 S 为：$S = \{D_1, D_2, D_2, D_3, D_4, D_5, D_6, D_7, D_8, D_9, D_{10}\}$，其中 D_2、D_5 和 D_7 是相关文档，D_3 和 D_4 为未经判断的文档，则 $R = 3$；Bpref $= 1/3\left[\left(1 - \frac{1}{3}\right) + \left(1 - \frac{1}{3}\right) + \left(1 - \frac{2}{3}\right)\right]$。

13.6.2 多个查询的评价指标

在多个查询的评价中，一般会考虑对单个查询的评价结果进行平均化。有两种常见的平均方法：

（1）宏平均（Macro Average）是对每一个独立的查询计算其相关指标（例如准确性、召回率等），接着对这些查询的指标值执行算术平均处理。这个方法把每一个查询看作是一个单独的实体，并对其性能进行平均分配。

（2）微平均（Micro Average）是一种方法，它将所有的查询视为一个统一的整体，然后将各种不同情况下的文档数进行求和，接着进行指标的计算。这个方法汇总了所有查询相关和不相关的文档数量，并据此计算了整体的性能指标。

举个例子：Micro Precision = (所有被查询到的相关文档的总数)/(所有被查询到的文档的总数)。在处理所有查询时，宏平均是平等对待的，而微平均则受到返回的相关文档数量较多的查询的影响。

以宏平均和微平均为例：

在两个查询 q_1、q_2 中，标准答案的数量分别是 100 个和 50 个。有一个系统对 q_1 检索出了 80 个答案，其中 40 个是正确的，而另一个系统对 q_2 检索出了 30 个，正确答案的数量是 24 个，那么：

$P_1 = 40/80 = 0.5, R_1 = 40/100 = 0.4$

$P_2 = 24/30 = 0.8, R_2 = 24/50 = 0.48$

MacroP $= (P_1 + P_2)/2 = 0.65$

MacroR $= (R_1 + R_2)/2 = 0.44$

MacroP $= (40 + 24)/(80 + 30) = 0.58$

MacroR $= (40 + 24)/(100 + 50) = 0.43$

1. MAP

Mean Average Precision（MAP）在信息检索领域是一个经常被采用的评估标准，它主要用于衡量系统在多种查询中的表现。更具体地说，MAP 是用来计算每个查询的 Average Precision（AP）平均值的，其中 AP 代表在特定查询中，系统所检索到的相关文件的平均准确性。在 MAP 系统中，每一次查询，系统返回的相关文件越早（排名越高），该查询的 AP 也就越高。假如系统未能返回相应的文件，那么该查询的 AP 值将默认设置为 0。接下来，取所有查询的 AP 值的平均值，从而计算出 MAP。

在多个查询场景下，查准率与查全率的关系曲线可以通过计算其平均查准率来确定，具体见式 (13-18)（其中 Nq 代表查询数量）：

$$\mathrm{MAP} = \overline{P}(r) = \sum_{i=1}^{Nq} \frac{Pi(r)}{Nq} \tag{13-18}$$

式中，$\overline{P}(r)$ 是指查全率为 r 时的平均查准率，$Pi(r)$ 指查全率为 r 时的第 i 个查询的查准率。

为了解释 MAP（Mean Average Precision）的计算流程，我们可以提供一个实例：假定我们有两个查询主题，一个是主题 1，另一个是主题 2。主题 1 涵盖了 4 个相关的网页内容，而主题 2 则包括了 5 个相关的网页。在我们的系统检索主题 1 的过程中，得到的相关网页的排名依次是 1，2，4，7。关于主题 2，返回的相关网页的排名是 1，3，5。首先，我们计算主题 1 的平均准确率（Average Precision，AP）。对于主题 1，第 1 个相关网页的准确率为 1/1，第 2 个相关网页的准确率为 2/2，第 3 个相关网页的准确率为 3/4，第 4 个相关网页的准确率为 4/7。将这些准确率求平均，得到主题 1 的 AP 为 (1/1 + 2/2 + 3/4 + 4/7)/4 = 0.83。接下来，我们计算主题 2 的平均准确率。对于主题 2，第 1 个相关网页的准确率为 1/1，第 2 个相关网页的准确率为 2/3，第 3 个相关网页的准确率为 3/5。将这些准确率求平均，得到主题 2 的 AP 为 (1/1 + 2/3 + 3/5)/5 = 0.45。最后，将两个主题的 AP 值相加，再除以主题数 2，得到系统的 MAP 值：MAP = (0.83 + 0.45)/2 = 0.64。

2. MRR

MRR（Mean Reciprocal Rank）是一种用于评估信息检索系统性能的指标，特别适用于问答系统或主页发现系统等只关心第一个标准答案位置的场景。MRR 的计算方式是将标准答案在被评价系统返回结果中的排序位置取倒数，即 Rank 的倒数，然后对所有问题的倒数值求平均得到 MRR。

例如，如果假设存在两个问题，那么系统对第一个问题的标准答案 Rank 为

2，而对第二个问题的标准答案 Rank 为 4，那么系统的 MRR 将是$(1/2 + 1/4)/2 = 3/8$。再给出一个实例：表 13-2 展示了 3 个 query，其中加粗的是返回结果中最匹配的一个。

这个系统的 MRR 值为：$(1/3 + 1/2 + 1)/3 = 11/18 = 0.61$。

MRR 结果　　　　　　　　　　　　　　　　　表 13-2

Query	Results	Correct response	Rank	Reciprocal rank
Cat	Catten, cati, **cats**	Cats	3	1/3
Torus	Torii, **tori**, toruses	Tori	2	1/2
Virus	**Viruses**, virrii, viri	Viruses	1	1

3. GMAP

GMAP（Geometric MAP）是 TREC 2004 Robust 任务引入的评价指标，它使用几何平均值来更准确地比较不同系统在各个查询上的性能，而不只是依赖于宏平均的结果。

举例说明：考虑两个系统 A 和 B（表 13-3），从 MAP（宏平均）来看，系统 A 的表现优于系统 B。然而，具体到每个查询上，发现在 3 个查询中有 2 个查询，系统 B 的性能比系统 A 好，而其中一个查询中，系统 B 的性能提高了 300%。

GMAP 结果　　　　　　　　　　　　　　　　表 13-3

系统	Topic	AP	Increase	MAP
系统 A	Topic1	0.02	—	
	Topic2	0.03	—	0.113
	Topic3	0.29	—	
系统 B	Topic1	0.08	+300%	
	Topic2	0.04	+33.3%	0.107
	Topic3	0.20	−31%	

因此，利用式 (13-19) 计算几何平均值：

$$\text{GMAP} = \sqrt[n]{\prod_{i=1}^{n} \text{AP}_i} = \exp\left(\frac{1}{n}\sum_{i=1}^{n} \ln \text{AP}_i\right) \qquad (13\text{-}19)$$

例子中：GMAPa = 0.056，GMAPb = 0.086。GMAPa < GMAPb。

GMAP 和 MAP 各有其优势和劣势，在评价信息检索系统时，可以综合使用

MAP 和 GMAP。如果存在难 Topic 时，GMAP 更能体现细微差别。

13.6.3　面向用户的评价指标

之前的所有指标都未将用户的需求纳入考虑。用户负责判断是否存在相关性。如果我们假设用户已知的相关文档集合是 U，并且检索结果与 U 的交集是 Ru，那么我们可以定义一个覆盖率 $C(Coverage) = |Ru|/|U|$，来表示系统找到的用户已知相关文档的比例。如果在检索结果中返回了一些用户之前不知道的相关文档 Rk，那么可以定义一个新颖率，$N(Novelty\ Ratio) = |Rk|/(|Ru| + |Rk|)$，表示系统返回的新相关文档的比例。

相对查全率的定义为：衡量了系统检索出的相关文档数量与用户期望获得的相关文档的数量的比例。

查全率的定义为：表示为了找到用户期望的相关文档，用户需要在检索结果中审查的文档数量与用户期望得到的相关文档数量之比。

13.6.4　评价指标总结

当前信息检索领域的基本评价指标主要集中在召回率和准确率上，然而，这些指标在面对大规模数据和人工判断困难等挑战时存在一些不足：

（1）限制于经过 Pooling 技术的相关文档：如 R-Precision，MAP，P@10 等指标仅考虑了经过 Pooling 技术筛选出的相关文档，忽略了未经判断的文档。这可能导致对系统性能的片面评估，无法全面了解未经筛选文档的影响。

（2）忽略不相关文档与未判断文档的区别：在评估中，通常将判断不相关的文档和未经判断的文档等同看待，而它们在用户需求满足程度上可能存在显著差异。忽视这些差异可能导致对系统性能的误判。

（3）相关性判断的困难：随着测试集规模的增加，相关性判断变得更加困难。传统的相关性判断通常依赖人工，但随着数据规模的增长，人工判断的精确性和效率受到挑战，因此需要更智能、自动化的方法来进行相关性判断。

第 14 章

商务智能中的推荐

14.1 推荐系统概述

推荐系统是一项通过电子商务网站为客户提供商品详情和建议的先进技术，它的核心目标是协助用户确定应当购买的商品种类，这与模拟销售团队协助客户完成购买流程有着相似之处。在推荐系统中，个性化推荐被视为一个核心策略，它会根据用户的购买偏好和购买习惯，为他们推介那些他们可能感兴趣的资讯和产品。

在电子商务迅速发展的今天，商品种类的增多和信息的泛滥使得顾客在网上购物时面临着巨大的信息过载问题。顾客需要花费大量的时间和精力才能找到符合他们需求的商品，而这种繁琐的搜索过程容易让消费者感到疲惫和失望，从而选择放弃购买或者转向其他平台。因此，个性化推荐系统的出现填补了这一需求和供应之间的鸿沟。

14.1.1 定义

推荐系统通常由 3 个关键模块组成，包括用户建模模块、推荐对象建模模块和推荐算法模块。这些模块协同工作，通过分析用户的兴趣需求和推荐对象的特征信息，以及应用适当的推荐算法，来寻找符合用户兴趣的推荐对象，并将其推荐给用户。

14.1.2 背景

互联网的普及带来了海量的信息，满足了人们在信息时代对各种知识和娱乐的需求。然而，随着网络信息的急剧增长，用户常常面临一个难题：在庞大的信息海洋中，找到并获取真正对自己有用的信息变得越来越困难。这种情况导致了信息超载（Information Overload）问题的出现。

推荐系统是一种具有巨大潜力的方式，用于解决信息过载的问题。该系统会根据用户的特定信息需求和兴趣，为他们推荐他们可能感兴趣的信息和产品，从而实现个性化的信息推送功能。推荐系统与传统搜索引擎有所不同，它通过深度分析用户的兴趣偏好，进行个性化的计算分析，主动识别用户的兴趣点，并指导用户找到与他们需求相匹配的信息。一个高质量的推荐系统不仅可以为用户提供定制化的服务，还可以建立紧密的用户关系，使用户逐步依赖系统的推荐，从而提高用户获取信息的效率。

目前，推荐系统在多个行业中得到了广泛的应用，其中电子商务领域是最具代表性且拥有巨大发展潜力和应用前景的一个领域。学术界对于推荐系统的研究持续保持着极高的关注度，推荐系统的研究逐渐发展成为一个独立的学术领域。

14.1.3　主要推荐方法

1. 基于内容推荐

基于内容的推荐（Content-Based Recommendation）实质上是对信息过滤技术的进一步扩充和优化。其核心理念是根据项目的详细内容来推荐，而不仅仅是基于用户对该项目的反馈意见。更加关键的一点是，该系统运用了机器学习的方法，从描述内容属性的案例中抽取出用户的兴趣点。在以内容为核心的推荐系统设计过程中，项目或对象的定义是基于它们的相关特性。该系统依据用户对目标对象的评估特性来捕捉用户的兴趣点，并对用户提供的信息与预定项目的匹配度进行评估。用户数据模型的构建是基于所使用的学习策略，这些策略通常包括决策树、神经网络和基于向量的表示方法等。基于内容的用户信息必须包括用户的历史数据，而用户信息的模型可能会根据用户的偏好相应地进行调整。

基于内容推荐方法的优点有：

（1）该系统不依赖其他用户的信息，也不存在初始问题或数据稀疏的问题。

（2）可以为那些拥有独特兴趣和爱好的用户提供推介服务。

（3）可以推介新的或者不太受欢迎的项目，不存在新项目的问题。

（4）通过详细列举推荐项目的各项内容特性，我们能够理解为何要推荐这些特定的项目。

（5）我们已经掌握了相当先进的技术，特别是在分类学习这一领域，技术已经达到了相当高的成熟度。

其不足之处在于，它要求内容能够轻松地提取出有意义的特性，并确保这些特性具有良好的结构性。同时，用户的喜好也必须可以通过内容特性来明确表达，而不能直接获得其他用户的评价。

2. 协同过滤推荐

在推荐系统的应用中,协同过滤推荐(Collaborative Filtering Recommendation)技术被视为最早被实施并取得最大成功的技术方法之一。该计算系统一般采用最近邻计算方法来估算用户之间的距离,这一过程是基于对用户历史偏好信息的分析来完成的。接下来,该系统会依据目标用户最近的邻居用户对产品的加权评估值来预估目标用户对某一特定商品的偏好,并据此为目标用户提供相应的推荐。协同过滤技术的显著优点是,它对推荐的内容没有明确的约束,能够有效地处理如音乐和电影这类的非结构化的复杂信息。

协同过滤技术建立在这样一个基础上:为了帮助某一用户找到他真正感兴趣的内容,一个有效的方法是首先识别出与该用户有相似兴趣的其他用户,然后将他们感兴趣的内容推荐给该用户。其核心思想易于理解,因此在我们的日常生活中,我们常常会根据好友的建议来作出各种不同的决策。协同过滤实质上是一种将特定理念融入电子商务推荐系统的方法,该系统是根据其他用户对某一特定内容的反馈来为目标用户进行推荐的。

一个基于协同过滤技术的推荐系统是从用户的角度进行推荐的,并且是自动生成的。换句话说,用户获取的推荐信息是通过系统的购买模式或浏览行为等不明显的方式获得的,用户不需要付出额外的努力去寻找与自己兴趣相符的推荐信息,比如填写特定的调查问卷等。

与基于内容的过滤方法相比,协同过滤具有以下优点:

(1)该系统能够过滤掉那些难以通过机器自动进行内容分析的信息,例如艺术作品和音乐等。

(2)通过分享他人的经验,我们可以避免内容分析的不完整性和不精确性,并基于一些复杂且难以用语言描述的概念(例如信息的质量和个人的审美)进行筛选。

(3)具备向他人推介新资讯的技能。在内容上,可以观察到完全不一样的信息,这是用户之前无法预见的推荐内容。协同过滤与基于内容过滤之间的主要区别在于,基于内容过滤推荐的内容往往是用户已经非常熟悉的,而协同过滤则能识别出用户可能但尚未察觉的兴趣点。

(4)该系统能够高效地利用其他类似用户提供的反馈,减少用户反馈的数量,并加速个性化学习的进程。

虽然协同过滤技术被认为是一种广泛使用的推荐方法,但它依然存在许多迫切需要解决的问题。最具代表性的两个问题是稀疏问题(Sparsity)和可扩展问题

（Scalability）。

3. 基于关联规则推荐

基于关联规则的推荐方法（Association Rule-based Recommendation）是在关联规则基础上构建的，其中，已经购买的商品被视为规则的头部，而推荐的目标则是规则体。通过应用关联规则挖掘的方法，我们成功地在零售行业中识别了不同商品在销售过程中的相互联系，这一方法已经得到了成功的应用。管理规则的核心理念在于，在交易数据库里对购买商品集 X 的交易进行记录，以确定多大比例的交易同时完成了商品集 Y 的购买。这一观点清晰地展示了当用户购买特定商品，如牛奶时，他们对其他商品，如面包的购买意向，可能会有更多的人同时考虑购买。

识别算法中的首个关联规则是最核心且最耗费时间的环节，这构成了算法的限制，但它可以在离线状态下执行；此外，商品名称的同义性在关联规则中也是一个相当复杂的议题。

4. 基于效用推荐

基于效用的推荐（Utility-Based Recommendation）是一种根据用户项目的效用状态来进行评估的策略。核心的问题是如何为每位用户设计一个效用函数，因为用户的信息结构在很大程度上受到系统所采用效用函数的影响。效用推荐具有一个突出的优势，那就是它能够将非产品的特性，如供应商的稳定性（Vendor Reliability）和产品的可获取性（Product Availability）等，纳入效用评估的考量之中。

5. 基于知识推荐

基于知识的推荐（Knowledge-Based Recommendation）在某种程度上可以被认为是一种推理（Inference）方法，它并不是根据用户的需求和喜好来进行推荐的。基于知识的策略因其所使用的功能知识的不同而展现出明显的差异性。效用知识（Functional Knowledge）阐述了一个项目是如何满足某一特定用户需求的，这有助于解释需求和推荐之间的关系。因此，用户所提供的信息可以被视为支持逻辑推断的知识结构，它不仅可以代表用户之前的标准化查询，还可以呈现用户更为深入的需求描述。

6. 组合推荐

鉴于各种推荐策略都存在各自的长处和短处，组合推荐（Hybrid Recommendation）在实际操作中经常应用。在众多的研究和应用中，内容推荐与协同过滤推荐的结合是最为常见的。最直接的方法是采用基于内容的策略和协同过滤推荐策略来生成一个预测的推荐结果，并将这些结果通过特定的方法进行整合。虽然理论上存在众多的推荐组合策略，但在特定的问题上它们可能并不总是有效的。组合推荐的一个核心原则是，在组合后能够规避或补充各自推荐方法的不足之处。

关于组合的方法，研究者们提出了 7 个不同的组合策略：

（1）加权（Weight）：对多种推荐技术的结果进行加权处理。

（2）变换（Switch）：基于问题的背景、实际状况或需求，选择适当的推荐技术进行变换。

（3）混合（Mixed）技术：它结合了多种推荐方法，为用户提供了多种不同的推荐结果作为参考。

（4）特征组合（Feature combination）：指的是从多个推荐数据源中提取特征，这些特征随后被另一种推荐算法所采纳。

（5）层叠（Cascade）：首先利用一种推荐方法得到一个初步的推荐效果，然后基于这个结果，利用第二种推荐方法进一步提供更为精确的建议。

（6）特征扩展（Feature Augmentation）：指一种技术生成的额外特征信息被嵌入到另一种推荐技术的特征输入之中。

（7）元级别（Meta-Level）：采用一种推荐策略生成的模型，作为另一种推荐策略的输入数据。

14.1.4 推荐系统的体系结构

1. 服务器端推荐系统

在推荐系统的体系结构研究中，一个核心问题是确定用户信息的收集位置和用户描述文件应该放置在哪一个位置，是服务器、客户机，还是位于这两者之间的代理服务器。

最开始的推荐系统主要是基于服务器端构建的，而在这些推荐系统里，推荐系统通常与 Web 服务器共享同一套硬件设备。从逻辑角度看，推荐系统所需的用户信息的收集和模型构建都是基于 Web 服务器。

从这些信息中可以明确，基于服务器端的推荐系统所面临的主要问题有：

（1）个性化信息的搜集完全依赖于 Web 服务器，因此受到了 Web 服务器功能的制约。

（2）Web 服务器的系统成本有所上升。

（3）对用户的个人隐私构成巨大的风险。不论是负责推荐系统的管理员还是那些试图侵入推荐系统的工作人员，他们都可以轻松地访问服务器上的用户资料。鉴于用户的个人信息具有极高的价值，那些接触到这些数据的人可能会泄漏用户信息或非法使用。

2. 客户端推荐系统

斯坦福大学的 LIRA、麻省理工学院的 Letizia、加州大学的 Syskill&Webert 和卡内基·梅隆大学的 Personal Web-Watcher 均被视为客户端个性化服务系统的杰出代表。

基于客户端的推荐系统有以下优点：

（1）用户信息是在本地收集和处理的，这不仅可以获得丰富而准确的用户信息，还可以构建高质量的用户模型。

（2）服务器上存储的用户数据数量极为有限，甚至有可能完全不存在，这导致 Web 服务器无法访问和管理这些用户数据，从而更加有效地保护了用户的隐私安全。

（3）用户更有可能将自己的个人信息分享给推荐系统，这样做是为了提升推荐系统的整体推荐效能。在以客户端为基础的推荐系统中，用户数据被保存在它们的本地客户端，为用户提供了单独管理和操控这些数据的能力。

依赖客户端的推荐系统存在以下不足：

（1）用户描述文件的生成和推荐策略的实施都是基于对所有用户数据的深入分析。然而，基于客户端的推荐系统在获取其他用户数据、获取用户描述文件以及实施协同推荐策略方面存在困难。因此，推荐系统需要重新进行全面设计，特别是推荐策略的修改是不可或缺的。

（2）在个性化推荐的处理流程中，用户的信息资料还需部分传输至服务器，这增加了隐私泄漏的风险，因此有必要开发一个安全的数据传输平台。

14.2　推荐系统评测指标

对于众多的互联网公司而言，一个出色的推荐系统是非常关键的，那么如何准确地评估一个推荐系统的优劣呢？我们需要提供一个推荐的系统评估标准。一个高效的推荐系统不仅可以精确地预测用户的行为模式，还有助于拓宽用户的认知范围，并协助他们识别出可能引起他们兴趣的各种事物。这一部分会从各种不同的视角出发，给出各种不同的评价指标。这些评价指标涵盖了用户的满意度、预测的准确性、覆盖范围、多样性、创新性以及惊喜度等多个方面。这些指标部分可以进行离线运算，而有一些则需要智能在线来完成，还有一些仅能通过用户的问卷调查来获取。图 14-1 为推荐系统测评指标。

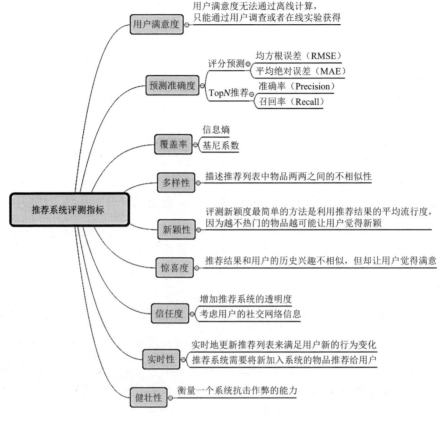

图 14-1　推荐系统测评指标

14.2.1　准确率指标

在推荐系统中，用户作为关键的参与方，他们的满意程度已经变成了评价推荐系统效果的主要准则。在大多数情况下，用户的满意度是不能通过离线计算来确定的，只能依靠用户进行的调查或者在线试验来获得。用户的满意度主要通过分发调查问卷来达成。用户对推荐系统的满意度可以被细分为若干个独特的层次。调查问卷的目标不只是简单地询问用户对调查结果的满意程度，更重要的是从多方面深入了解用户对调查结果的各种感受。比如说，如果只是询问用户是否感到满意，他们可能会觉得整体上是满意的，但在某些方面仍然存在不满，这可能导致回答这个问题变得困难。因此，在制定问卷的过程中，必须充分考虑用户的各种情感和体验，这样才能为他们的问题提供准确的答案。

在线试验显示，用户的满意度主要是基于对用户行为的一系列统计数据来确定的。例如，在电子商务环境中，用户一旦购买了系统推荐的商品，通常表示他们在一定层面上感到满足。因此，我们具备通过购买率来评估用户满意度的能力。此外，为了更好地收集用户的满意度反馈，有些网站会专门设计一个用户反馈的特定界面。例如，在 Hulu 视频网站的推荐页面和豆瓣的网络电台中，都设置了用户对推荐结果的满意或不满意的反馈按钮，可以通过统计这两种按钮的点击情况来衡量系统的用户满意度。在更广泛的场合中，我们能够通过点击率、用户的停留时长以及转化率等多个指标来衡量用户的满足程度。

14.2.2 预测准确度

一个推荐系统或推荐算法对用户行为的预测能力，可以通过预测的准确性来评估。在推荐系统的离线评估过程中，这个指标被视为最核心的参考标准。在计算该指标时，我们需要一个离线数据集，这个数据集应该包含用户过去的行为记录。然后，在时间轴上，我们将这个数据集分为训练集和测试集。最后，我们在训练数据集上构建一个预测用户行为和兴趣的模型，该模型用于预测用户在测试数据集上的表现，并计算预测行为与测试数据集上实际行为的一致性，作为预测准确性的依据。

许多提供推荐服务的网站，例如淘宝、京东、亚马逊等，都设有一个功能，允许用户对商品进行评分。因此，一旦了解到用户对某一物品的历史评价，我们就能从中提炼出用户的兴趣模型，并据此预测该用户在未来遇到一个他从未过度评价过的物品时，会给该物品多少评分。对用户如何给物品评分的行为进行预测称作评分预测。

评分预测的预测准确度一般通过均方根误差（Root Mean Squared Error，RMSE）和平均绝对误差（Mean Absolute Error，MAE）计算。对于测试集中的一个用户 u 和物品 i，令 r_{ui} 为用户 u 对物品 i 的实际评分，而 $\hat{r_{ui}}$ 为推荐算法给出的预测评分，那么 RMSE 的定义见式 (14-1)：

$$\text{RMSE} = \sqrt{\frac{\sum_{u,i \in T}(r_{ui} - \hat{r_{ui}})^2}{|T|}} \tag{14-1}$$

MAE 采用绝对值计算预测误差，其定义见式 (14-2)：

$$\text{MAE} = \frac{\sum_{u,i \in T}|r_{ui} - \hat{r_{ui}}|}{|T|} \tag{14-2}$$

Netflix 对 RMSE 和 MAE 这两项指标的利弊进行了分析，他们认为 RMSE 增加了对预测不准确的用户物品评分（平方项）的处罚，这使得对系统的评估变得更加严格。研究发现，当评分系统是基于整数形式构建（也就是说，用户提供的所有评分都是整数）时，对预测的结果进行整数处理可以减少 MAE 的误差。

当一个网站为用户提供推荐服务时，它通常会呈现一个个性化的推荐列表，这种方式通常被称为 TopN 推荐。TopN 推荐的预测准确性通常是通过两个核心指标——准确率（Precision）和召回率（Recall）来进行量化评估的。$R(u)$ 是基于用户在训练数据集中的表现给出的推荐列表，而 $T(u)$ 则用来描述用户在测试数据集中的特定行为模式。因此，我们将推荐结果的召回率定义为式 (14-3)：

$$\text{Recall} = \frac{\sum_{u \in U} |R(u) \cap T(u)|}{\sum_{u \in U} |T(u)|} \tag{14-3}$$

我们将推荐结果的准确率定义为式 (14-4)：

$$\text{Precision} = \frac{\sum_{u \in U} |R(u) \cap T(u)|}{\sum_{u \in U} |R(u)|} \tag{14-4}$$

在特定的场合下，为了对 TopN 推荐的准确度和召回率进行全面评估，通常会选用不同长度的推荐列表 N 来计算一组准确率/召回率，并据此绘制准确率/召回率的曲线图（Precision/Recall Curve）。

14.2.3 覆盖率

覆盖率展示了推荐系统在探索物品长尾特性上的表现。关于覆盖率，有多种不同的定义方法，其中最基础的定义是推荐系统能够推荐的物品在总物品集合中的占比。如果推荐系统的目标用户是 U，那么系统将为每个用户推荐一个长度为 N 的物品列表 $R(u)$。因此，可以利用式 (14-5) 来计算推荐系统的适用范围：

$$\text{coverage} = \frac{\bigcup_{u \in U} R(u)}{|I|} \tag{14-5}$$

覆盖率作为一个指标，反映了商会对内容的关注程度。以图书推介为例子，出版机构可能会非常关注他们的图书是否能被推荐给潜在用户。在信息论和经济学领域，有两个知名的度量标准可以用来描述覆盖率，其中一个是信息熵，而另一个则是 Gini 系数。

14.2.4 多样性

用户对产品有着广泛的兴趣，这些兴趣可能来自多个不同的领域和方面。为了满足这些多样化的需求，推荐列表需要涵盖用户在多个不同领域的兴趣，也就是说，推荐的结果应该具有多样性。尽管在一个相对较长的时间范围内，用户的兴趣可能保持一致，但当用户尝试访问推荐系统时，他们的兴趣往往是单调的。因此，如果推荐列表仅仅覆盖了用户的一个具体兴趣点，而这个点并不是用户当前的兴趣点，那么推荐列表就不能满足用户的需求。反之，当推荐列表展现出丰富的多样性，并覆盖了用户的大多数兴趣点时，会增加用户寻找他们感兴趣的物品的机会。因此，我们提供给用户的推荐列表应当能够迎合用户的多种兴趣和期望。

多样性描述了推荐列表中物品两两之间的不相似性。因此，多样性和相似性是对应的。假设$s(i,j) \in [0,1]$定义了物品i和j之间的相似度，那么用户u的推荐列表$R(u)$的多样性定位见式(14-6)：

$$\text{Diversity}(R(u)) = 1 - \frac{\sum_{i,j \in R(u), i \neq j} s(i,j)}{\frac{1}{2}|R(u)|(|R(u)|-1)} \tag{14-6}$$

而推荐系统的整体多样性可以定义为所有用户推荐列表多样性的平均值（式(14-7)）：

$$\text{Diversity} = \frac{1}{|U|} \sum_{u \in U} \text{Diversity}(R(u)) \tag{14-7}$$

14.2.5　新颖性和惊喜度

所谓新颖的推荐，就是为用户推介那些他们之前未曾听闻的物品。要在一个网站上实现新颖性，最直接的方法是筛选掉用户在网站上进行过某种活动的商品。在众多新颖的测量方法中，最常被采用的方法是：

（1）推荐结果中条目的热度（也就是平均流行度）的逆数。这一指标有助于识别那些不太受关注但却令人感兴趣的物品。

（2）目标进入系统的具体时刻。

（3）与用户的兴趣之间的距离越大，其创新性也就越高。

如果推荐的内容与用户之前的兴趣点不一致，但却能使用户感到满意，那么可以认为推荐的结果具有很高的惊喜度。与新颖性相比，惊喜度更多地关注推荐的结果是否能让用户感到满足，而新颖性则完全取决于用户是否对这个推荐结果有所了解。在评估推荐的惊喜度时，我们首先需要确认推荐结果与用户之前喜欢的物品的相似度，然后再评估用户对这些建议的满意度。正如之前提到的，用户满意度的确定主要依赖于问卷调查或在线测试，而推荐内容与用户以往偏好的物品之间的相似度，通常可以通过内容相似度这一标准来进行定义。换言之，当一个用户了解到他或她在观看电影方面的经验，并成功地获得了这些电影的演员和导演的集合A，他/她便会向用户推荐一个并非集合A成员的导演和演员所创作的新电影。如果用户对这一点感到极度满足，那么这将是一个非常令人意外的推荐。因此，为了提高推荐的吸引力，我们必须增强用户对推荐效果的满足度，同时也要努力降低推荐内容与用户之前兴趣的相似度。

尽管已经介绍了多种评估指标，但在评估系统中仍然需要考虑多个评估维度。例如，一个推荐算法，尽管整体表现不佳，但在某些特定情境下可能表现更佳。增加评估维度的目的是更好地了解在哪种情境下算法表现最佳。这种方法为整合各种推荐算法以获得最佳的整体表现提供了有价值的参考。通常情况下，评估的维度可以划分为以下 3 个类别。

（1）用户维度主要涵盖了用户的人口统计数据、活跃度以及是否为新加入的用户等方面；

（2）物品的维度涵盖了物品的各种属性、受欢迎程度、平均得分以及是否为新添加的物品等信息；

（3）在时间的维度上，需要考虑的是季节、是工作日还是周末、是白天还是夜晚等因素。

14.3 基于用户行为的协同过滤算法

用户协同过滤算法的核心理念在于：在一个在线的个性化推荐平台上，当用户 A 有个性化推荐的需求时，系统会首先识别出与他有相似兴趣的其他用户，并将那些用户更喜欢但用户 A 从未听说过的物品推荐给 A。

根据上述描述，基于用户需求的协同过滤算法主要分为两个核心步骤：

（1）寻找与目标用户兴趣匹配的用户群。

（2）在这个集合里，为目标用户推荐那些用户喜爱但目标用户未曾听闻的物品。

在这里，第一步的核心任务是计算两个用户之间的兴趣相似度，协同过滤算法主要是通过行为相似性来计算兴趣的相似度。给定用户 u 和用户 v，令 $N(u)$ 表示用户 u 曾经有过正反馈的物品集合，令 $N(v)$ 为用户 v 曾经有过正反馈的物品集合。那么我们可以通过以下两种方法计算用户的相似度。

基于 Jaccard 公式（式 (14-8)）：

$$w_{uv} = \frac{|N(u) \cap N(v)|}{|N(u) \cup N(v)|} \tag{14-8}$$

基于余弦相似度（式 (14-9)）：

$$w_{uv} = \frac{|N(u) \cap N(v)|}{\sqrt{|N(u)||N(v)|}} \tag{14-9}$$

为什么我们会选择使用上面提到的余弦相似度技术呢？在此，我们的表达方式并不是基于用户对物品的个人评价，而是使用 0~1 作为表示标准。因此，在两个集合发生交叉的情况下，这实际上等同于执行了点乘运算。如果我们的矩阵是基于用户对物品的评估，那么在计算余弦相似度时，可以根据用户的实际评分，而不是 0~1 的数值。

仅仅依赖余弦相似度来看，可能会显得不够细致。以图书为例，如果两位用户都购买过《新华字典》，这并不意味着他们的兴趣是一致的，因为大部分中国人在年幼时都曾购买过《新华字典》。然而，如果两位用户都曾购买过《数据挖掘导论》这本书，那么他们的兴趣可能会相当接近，因为仅有专注于数据挖掘研究的人才会选择购买这本书。换种方式表达，当两名用户对不受欢迎的物品展现出相同的态度时，这更能反映出他们之间兴趣的相似性。因此，我们可以根据物品的受欢迎程度来对热门物品施加某种惩罚（式 (14-10)）：

$$W_{uv} = \frac{\sum_{i \in N(u) \cap N(v)} \frac{1}{\log 1 + |N(i)|}}{\sqrt{|N(u)||N(v)|}} \tag{14-10}$$

在确定了用户间的兴趣相似度之后，UserCF 算法会向用户推荐与其兴趣最为接近的 K 个用户所喜爱的物品。式 (14-11) 描述了在 UserCF 算法中，用户 u 对物品 i 的兴趣水平：

$$p(u, i) = \sum_{v \in S(u,K) \cap N(i)} W_{uv} r_{vi} \tag{14-11}$$

式中，$S(u, K)$ 包含和用户 u 兴趣最接近的 K 个用户，$N(i)$ 是对物品 i 有过浏览行为的用户集合，W_{uv} 是用户 u 和用户 v 的兴趣相似度，r_{vi} 代表用户 v 对物品 i 的兴趣。

具体步骤如图 14-2 所示。

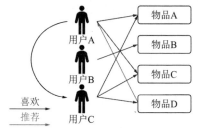

图 14-2　用户与物品

第一步的关键点在于计算用户之间的相似度。相似度一般通过 Jaccard 公式或者余弦相似度求得，以及计算共同拥有行为所占的比重（详细公式 google 即可）。计算用户相似度的复杂度是 $O(N \times N)$，N 为用户数量。在用户数比较大的站点中无法使用，如亚马逊用户数量 $N > 100000$，那么这种复杂度是不可接受的。

第一步中时间复杂度的改进方法。由于非常多的用户之间事实上相似度为 0，假设看成是一个 $N \times N$ 的矩阵的话，肯定是个稀疏矩阵，那么我们事实上没有必要浪费计算量在这些 0 上。我们能够建立物品到用户的倒查表，依据物品找到全部对该物品有过行为的用户，然后遍历各个物品，对一个物品找到对该物品有过行为的用户，然后计算这些用户间的行为相似度（共同拥有行为 + 1。同时计算这些用户的行为数），最后计算两用户间的公有行为在各自行为中的占比。

第一步中计算相似度的改进方法。举例来说：如果这两个人都曾购买过《新华辞典》，这并不能证明他们之间的相似性。因为这本书几乎是每个人都会购买的，但如果他们都购买过《机器学习》，那么我们可以确定，这两个人在这个领域有着相似的兴趣和爱好。换句话说，当用户对冷门物品展现出相似的行为模式时，说明用户之间存在相似度。因此，在计算用户相似度时，我们需要降低热门物品的干扰，并通过评估其流行度来达到这一目的。然后用 $1/N(i)$ 来计算公共行为比重，$N(i)$ 表示流行度，这样流行度高的物品所占比重就比较低。

第二步则比较简单，选出 K 个和用户 u 最相似的用户。把他们喜欢过的物品而且用户 u 没有喜欢过的物品推荐给 u 就可以。这里面 K 的选择很重要。K 越大，推荐的结果就越热门，流行度就越高，同时覆盖率就越低，因为推荐的基本都是流行的物品。

第二阶段的评分预测优化手段。通常情况下，不是所有第二步中的物品都会被推荐给用户。鉴于这类物品的种类繁多，我们更倾向于选择 $topN$，并挑选出用户可能最感兴趣的 N 种商品。如果你打算挑选前 N 个商品，那么排序肯定是基于它们的评分，这无疑会引发一个问题。每个人的评价标准都有所不同。比方 A 的评分基准是 4，好看的电影得 5 分，不好看的则得 3 分。然而，B 基点的数值为 2。对于好看的电影给予 3 分，而对于不好看的则给予 1 分，这种基于评分的评价方式是不够精确的。改进的策略是基于用户的基础评分进行优化，例如 A 给了好看的电影 4~5 分，对不好看的电影给了 3~4 分，B 给了好看的电影 2~3 分，对不好看的电影给了 1~2 分。从这个角度看，实际上这两种方法在评估这部电影时有很多相似之处。当您需要对影片进行评分时，只需计算平均邻里值和用户角度（即共同海损值的计算）即可。

以用户为基础的协同过滤算法在实际应用中并不常见，部分原因是用户数量众多，该算法的复杂性相当高。由于很难给出具体的推荐理由，大多数行业更倾向于选择基于项目的协同过滤算法。

14.4 推荐系统冷启动问题

14.4.1 冷启动问题的出现

对于那些在初始阶段就期望有个性化推荐应用的网站，如果在缺乏大量用户数据的前提下，能够设计出个性化的推荐系统，并确保用户对推荐的结果感到满意，那么他们就更可能选择使用这个推荐系统。

14.4.2 冷启动问题的分类

1. 用户冷启动

新加入的用户没有行为数据，因此不能基于他们的过去行为来预测他们的兴趣所在。

2. 物品冷启动

当新物品被入库时，我们会向对此物品有兴趣的用户提出相关问题。

3. 系统冷启动

在一个新开发的网站上（没有用户、没有用户行为、仅提供物品信息），为了解决上述 3 种冷启动的问题，我们设计了一个个性化推荐系统，以下是一些可供参考的解决方案：

（1）为用户提供了非个性化的推荐选项，其中一个简单的例子是热门排行。当用户的数据积累到一定数量后，会切换到个性化推荐模式。

（2）通过利用用户在注册过程中提供的年龄、性别等信息，进行粗略的个性化处理。

（3）通过登录用户的社交账户，导入该用户在社交平台上的朋友信息，并向用户推荐他们好友所喜爱的商品。

（4）用户在登录过程中需要对某些物品给予反馈，收集他们的兴趣数据，并为他们推荐与之相似的物品。

（5）针对新加入的各种物品，向那些曾经喜欢过与这些物品类似的物品的用户进行内容信息的推送推荐。

（6）当系统处于冷启动状态时，有可能借助专家的专业知识，以一种高效的方法迅速构建物品的相关时间表。

14.4.3 针对冷启动给出的某些方案

1. 利用用户注册信息

用户提交的注册资料可以分为3类：

（1）关于人口的统计数据包括：用户的年龄、性别、所从事的职业、所属民族、教育背景以及居住地。

（2）描述用户兴趣：允许用户通过文字来阐述他们的爱好。

（3）用户的站外行为数据可以从其他网站导入：豆瓣和新浪微博。

基于注册信息的个性化推荐流程基本如下：

（1）收集用户的注册资料。

（2）依据用户的注册资料来对其进行分类。

（3）为用户推荐他们在分类中所喜爱的物品。

该算法的核心问题是如何计算每种类别的用户喜欢的物品，假设存在类别c，则属于该类别的用户对物品i的喜好程度$p(c,i)$的定义如式 (14-12) 所示：

$$p(c,i) = |N(i) \cap U(c)| \qquad (14\text{-}12)$$

其中$N(i)$是喜欢物品i的用户集合，$U(c)$表示归属c类的用户集合。

根据上面提到的数学公式计算出喜好水平，普遍受欢迎的商品通常具有相对较高的价值。推荐系统的核心职责并不是为用户推荐受欢迎的商品，而是助力用户识别出那些他们难以察觉的物品。因此，我们对公式进行了修正（式 (14-13)）：

$$p(c,i) = \frac{|N(i) \cap U(c)|}{|N(i)| + \alpha} \qquad (14\text{-}13)$$

这时，$p(c,i)$就表示喜欢物品i的用户中归属于c类的比例。其中，参数α的目的是解决数据稀疏问题。比如有一个物品只被一个用户喜欢过，而这个用户刚好归属于c类，那么就有$p(c,i) = 1$。但是，这种情况并没有统计意义，因此我们为分母加上一个比较大的数，可以避免这样的物品产生比较大的权重。

2. 选择合适的物品启动用户的兴趣

另一种解决用户冷启动问题的方法是，当新用户首次访问推荐系统时，不会立即展示推荐结果，而是提供一些物品，让用户反馈他们对这些物品的兴趣，然后根据用户的反馈提供个性化的推荐。在大多数情况下，为了引起用户的关注，所需要的物品必须拥有独特的特性。

（1）热门话题：要想让用户对某一物品给予反馈，关键是用户需要了解该物品当时的具体内容。

（2）具备显著的代表性和区别性特点。

（3）为了满足各种不同的兴趣点，我们需要确保启动的物品集合具有广泛的覆盖范围。

考虑到上述的各种因素，Nadav 选择使用方差作为衡量每个物品区别度的标准。具体见式 (14-14)：

$$D(i) = \sigma_{u \in N^+(i)} + \sigma_{u \in N^-(i)} + \sigma_{u \in N(i)} \tag{14-14}$$

具体来说，第一项是关于喜欢物品i的用户对其他物品的评分误差，第二项是不喜欢物品i的用户对其他物品的评分误差，而第三项则是针对那些对物品i没有评分的用户对其他物品的评分误差。这个公式指出，当这 3 种用户对其他物品的兴趣差异很大时，这意味着物品i具有很高的区分能力。

3. 利用物品的内容信息

在物品冷启动过程中，需要解决的问题是如何将新添加的物品推荐给感兴趣的用户。通常，我们可以根据物品的内容信息来构建推荐模型，例如空间向量模型和 LDA。关于物品的内容信息，本文主要阐述了两个核心的推荐方法：UserCF 和 ItemCF。

UserCF 在处理物品冷启动问题时的反应并不敏捷。UserCF 在为用户提供推荐服务时，首先会挑选出与用户兴趣相符的用户群，然后为他们推荐他们最喜欢的商品。在许多网站中，推荐列表不是唯一向用户展示内容的方式。因此，每次有新的物品加入时，总会有用户通过特定的方式看到这些新物品，并给出相应的反馈。因此，当某一用户对特定物品给出了反馈之后，与他有相似历史兴趣的其他用户有可能会在推荐列表中找到这一物品。这种情况下，可能会有更多的人对这件物品给予反馈，这可能会导致更多的人在推荐列表中看到这件物品。因此，这一物品有能力持续传播，并最终会逐渐呈现给对其感兴趣的用户群体。

ItemCF 在面对冷启动物品时遇到了一个明显的问题。ItemCF 算法的核心理念在于为用户推荐那些与他们之前钟爱的物品有着相似特性的物品。ItemCF 算法会定期利用用户的行为来计算物品相似度表（通常每天进行一次计算），在提供在线服务时，ItemCF 算法会将之前计算好的物品相关度矩阵存储在内存中。因此，当新的物品被添加时，该物品将不会出现在内存的相关列表中，这使得 ItemCF 算法无法为用户推荐新的物品。为了克服这一难题，频繁地更新物品的相似性表格是一个有效的策略。然而，根据用户的行为来估算物品之间的相似度是一个既费时又复杂的任务，这主要归因于用户行为日志的数量极为庞大。此外，若新物品未向用户展示，用户将无法进行任何形式的操作，同时，通过行为日志的分析，也无法计算出包含这些新物品的相关矩阵。因此，我们只能根据物品的详细信息来创建相关的表格，并持续地进行内容更新，比如每隔 30 分钟就会更新一次。

4. 发挥专家的作用

在电影系统方面，我们有能力让专业人士为每一部电影进行标识，因为每一部电影都含有大约 50 个基因，这些基因的来源大约是 1000 个不同的基因库。接着，在专家为特定样本做标记之后，Jinni 会采用自然语言理解和机器学习的方法，根据用户对电影的反馈以及电影的某些内容特性，为电影（尤其是新上映的电影）做出个性化的标注。Jinni 还为用户创建了一个反馈基因的界面，期望通过用户的反馈来持续优化电影中的基因系统。

14.5 利用社交网络数据进行推荐

社交网络上的推荐内容能够有效地模仿真实的社会环境。在我们所生活的现实社会里，很多情况下，我们都是通过朋友的推荐来获取信息的。

美国知名的第三方调查机构尼尔森对影响用户对某一推荐的信任度的各种因素进行了研究。经过调查，我们发现好友的建议在提高用户对这些建议的信赖度上起到了关键作用。尼尔森对同一品牌的 3 种独特广告形式进行了测试。第一类广告与第二类广告均为图片形式的广告，但它们背后的推荐原因并不相同。第一个广告推荐的理由并没有涉及社交信息，只是表示该品牌吸引了 51930 名用户的眼球。第二个广告之所以推荐，是因为部分用户的好友对这则广告产生了浓厚的兴趣。第三种类型的广告有其特殊之处，那就是当用户的朋友对某个品牌产生兴趣时，他们会在该用户的信息流中加入一条通知，告知该用户的某位朋友已经对该品牌产生了关注。尼尔森在在线 AB 环境下进行的测试显示，第三种广告的效果明显优于第二种，并且第二种广告的表现也比第一种更为出色。这进一步印证了社会化推荐在增强用户对广告的初步印象和购买意向上发挥了不可或缺的作用。此外，这项实验也间接展示了社交网络在推荐系统中可能扮演的关键角色。

14.5.1 获取社交网络数据的途径

（1）关于电子邮件的信息。对于公司的邮箱，其后缀的信息能够展示出用户所属的公司。

（2）用户的注册资料。某些网站要求用户在注册过程中提供公司、学校等相关信息。掌握了这些资料之后，我们能够识别出哪些用户在同一家企业有过工作经历，以及哪些用户在同一所学校接受过教育，这也构成了一种不易察觉的社交网络信息。

（3）关于用户的地理位置信息。在网页内容中，最容易获取的用户地理位置信息便是 IP 地址。对于移动设备如手机，我们能够获取到更为详尽的 GPS 信息，而位置数据同样是反映用户之间社交联系的重要信息。通常，当位置信息被提供后，用户可以通过查阅表格来获取他们访问时的具体地址。这种地址在某些场合可能并不十分精确，只能达到城市的标准，但在其他场合，它可以精确地指向学校的某栋宿舍或某家公司。因此，我们有足够的理由去猜测，在同一栋宿舍楼或同一家企业中，用户之间可能会有深厚的友谊。

（4）关于论坛与讨论的小组。例如，在豆瓣平台上，存在众多的小组，而每一个小组都汇聚了一些志趣相投的成员。当两名用户同时成为多个不同小组的一员时，我们有理由相信这两名用户很有可能在相互理解或兴趣方面存在相似性。如果两名用户在一个讨论组里曾经针对一个特定的帖子进行过集体讨论，这进一步证明了他们之间在熟悉度或兴趣方面有着高度的相似性。

（5）一个实时的聊天工具与电子邮件系统类似，用户在实时聊天工具上也会设置一个联系人列表，并且通常会对这些联系人进行分组处理。通过这个列表和分组的数据，我们可以深入了解用户之间的社交网络互动，同时，通过统计用户的聊天频次，我们也可以判断用户之间的熟悉程度。

（6）一个社交网络的平台。社交媒体平台具有一个附加的优势，那就是能够自然地减轻信息过载的问题。在众多的社交媒体平台中，我们具备通过与朋友互动来筛选信息的能力。比如说，我们更偏向于关心那些与我们兴趣相似的朋友，只浏览他们分享的信息，这样可以减少阅读与我们个人无关的内容。个性化推荐系统可以利用社交网站上公开的用户社交网络和行为数据，帮助用户更有效地完成信息过滤任务，更容易找到与自己兴趣相匹配的好友，更迅速地找到自己感兴趣的内容。

社会图谱和兴趣图谱：

Facebook 和 Twitter 作为社交媒体的两大标志性平台，它们各自都是社交网络结构的独特代表。在 Facebook 这一社交平台上，绝大部分人的好友实际上是他们在日常生活中碰到的人，如家庭成员、同学或工作合作伙伴等，而要在 Facebook 上建立这些好友关系，双方都需要进行确认。在 Twitter 这一社交平台上，许多人的亲密朋友其实是他们在日常生活中并不太熟悉的人。他们之所以建立这种关系，主要是因为他们对对方的言论产生了浓厚的兴趣，但这种友情往往是单向的。以 Facebook 为代表的社交网络被称为社交图谱（Social Graph），而以 Twitter 为代表的社交网络则被命名为兴趣图谱（Interest Graph）。

然而，每一个社交网站都不仅仅是一个社交或兴趣的图谱。人们普遍认为，在 Facebook 上，大部分用户的联系是基于社交网络的，而在 Twitter 上，大部分用户的联系则是基于兴趣网络的。然而，无论是在 Twitter 还是微博上，我们都会密切关注身边的家人和朋友，而在 Facebook 上，我们的兴趣与部分好友持平。

14.5.2 社交网络数据简介

社交网络定义了用户之间的联系，因此可以用图定义社交网络。用图 $G(V,E,W)$ 定义一个社交网络，其中 V 是顶点集合，每个顶点代表一个用户，E 是边集合，W 定义了边的权重。

一般来说，有 3 种不同的社交网络数据：

（1）在社交媒体环境下，数据具有双向验证的特性。在像 Facebook 和人人网这样的社交媒体平台上，用户 A 和 B 之间建立好友关系需要得到双方的明确确认。因此，这种类型的社交网络通常能够通过无向图进行展示。

（2）只吸引了单向关注的社交网络资讯。如在 Twitter 和新浪微博这样的社交网络平台上，用户 A 可以直接关注用户 B，而不需要得到用户 B 的授权。因此，在这样的社交网络背景下，用户之间的关系呈现出一种单向的模式，这可以通过有向图进行明确的展示。

（3）这是一个基于社群的社交网络资料。尽管用户间没有明确的联系，但这类数据确实涵盖了来自不同社群的用户信息。以豆瓣小组为例，归属于同一团队可能意味着用户之间兴趣存在相似之处。在论文的数据集中，同一篇文章中的不同作者之间也可能存在某种社交联系。可能是同一家公司的员工，或者是同一所学校的毕业生等。在社交网络的数据中，长尾分布是一个常见的现象，这主要是基于用户的入度和出度来判断的。用户的入度揭示了其在社会上的影响力，而出度则代表了用户所关心和关注的用户数量。从接下来的图表中，我们可以观察到，在社交网络中，有很大影响力的用户通常是少数，而那些关心众多人的用户也是少数，大部分的用户只关心那些相对较少的人。用户入度分布与用户出度分布如图 14-3 和图 14-4 所示。

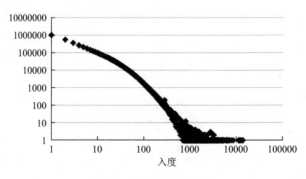

图 14-3　用户入度分布

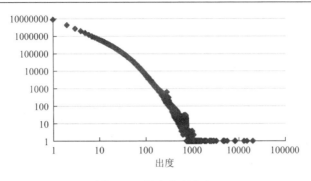

图 14-4　用户出度分布

社交网络数据中的长尾分布：

正如之前描述的用户活跃度和物品流行度分布，社交网络中用户的入度（in degree）和出度（out degree）也遵循长尾分布模式。用户参与的深度可以反映他们在社会中的作用和影响。在社交网络环境下，具有较大影响力的用户通常只构成一小部分，这一现象可以从用户长尾分布模式中观察出来。出度揭示了一个用户关注的用户群体数量，展示了在社交网络环境中，仅有一小部分用户真正关心众多的人群，而绝大多数用户仅仅关注少数人。

14.5.3　基于社交网络的推荐

众多的网站都采用 Facebook 的社交网络数据，为用户带来社交推荐服务。Clicker 这个视频推荐平台通过分析用户在 Facebook 上的好友资料，为用户推送他们喜欢的视频内容，并进一步通过好友的身份进行了详细的推荐说明。亚马逊网通过分析用户在 Facebook 上的好友资料，为他们推荐了他们喜欢的商品，并利用这些好友为他们提供了推荐的详细说明。

社交推荐之所以得到众多网站的关注，主要是因为它具有以下的优势：

通过好友推荐可以增强推荐的信赖度，因为好友往往是用户最信任的目标。虽然用户可能对计算机的智能并不完全信任，但他们确实会对朋友的建议表示信任。尽管所有的推荐都是为了向用户展示《天龙八部》，但之前提到的基于物品的协同过滤算法可能是因为用户之前已经浏览过《射雕英雄传》，而推荐好友可能是因为有 8 位好友都对《天龙八部》情有独钟。当我们对比这两种不同的解释时，第二种解释往往更能触动用户的情感，使他们更容易购买或观看《天龙八部》。

社交媒体平台具有高效地解决冷启动问题的能力。当新加入的用户通过微博或 Facebook 账号登录时，我们具备从这些社交媒体平台中筛选出用户好友名单的能力，并能为他们推荐网站上感兴趣的内容。因此，即便未对用户行为进行记录，我们依然能够为用户提供高质量的推荐服务,这在某种程度上解决了推荐系统冷启动面临的问题。

很明显,采用社会化的推荐方法也有局限性。特别是在依赖社交图谱数据的推荐系统中,用户间的好友关系往往不是基于共同兴趣而建立的,这常常导致用户好友的兴趣和用户的兴趣之间存在显著的差异。比如说,我们和我们的父母在兴趣方面往往有着显著的不同。

1. 基于邻域的社会化推荐算法

假如提供了一个社交网络以及一个用户行为的数据集。在社交网络中,用户间的好友关系被明确定义,而用户行为数据集则记录了各个用户的过去行为和他们的兴趣点。因此,我们考虑的最直接的方法是为用户推荐他们好友所喜爱的物品集合。即用户u对物品i的兴趣P_{ui}可以通过式(14-15)计算:

$$P_{ui} = \sum_{v \in out(u)} r_{vi} \tag{14-15}$$

式中,$out(u)$是用户u的好友集合,如果用户v喜欢物品i,则$r_{vi}=1$,否则$r_{vi}=0$。不过,即使都是用户u的好友,不同的好友和用户u的熟悉程度和兴趣相似度也是不同的。因此,应该在推荐算法中考虑好友和用户的熟悉程度以及兴趣相似度,从而得到式(14-16):

$$P_{ui} = \sum_{v \in out(u)} w_{uv} r_{vi} \tag{14-16}$$

这里,w_{uv}由两部分相似度构成,一部分是用户u和用户v的熟悉程度,另一部分是用户u和用户v的兴趣相似度。熟悉度可以用用户之间的共同好友比例来度量见式(14-17):

$$\text{familiarity}(u,v) = \frac{|out(u) \cap out(v)|}{|out(u) \cup out(v)|} \tag{14-17}$$

兴趣的相似度可以通过与UserCF相似的方式来衡量,也就是说,如果两个用户喜欢的物品集合重合度很高,那么两个用户的兴趣相似度也会很高。具体可用式(14-18)来表示:

$$\text{similiarity}(u,v) = \frac{|N(u) \cap N(v)|}{|N(u) \cup N(v)|} \tag{14-18}$$

2. 基于图的社会化推荐算法

在先前的章节里,我们已经对如何在推荐系统中运用图形模型进行了深入探讨,包括用户物品的二分图以及用户—物品—标签图模型等。通过前几章的描述,我们可以清晰地看到图模型的一个突出优点,那就是它能够在图中展示各种不同的数据和关联。

在社交平台上，我们可以观察到两种主要的互动关系：一种是用户对某一物品的浓厚兴趣，另一种是用户间的社交网络联系。这一部分主要探讨了如何在图形模型中构建这两种关系，以便更好地为用户提供个性化的推荐。

我们可以将用户的社交网络视为一个社交网络图，而用户对物品的行为则可以被视为用户物品的二分图，这两种图可以融合为一个整体图。图 14-5 展示了一个将社交网络图和用户物品的二分图结合在一起的实例。

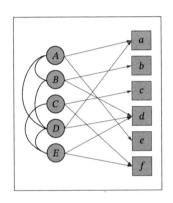

图 14-5　社交网络图和用户物品二分图的结合

在图 14-5 中，我们能够观察到两个独特的顶点：用户的顶点（也就是圆圈）和物品的顶点（也就是方块）。如果用户 u 曾经对物品 i 进行过某种操作，那么这两个节点之间就会有一条连接的边存在。例如，在图 14-5 中，用户 A 曾对物品 a 和物品 e 展示过某种特定的行为模式。当用户 u 和用户 v 成为好友时，会有一条边将这两名用户连接在一起，图 14-5 中用户 A 与用户 B、D 成为好友。

在定义完图中的顶点和边后，需要定义边的权重。其中用户和用户之间边的权重可以定义为用户之间相似度的 α 倍（包括熟悉程度和兴趣相似度），而用户和物品之间的权重可以定义为用户对物品喜欢程度的 β 倍。α 和 β 需要根据应用的需求确定。如果我们希望用户好友的行为对推荐结果产生比较大的影响，那么就可以选择比较大的 α。相反，如果我们希望用户的历史行为对推荐结果产生比较大的影响，就可以选择比较大的 β。

在确定了图中顶点、边和边的权重之后，我们可以采用之前几章中提到的 Personal Rank 图排序算法，为每个用户生成推荐结果。在社交网络的背景下，除了常见的用户之间的直接社交联系，还存在一种独特的关系，即两名用户都是同一个社群的成员。他们将第一种社交网络关系命名为 Friendship，第二种社交网络关系命名为 Membership。在先前提到的基于邻域的社交推荐算法中，考虑到 Membership 的社交关系，我们可以通过比较两个用户参与的社区的重合度来计算用户之间的相似度，然后根据这个相似性为用户推荐与他们相似的物品。但是，通过使用图模型，我们能够毫不费力地同时为 Friendship 和 Membership 构建模型。图 14-6 显示，我们有可能通过引入一个节点来代表一个社群（即社群最左侧的一列节点），而在用户隶属于特定社群的情况下，图中将会有一条边连接用户的节点和社群的对应节点。在成功搭建图模型后，我们可以采用先前提到的基于图的推荐技术，如 Personal Rank，来为用户推荐最适合的商品。

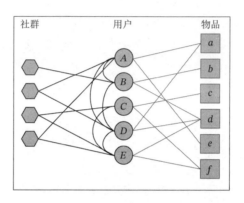

图 14-6　融合两种社交网络信息的图模型

如果我们把 Twitter 的架构迁移到社交推荐系统中，那么系统的设计可以遵循以下步骤：

首先，我们为每位用户建立一个消息队列，以保存他的推荐清单。

当用户对特定物品产生偏好时，系统会将物品 ID、用户 ID 和时间这几个信息输入到关注该用户的推荐列表消息队列中。

用户一旦进入推荐系统，系统会自动读取他们的推荐列表消息队列，并对队列内的每一项物品重新进行权重计算。在确定权重时，我们必须仔细考虑物品在队列中的出现频率、物品与当前用户的熟悉度，以及推荐物品的时间。除此之外，我们也统计了哪些朋友曾经对每一件物品产生过喜好，并利用这些朋友为这些物品提供推荐的依据。

3. 社会化推荐系统和协同过滤推荐系统

社会化推荐系统的表现通常难以通过离线测试来评估，因为社会化推荐的真正优点并不是提高预测的准确性，而是通过用户的朋友来增强用户对推荐内容的信赖度，进而鼓励用户选择那些不太受欢迎的推荐。另外，在许多社交平台上（尤其是那些基于社交图谱设计的社交网站），拥有好友关系的用户可能并不总是对此有同样的兴趣。因此，仅仅依赖好友关系在某些情况下并不能提高离线评估的精确性和召回率，大量的研究人员采用用户调查和在线试验的方法来评估社会化推荐系统的性能。

根据数据分析，与基于协同过滤的亚马逊推荐系统相比，好友推荐的用户满意度显著更高。然而，作者也坦诚地表示试验中确实存在某些问题。以下是两个核心问题：这并不是一个双盲试验，参与者需要明确哪些建议来源于基于协同过滤的推荐系统，以及哪些建议是由好友提供的；在实验室环境下，参与者的行为模式可能与他们日常的实际行为有所区别。

4. 信息流推荐

信息流推荐已经崭露头角，成为社交推荐领域的新热点，特别是在 Twitter 和 Facebook 这两大社交媒体平台上。在这两个独特的社交环境中，每个用户都有一个信息展示墙，用于呈现其朋友最近的看法和发言。这面信息墙虽然已经展现出了独特的风格，但里面仍然混杂着许多不必要的信息。这主要是因为我们对我们所关心的朋友的言论不太关心，我们更倾向于关注他们的言论中与我们相关的部分。虽然在挑选我们关心的目标时，我们已经对其与个人兴趣的匹配度进行了评估，但显然，很难找到一个与我们的兴趣完全相符的人。因此，信息流个性化推荐面临的核心挑战是如何更高效地帮助用户从信息墙上筛选出具有价值的信息。

目前，Facebook 上的 EdgeRank 算法是信息流推荐中最受欢迎的一种，它综合考虑了信息流中每个会话的时间、长度和用户兴趣的相似性。EdgeRank 算法带有某种程度的神秘性，尽管目前还没有相关的学术研究，但 TechCrunch 已经明确地表达了其核心观点。

Facebook 将其他用户在当前用户信息流中产生的会话行为称作 edge，并为一个会话设定了相应的权重：$\sum_{edges\ e} u_e w_e d_e$。

在此情境下，"u"代表用户的行为与当前用户的相似点，这种相似之处主要在社交网络图中的用户熟悉度上得到体现；w 象征着行为的价值，这里所说的行为包括创建、评论、like（喜欢）以及打上标签等多种方式，每一种行为都具有独特的重要性；d 是时间衰减的一个参数，它的行为越早，对权重的影响就越微小。

根据上述描述，我们可以推断：当一个对话最近被你熟识的朋友做出了关键行为时，该对话的权重会相对较高。

然而，在 EdgeRank 算法中，个性化的元素主要集中在好友的熟悉度上，没有充分考虑到帖子内容和用户兴趣之间的相似性。因此，EdgeRank 更倾向于关心

"我"周围用户的社交喜好,却忽视了"我"本身所持有的特殊兴趣。因此,GroupLens 的科研团队 Jilin Chen 深入研究了信息流推荐中社会兴趣与个性化兴趣之间的互动关系。他们所使用的排序方法已经考虑到了以下几个核心要素:

(1)对话的时间越长,所蕴含的信息量也就越大。

(2)话题的相关性被用于评估对话中的核心话题与用户兴趣的相互联系程度。在这篇文章中,Jilin Chen 使用了基础的 TF-IDF 方法来构建用户过去兴趣的关键词向量和当前对话中的关键词向量,并通过这两个向量的相似性来衡量话题之间的相关性。

(3)用户熟悉度的主要衡量标准是会话中的用户(如会话的创建者、讨论者等)和当前用户的熟悉度。在接下来的部分,我们将深入探讨如何衡量用户的熟悉度。在计算熟悉度时,主要的考量因素是用户间的普遍友好关系等。为了检验算法的表现,Jilin Chen 也制定了一个针对用户的调查方案。首先,他利用问卷调查把用户划分为两个不同的类别。第一类用户利用 Twitter 主要是为了搜寻信息,这意味着他们视 Twitter 为一个信息的提供者和新闻的传播平台。第二类用户选择使用 Twitter,主要是为了获取好友的最新消息和与他们进行交流。接着,他指示参与者对以下 5 种推荐算法的结果按 1~5 分进行打分,其中 1 分代表不太喜欢,而 5 分则代表最喜欢。

Random	给用户随机推荐会话
Length	给用户推荐比较长的会话
Topic	给用户推荐和他兴趣相关的会话
Tie	给用户推荐和他熟悉的好友参与的会话
Topic + Tie	综合考虑会话和用户的兴趣相关度以及用户好友参与会话的程度

通过收集用户反馈,Jilin Chen 发现,对于所有用户不同算法的平均得分是:Topic + Tie > Tie > Topic > Length > Random,而对于主要目的是寻找信息的用户,不同算法的得分是:Topic + Tie ⩾ Topic > Length > Tie > Random,对于主要目的是交友的用户,不同算法的得分是:Topic + Tie > Tie > Topic > Length > Random。

从实验数据来看,为了提高用户的满意度,全面考虑用户在社会和个人层面上的兴趣是非常有助益的。因此,在构建一个社交网站推荐系统的过程中,我们应当综合权衡这两个关键因素,以确定最合适的推荐参数,并整合用户在社会和个人层面上的兴趣,以便为用户提供最令人满意的推荐成果。

14.5.4 给用户推荐好友

在社交网站上,好友关系构成了核心要素。当用户的好友数量变少时,他们就不能享受到社交带来的好处,因此,好友推荐功能成为社交网站中的一个关键功能。好友推荐系统的目的是基于用户当前的好友状态和行为记录,向用户推荐新的朋友,从而增加整个社交网络的密度和社交网站用户的活跃度。

Twitter、LinkedIn 和 Facebook 这三大著名的社交媒体平台都为用户提供了一个推荐好友的功能界面。基于这个观点,我们可以得出结论,好友推荐功能已逐渐成为社交媒体平台的一项基本配置。

1. 基于内容的匹配

为用户推荐与他们具有相似内容特性的人,以下将列举一些常见的内容特性:

用户的人口统计特性涵盖了年龄、性别、职业、毕业学校以及工作单位等多个方面。

用户所感兴趣的方面,涵盖了他们钟爱的商品以及他们曾经发表的观点等。

用户所处的地理位置,涵盖了他们的居住地址、IP 地址以及邮政编码等详细信息。

使用内容信息来计算用户之间的相似度,与我们之前讨论的使用内容信息来计算物品相似度的方法是相似的。

2. 基于共同兴趣的好友推荐

在以 Twitter 和微博为标志的以兴趣图谱为核心的社交网络环境中,用户通常不太关心自己是否在现实社会中有所了解,而是更多地关注是否与他们共享相同的兴趣和爱好。因此,在这类网站上,有必要向用户推荐与他们有相似兴趣的其他用户作为亲密的朋友。

基于用户的协同过滤算法(UserCF),核心思想是,当用户对某一物品产生偏好时,这表示他们之间有着类似的兴趣点。在新浪微博这个平台上,微博可以被看作是一种物品,如果两个用户在微博上有过评论或转发相同的内容,这表明他们的兴趣是相似的。在 Facebook 这一平台上,UserCF 算法由于具备大量用户的 Like(用户偏好)信息,因此在计算用户兴趣相似度这一方面表现得更加便捷。除此之外,我们还能够根据用户在社交媒体上的言论来识别他们的兴趣标签,并据此来计算用户间的兴趣相似度。

3. 基于社交网络图的好友推荐

在各种社交平台上,可以获取用户间已有的社交网络分布图,为用户推荐新的朋友,例如可以为用户推荐新的好友。

推荐好友的最基本方式是为用户挑选最适合的朋友。在社交网络上可以通过这个功能与许多熟识的老同学建立联系。在最开始使用人人网时，只能添加有限数量的好友，因为能够记住的好友数量是有限的。虽然只能记住几个同学，但这些同学又能记住几个不同的同学，在这种情况下可以通过朋友的朋友找到更多我们认识的人。

4. 实际系统中的社会化推荐算法

基于邻域的社交推荐算法在表面上看起来很简单，但在实际的系统环境中执行时却遇到了很大的挑战，主要是因为该算法需要收集用户所有好友的过去行为数据。在实际应用的系统里，这类操作吸引的用户数量大大超出了大型网站，同时，用户的历史活动记录也是非常庞大的。因此，想要将用户的全部行为都保存在内存里是相当困难的，只能在数据库的前端配置一个热数据的缓存。如果想要获得更即时的数据，那么这个缓存中的信息就必须经常更新，这将无法完全避免数据库查询的问题。众所周知，数据库的查询速度通常较慢，尤其是对于行为频繁的用户来说更是如此。因此，在实际应用中，当一个算法需要为另一个用户推荐时，它必须依赖于该用户所有好友的过去行为记录，这是一个相当具有挑战性的任务。

回头看 ItemCF，你会发现 ItemCF 算法仅需依赖当前用户的过去行为记录和物品的关联表，就能产生推荐的结果。对于物品数量相对较少的网站，可以轻松地将与物品相关的表格存储在内存中，这意味着查找相关物品的成本相对较低，因此，ItemCF 算法在真实环境中的应用变得相对简单。

很明显，它具备从多方面对基于邻域的社交推荐算法进行优化的能力，从而提高其响应的速度。有两个潜在的优化路径，一个是只针对表面问题而不从根本上解决问题。简单地说，执行两次的截断操作。第一种截断策略是，在提取用户好友的过程中，只挑选与用户最为相似的 N 位好友，而不是选择所有的好友。对于第二个解决策略，需要对数据库进行重新设计。根据之前的研究分析，社会化推荐的核心步骤是获取用户所有好友的行为信息，并通过特定的方式向用户展示这些数据。

一个基于好友关系的推荐算法能够为用户推荐那些在实际社交环境中彼此熟识，但在现今社交网络中并未建立联系的其他用户。接下来，将探讨 3 种基于社交网络环境的好友推荐算法。

针对用户 u 和用户 v，可以通过计算他们的共同好友比例来评估他们之间的相似性（式 (14-19)）：

$$w_{out}(u,v) = \frac{|out(u) \cap out(v)|}{\sqrt{|out(u)||out(v)|}} \tag{14-19}$$

式中，$out(u)$是在社交网络图中用户u指向的其他好友的集合。也可以定义$in(u)$是在社交网络图中指向用户u的用户的集合。在无向社交网络图中，$out(u)$和$in(u)$是相同的集合。但在微博这种有向社交网络中，这两个集合就不同了，因此也可以通过$in(u)$定义另一种相似度（式(14-20)）：

$$w_{in}(u,v) = \frac{|in(u) \cap in(v)|}{\sqrt{|in(u)||in(v)|}} \tag{14-20}$$

这两种相似度的定义有着不同的含义，用微博中的关注来解释这两种相似度。如果用户u关注了用户v，那么v就属于$out(u)$，而u就属于$in(v)$。因此，$w_{out}(u,v)$越大表示用户u和v关注的用户集合重合度越大，而$w_{in}(u,v)$越大表示关注用户u和关注用户v的用户的集合重合度越大。前面两种相似度都是对称的，也就是$w_{in}(u,v) = w_{in}(v,u), w_{out}(u,v) = w_{out}(v,u)$。同时，还可以定义第三种有向的相似度（式(14-21)）：

$$w_{out,in}(u,v) = \frac{|out(u) \cap in(v)|}{|out(u)|} \tag{14-21}$$

这个相似度的含义是用户u关注的用户中，有多大比例也关注了用户v。但是，这个相似度有一个缺点，就是在该相似度的定义下所有人都和名人有很大的相似度。这是因为这个相似度在分母的部分没有考虑$|in(v)|$的大小。因此，可以用式(14-22)改进上面的相似度：

$$w'_{out,in}(u,v) = \frac{|out(u) \cap in(v)|}{\sqrt{|out(u)||in(v)|}} \tag{14-22}$$

之前所讨论的这些相似性都是基于一些基础的计算公式得出的。这些相似度计算在时间和空间复杂度上都相对较低，因此非常适用于在线应用场景。在不同的数据集上，各种算法的表现各不相同。因此，在真实的系统中，需要在自己的数据集上比较不同的算法，以找到最适合自己数据集的好友推荐方法。

5. 基于用户调查的好友推荐算法对比

采用用户调查的方法来对比各种算法在用户满意度上的表现，其中的算法在此选择了不同的命名策略：

InterestBased：鼓励与其有相似兴趣的其他用户成为他的亲密伙伴。

SocialBased：通过他的社交媒体平台，向用户推荐他们的朋友作为新的伙伴。

Interest + Social 的策略是将由 InterestBased 算法推荐的朋友和 SocialBased 算法推荐的朋友按照特定的权重进行整合。

SONA SONA 是 IBM 公司内部开发的一种推荐算法，该算法利用大量用户信息来建立 IBM 员工之间的社交网络。这批资料包括了隶属的各个部门、合作发布的文章、共同编写的 Wiki、IBM 的内部社交网络信息，以及共同合作的专利等多方面的内容。

关于社交网络的研究和分析，它的历史已经非常悠久。在所有关于社交网络的看法里，六度原理显然是最为大众所熟悉的一种。六度原理阐述了一个观点，即在社会环境中，两个人都有可能通过不多于 6 个人的方式来相互认识和理解。假如我们把这一观念转化为图的具体定义，那便是社交网络图具有 6 的直径。在均匀随机图的研究中，六度原理的精确性已经得到了深入的检验，对此感兴趣的读者可以参考 Random Graph 的相关作品。大量的社交网络研究都是基于随机图理论进行的，因此，要想对社交网络进行深刻的研究，掌握随机图理论的相关概念是绝对必要的。

在社交网络研究的领域内，有两个被广大人群所熟悉的主题。首先，要深入研究的是如何评估一个人在社交网络环境中的核心地位，也就是社交网络顶点的中心性（centrality）；接下来，还需深入探讨社交网络环境下人与人之间的互动关系，也就是如何预测他们之间的链接。这两个议题的讨论都带有深刻的实践意义，因此在行业和学术界都受到了广泛的关注。

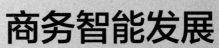

第 4 部分

商务智能发展

第 15 章

商务智能的应用

15.1 商务智能应用场景

商务智能作为一种提高企业决策能力的手段,能够增强企业的竞争力,为企业带来价值,所以哪怕需要花费大成本来购买,还是吸引了越来越多的企业。商务智能是未来企业保持竞争力的必要手段,在多年的发展中,可以应用到更加广泛的行业中,例如,银行、保险、通信、制造、零售、医疗、电子政务等。下面简要介绍几个商务智能的应用场景。

15.1.1 商务智能与金融行业

金融业早早就引入了商务智能,是最早采用商务智能的行业之一。与国外相比,即使我国在信息化方面起步较晚,但金融领域已经建立了相对完整的业务处理系统,并实现了业务数据的大规模集中管理,为商务智能项目的实施提供了坚实的基础。主要应用商务智能的企业之一就是银行业。我国的银行业面临着全球化、网络化、同质化和多样化的竞争压力,因此,对与业务结合的商务智能解决方案的需求正在迅速增长。这些解决方案包括风险数据分析、客户价值分析、综合绩效分析等。此外,商务智能应用还为金融业提供了新的商业增长点,如在会展行业中提供相关咨询服务。因此,银行业需要依靠商务智能应用来挖掘数据的价值,以实现科学决策和保持竞争力。

15.1.2 商务智能与电信行业

目前,我国的主要运营商便是中国移动、中国联通和中国电信 3 家,一直以来,彼此间的竞争不断。企业不仅要适应大环境变化带来的影响,还要从势均力敌的竞争中脱颖而出。于是企业开始打价格战、套餐战,但如果不能掌握不同群体的喜好，就无法争夺有限的客户资源。企业利用商务智能可以快速掌握群众的喜好，推出令人满意的套餐，增加更多的用户。此外，电信运营商的管理者需要借助商务智能技术来发现商务运营过程中存在的难题，找到有利的解决方案。电信业务通常存在以下问题：

（1）对于不同年龄段顾客的需求问题，客户信息凌乱、分散，需要集中起来有针对性地进行分析。

（2）电信开展优惠活动，不能准确获得真正需要的顾客，通常情况下采取电话询问，这种方法效率低。

15.1.3　商务智能与零售业

相比于其他行业，零售业的利润较低，因此，零售业能否对品牌、产品、市场和运营效率作出快速、有效的决策就显得非常重要。通过对运营数据的分析，开展数据库营销，零售企业就可以把握顾客的购买习惯，辅助品牌表示、产品分类和营销计划的优化，赢得顾客的忠诚。商务智能在零售业中可实现以下两种功能：一是可以帮助零售商合理搭配商品摆放顺序、商品退换货、确定主推产品等，以提升业绩；二是可以使消费者享受到更加便捷、个性化的服务。

商务智能弥补了一般零售业系统在分析业务上的先天不足，但这并不代表零售业分析体系已经构建完整。随着收集到的数据粒度越来越细，门店、商品、客流量等信息数据量巨大，给数据清洗与数据分析带来了一系列难度。因此，数据统计在零售业中的问题如下：

（1）对于顾客比较集中的门店，商品种类、会员信息以及每日客流量等信息量大，数据的规范清洗与分析变得更为复杂。

（2）各个业务系统拥有独立的标准与统计指标，系统之间互不协调。

（3）静态的报表无法满足用户所需的动态的、灵活的要求。

（4）人工报表耗费大量的人力与物力，并且比较慢。

商务智能系统可以针对客户关系管理、零售管理业务优化、日常经营分析等，给出实用有效的解决方案。

15.1.4　商务智能与医疗行业

医疗行业的发展是社会发展永恒的主题，我国的医疗水平已经位于世界前列，但即使这样在产生新的重大疾病时，还是不能在第一时间得到有效的解决对策。我国在医疗方面还存在很多的不足：

（1）医疗成本越来越高。对于现在的中国，容易解决的事都已得到解决，剩下的都是不容易解决且影响全人类的大事。正如青霉素的发明，弗莱明的偶然发现仅仅是发明青霉素漫长过程的一个开始而已，后来经过多人的研究才得以成功。这几十年来所花费的人力和物力成本是巨大的，而现在需要进行的研究难度不比发现青霉素低。

（2）医疗资源不平衡。中国人在这一点上深有体会，北京的医疗水平是中国最好的，但同时每天所接收的病人也是最多的，所以北京的门诊号也非常难挂。而周边的城市又不能很好地满足人们的医疗需求，所以产生了这种不平衡的现象。

（3）很多疾病无法治愈，比如糖尿病、癌症、帕金森综合征。尽管世界各国都投入了大量的人力、物力，希望可以有所突破，但在过去的 20 多年里，在这些领域上的医学进展十分缓慢。

医疗行业可以通过与商务智能结合找出以上问题的解决方法，改善医疗水平。

15.2 新型商务智能企业

15.2.1 保时捷（中国）汽车销售有限公司 BI 项目分析

保时捷（中国）汽车销售公司成立于 2001 年，注册资金 1238 万美元，该公司主要是在销售、市场及售后服务等环节为合作伙伴提供专业支持。随着中国市场的发展和成熟，PCN 面临越来越多的零售需求，因此需要高质量、高效率的业务支持模式。为了更好地指导业务和工作，制定了 PCN 的战略路线图，其中数据是必不可少的关键因素。通过收集 PCN、经销商、客户之间的所有业务系统数据，我们可以对每个业务的流程进行流式处理，快速识别客户需求，帮助经销商发现潜在客户，提高销售和收入。此外，该平台还将提供数据协作、运营分析、业务预测、预警等功能，以提高业务管理水平。

通过引进商务智能系统，企业得到以下改变：

（1）满足售后业务分析的需求，提高了售后业务分析的质量、效率、水平，实现信息价值。

（2）调整了 KPI 的考评维度，及时地深入挖掘客户行为，便于业务部门更有针对性地制定策略，提升了集团售后部门对经销商的管理能力以及各级经销商对市场反应的敏锐度。

（3）采用统一 BI 平台直接填报数据的方式，大幅度提高了预算制定的流程规范性，减少因人员失误造成的数据差异。

（4）用线上采集平台填报审批方式替代了邮件加 Excel，提高了预算制定效率和准确性，节省各方人员时间，提升了用户体验。

（5）提供可视化报表，即时追踪经销商预测详情，便于发现问题并及时调整预算数据。

15.2.2 安大略互助保险协会

安大略互助保险协会（Ontario Mutual Insurance Association，OMIA）是一家拥有超过 125 年悠久历史的金融组织。该协会由 40 多家独立的相互保险公司组成，涵盖了房屋、汽车、商业和农业保险等多个领域。OMIA 致力于帮助所有会员公司实现并保持高水平的经营成果。

一直以来，OMIA 都深谙数据分析对于保险行业的重要意义，并利用一款当时最为先进的 BI 系统来支持成员企业员工及精算师的数据分析需要。但随着时间的推移，OMIA 发现这一系统开始变得低效，难以继续处理日渐庞大的数据量，寻找一款新的 BI 解决方案迫在眉睫。通过一番调研，OMIA 邀请了 3 家供应商，为当前的 BI 系统设计代替方案并进行报价，比较下来，最终选择引入 Qlik 作为新的 BI 工具。

（1）在识别数据质量问题方面，Qlik 的关联技术为 OMIA 提供了关键的帮助，使其能够准确地识别出数据的质量问题。利用绿色、白色和灰色的关联方式，用户能够迅速地识别出数据间的关联性，以及识别出关键的数据关系和错误的数据。这将有助于提升数据的质量，确保数据被正确地存储在数据仓库中，从而使会员公司能够进行更为高效的产品分析、定价和决策制定。

（2）Qlik 的高度敏捷性显著降低了 OMIA 的时间和财务成本。与传统的 BI 系统相比，Qlik 系统在修改和增强方面表现得更为迅速和经济高效。以增加新的字段或维度为例，过去需要 2~4 个月的时间和超过 4 万美元的费用，而使用 Qlik 只需要几天的时间和不到 4000 美元的成本。

（3）在精算应用方面，Qlik 为 OMIA 提供了显著的速度上的优越性。这个应用程序简化了精算师的操作流程，使他们能更迅速地完成费率的申报和对市场的分析。在历史上，由于 BI 系统的局限性，精算师每年仅能进行 1~2 次的费率申报。但当他们开始使用 Qlik 后，这一次数增加到了 2~3 次，这有助于他们更加灵活地适应市场的波动，并减少可能出现的损失。

（4）用户友好的操作界面：在 OMIA 平台上，Qlik 的用户友好性得到了高度的认可。新加入的用户只需经过简短的培训，就可以毫不费力地利用 Qlik 进行数据分析，而无需依赖 IT 部门的强大支援。在设计 Qlik 的数据模型和支持脚本时，我们也充分考虑了非程序员的实际需求，这使得用户可以独立地加载数据、生成报告并对 Qlik 系统进行维护。

OMIA 的决策过程是由其内部的 Qlik 开发团队负责的，这些团队利用 Qlik 教育服务所提供的专业设计课程和资源，来学习和开发各种知识和技能，进而成功地开发和部署了高效的 Qlik 应用程序。这支开发团队为 Qlik 创造了更多的发展机会，从而极大地提升了 Qlik 的市场价值。他们的任务涵盖了开发一种能够进行细致的粒度分析的应用程序，通过对数据的细致分类，为独立的司机提供定制化的保险费率，并为那些有出色驾驶记录的司机提供费率折扣。该应用程序让会员企业有能力以更科学的方式对产品进行设计和定价，同时也能在不增加赔偿额度的前提下，提升客户的满意度。

15.2.3 海宁市人民医院

海宁市人民医院成立于 1943 年，是海宁市最大的综合性医院，拥有医疗、教学、科研、急救和保健等多种功能，属于三级乙等医院。医院占地面积达到 163 亩，医疗建筑面积为 129522 平方米，最初核定床位为 600 张，但目前实际开放的床位已经增至 1102 张。

随着人民生活水平的提高，人们追求舒适的生活，对建筑的要求越来越高，使得建筑能耗的占比也越来越大，尤其是大型公共建筑，其能耗更是不容忽视。在能源日益紧张的今天，解决建筑能耗问题，成为不容忽视的课题。对公共建筑的能源监测以及节能改造，对社会经济和环境的发展都有着重大的意义。因此，为了实现智慧运维节能减排，配备一套 4S 医院能源设备一体化系统：

（1）空调系统——智慧控制升级：将由冷水（媒）机组、水泵、冷却塔以及空调末端组成的空调系统升级至智能化管理与控制，实现从冷热源到末端的智能化管理，确保系统在最佳状态下运行，并提高管理效率。

（2）末端应用——设备节能升级：根据系统监测数据，对楼宇各个区域的照明、空调、插座、新风等末端应用进行全方位智能控制，提高设备的安全等级和节能效率。

（3）用能安全——智慧配电安全管理系统应用：实施全面的智能配电系统，涵盖从高压配电房、变压器、低压配电房到楼层配电箱，甚至终端控制箱的监控。这样可以实现对安全数据和电量数据的信息化监测，确保用能的安全性和高效性。

15.2.4 光大银行

光大银行于 1992 年 8 月创立，是我国第一家由国有持股并得到国际金融机构投资的全国股份制商业银行。在中国的经济和金融领域持续壮大的背景下，光大银行始终与国家的经济增长保持紧密的联系，不断地进行改革和创新，展现出积极的态度。光大银行在为社会提供高品质金融服务的过程中，不仅有出色的业务表现，还逐渐构建了多样化的股权结构和健全的经营策略。到现在为止，光大银行的业务网络已经扩展到全国的 23 个省、自治区和直辖市，它已经成为对社会产生深远影响的全国股份制商业银行之一。根据官方发布的数据，2003 年光大银行的核心资本高达 118.74 亿元，总资产为 3944.23 亿元，其成本收益率达到了 46.94%，而净利润更是高达 4.33 亿元。光大银行凭其卓越的业绩和全面的综合实力，成功跻身于英国《银行家》杂志公布的全球银行 200 强名单中，成为中国少数几家获此殊荣的银行之一。

作为中国规模最大的股份制商业银行之一，中国光大银行不仅拥有庞大的客户群，还在国内外设有数百个分支机构。光大银行采用先进的金融理念，为客户提供了一系列多元化的金融服务选项，包括但不限于信用证、保函、承兑汇票、福费廷和保理等多种国际结算业务。面对如此庞大的组织结构和多元化的金融服务，管理层面正面临着极大的复杂性挑战。尽管光大银行在国内的银行业里并不是一个有着悠久历史的老牌企业，但其在信息化建设方面始终保持着行业的领先地位。近几年，光大银行通过一系列的信息化基础设施建设，如综合柜台业务系统、阳光卡系统、在线银行系统和办公自动化系统等，成为全国首家实现业务系统联网和总行数据大规模集中管理的银行。

为了应对这些新问题，光大银行迅速采取了一系列战略性措施。首先，他们升级了数据采集和处理系统，确保了数据的及时性和准确性。通过引入高级数据分析工具，银行加强了对统计数据的分析，提供更精准的数据支持。其次，在决策分析方面，光大银行引入了专业化的商务智能系统，以更系统化的方式支持管理层的决策制定。针对报表处理效率低的问题，银行引入了自动化报表生成和分发系统，大幅提高了报表处理的速度和准确性。为了解决数据共享问题，光大银行着手建立了更加高效的内部信息共享机制，确保各部门间信息的畅通流动。在以客户为中心的经营管理方面，银行加强了客户关系管理系统的建设，确保为客户提供更加个性化、高效的金融服务。最重要的是，银行进行了大规模的 IT 系统升级，确保业绩考核体系得到了理想的支持。众多新问题的出现是银行管理层始料未及的。

在 2002 年初，光大银行领导层意识到他们需要处理大量的数据，并希望从这些数据中获取更多有用的信息。于是，他们启动了一个项目，计划引入商务智能及数据仓库系统。与其他一些银行不同，光大银行并没有盲目地选择国外的产品。

相反，他们根据自身需求，仔细分析、反复考察各种方案，最终选择了一个适合他们的系统。这个系统帮助他们成功地处理了海量数据，挖掘出其中蕴含的知识和信息。

光大银行信息科技部的总经理李坚明确表示："为了达到更高的工作效率，我们必须寻找一个拥有丰富实践经验并在当地提供高效支持的专业团队。"最后，菲奈特软件公司推出的高端商务智能产品 BI.Office，因其尖端的技术和用户友好性，在竞争激烈的市场中脱颖而出，获得了光大银行决策层的普遍赞誉。

自 2002 年 12 月起，菲奈特的 BI.Office 商务智能应用平台逐渐在光大银行的其他业务部门中得到应用，并建立了相应的商务智能系统。这些建立在数据仓库技术基础上的系统，能够将散布在不同业务系统中的数据融合在一起，经过一系列的清洗和转换步骤后，最终将其加载到数据仓库里。接下来，通过运用 OLAP 和数据挖掘等先进技术，为管理层和决策制定者提供了高效且灵活的日常查询与决策辅助。

光大银行专门为各个部门设计了数套系统，尽管在具体细节上存在差异，但它们都提供了如即席查询、多维分析、图形展示、数理统计、数据挖掘和智能报警等一系列强大的通用功能。此外，这些系统还支持自定义查询、报表生成和数据分析，无需进行编程，并为用户提供了多种 OLAP 引擎的扩展选项。李坚，银行科技部的总经理，强调了各个部门在使用这些系统后都给予了非常好的反馈，他表示 BI.Office 已经变成了管理人员和各级业务人员在日常运营和分析决策过程中不可或缺的重要助手。当记者询及商务智能为光大银行带来的进步时，李总给出了 4 个核心的体验总结。

首先，这些商务智能系统为业务人员提供了一个便捷的平台，使他们可以轻松地定义各类报表，并设计出内容丰富的分析报告，所有这些都可以在一个用户友好的界面上完成。借助"零编程"与"零管理"的技术手段，银行的 IT 团队不再需要承担繁琐的开发与维护任务。这种做法不仅使业务部门能更方便地访问管理报告，同时也减少了成本和培训的需求。即便是那些对电脑操作不是特别熟练的高级管理人员，也能迅速掌握"管理驾驶舱"的操作，操作得心应手。

其次，这套系统为用户提供了实时、适应性强、多维度、多层面且精确的查询与分析工具。该研究涵盖了多个指标的累计数值、前期对比以及同期对比，并进一步提供了包括现状分析、发展趋势分析以及 80/20 比例分析在内的多样化分析手段。利用这些实用且方便的工具，管理团队能够迅速掌握国内同行业的业务进展和市场份额。他们有能力对各个分支机构的存款余额和构成进行分析，并了解各类产品的未来发展方向。如果出现不正常的状况，他们有能力立刻进行锁定并采取相应措施。

再次，这些系统拥有非常高的适应性。鉴于大多数的数据分析都是即时完成的，我们不能预先知道分析的需求，在项目的开发过程中很难满足所有业务分析专家的期望。利用"零编程"这一技术，任何人都有能力在客户端、Web 或 Internet 等各种平台上，与不同的数据源进行实时互动。他们有能力仅通过简单的鼠标点击来获取和利用所需的各种信息，从而定制不同布局和复杂性的报告和分析文档。接下来，他们有能力根据个人需求自由选择输出格式，并且操作方式极为灵活。

最后，这些系统的安全性也非常出色。它们被广泛应用于全国各地，不同层级的员工都拥有特定的权限。每个权限只能使用特定的功能，因此敏感信息得到了有效的控制，数据的安全性得到了有效保障。

15.2.5　海尔互联工厂

在制造业的转型和升级过程中，海尔成为这一趋势的先锋。在 2018 年，他们的互联工厂项目获得了"IDC 中国数字化转型大奖运营模式转型领军者"的崇高荣誉。该项目涵盖了从市场到研发、采购、制造、物流和服务的整个流程和产业链，成功构建了一个"1 + 7"的综合平台。海尔的互联工厂实践与国家智能制造示范项目高度一致，覆盖了离散制造、智能产品、智能制造新业态新模式、智能化管理、智能服务 5 大领域。他们实施了两个不同方向的战略，即纵向和横向，这被幽默地称为"两维战"，并在智能制造行业中处于领先地位。

1. 纵轴

在互联工厂的策略里，纵轴象征着对用户价值的创新。海尔追求的是彻底改变传统的商业策略，打造一个"1 + 7"的互利共赢的生态环境。他们始终将用户置于核心地位，利用互联工厂将其业务模式从大规模生产转向大规模个性化定制，旨在为用户提供最佳的使用体验。在外部方面，他们已经不仅仅局限于提供产品硬件，而是转向提供智能生活场景的解决方案，并成功构建了一个 U + 智能生活平台。在内部方面，他们成功地融合了用户的碎片化需求，并构建了一个包含 7 个主要并联平台的完整流程，从而达到了大规模个性化定制的目的。他们成功地将客户转化为参与互动的用户，从而构建了一个具有附加价值的用户群，并始终致力于为用户提供最优质的体验。

1）"1"是 U + 智慧生活平台

海尔已经从一个传统的硬件生产商转型为提供全面解决方案的行业领导者。他们已经不仅仅局限于提供单一产品，而是发展了多种场景的商务模式，为智慧生活提供了一站式的服务体验。他们愿景是从一个单一的产品主导市场，逐渐转型为全面解决方案的领导者。在这一战略指导下，冰箱已经不仅仅是一个简单的冰箱，它已经成为提供食品解决方案的重要组成部分；洗衣机已经超越了仅仅作为一台硬件的角色，它已经成为健康洗涤解决方案的重要组成部分。每一种产品都被赋予了"网器"的特性，并且所有的解决方案都被整合到了一个统一的平台上。借助统一的交互平台、智慧家庭互联平台、云服务平台和大数据分析平台，我们可以实现硬件、软件、内容服务和第三方资源的零距离交互，从而为用户提供全方位的解决方案和服务。

2）"7"大并联平台

海尔的互联工厂覆盖了市场、研发、采购、制造、物流、服务等所有环节，实现了全流程的颠覆性创新，构建了强大的大规模定制能力。

（1）交互定制（个性化定制）

海尔搭建了众创汇定制平台，不再依赖传统的备库存和压货销售模式。相反，他们实现了先有用户再有产品的模式，让用户参与产品的设计和生产过程。从一次交易购买，他们将业务模式转向以用户为中心，让相关方和用户能够零距离交互。这种模式下，用户的需求和订单驱动了产品的生产和制造，实现了持续的定制体验，为用户创造了个性化的生活场景体验。

（2）虚实营销（电子商务）

海尔成功构建了微店和 eHaier 等电子商务平台，并通过这些平台达到了线上与线下之间的高度精准互动。他们成功地将客户转化为真正的用户，融合了用户的碎片化需求，从而构建了一个共同创造和共同受益的用户环境。用户的订单可以直接通过微店传送到工厂，这解决了企业需要大量备货，而客户需要低价促销的问题。

（3）开放创新（协同研发）

海尔成功地构建了 HOPE 平台，并从传统的瀑布式研发方式转变为迭代式的研发方法，从而实现了创意的迅速转换。在这一开放性的平台上，全球有 20 万的网络资源和用户可以进行即时互动，从而构建了一个庞大的创新社群，使得整个世界变成了一个庞大的研发部门。在 HOPE 这一平台中，用户的角色已经超越了单纯的消费者，而转变为设计师。来自不同行业的用户会自动汇聚到各种不同的用户圈中，例如空气、食品和水等，并且这些用户圈是相互连接的。这表明，全球超过 280 万的专业人士和资源能够迅速地从用户那里获取他们的需求。在这一平台上，创意项目的数量从 600 个增加到了 13000 多个，并且每年成功转化的创意项目数量也超过了 200 个。

（4）模块采购

海尔成功构建了一个海达源模块商资源平台，该平台不仅实现了顶级资源的无障碍访问，还能与用户的需求实现无缝对接。在此平台上，预先的合作设计变得可行，无论是购买零部件还是交互式的模块化方案，都可以迅速地满足个性化的需求。

（5）智能工厂

从过去以企业为中心的生产模式到现在用户信息直接到达工厂的模式，实现了由用户驱动的精准、高效、大规模柔性生产。这种模式下，企业能够快速响应用户的需求，灵活调整生产线，实现了定制产品的高效生产。同时，通过透明工厂的交互迭代，企业不断与用户互动，了解用户的需求和反馈，使产品不断优化。这种新模式解决了过去大规模生产流程不灵活、定制成本高的问题。

（6）智慧物流

日日顺智慧物流平台采纳了移动服务平台的运作方式，从最初的整体送装到现在的四网整合，再到用户的交互体验，实现了服务的全面提升。他们采纳了名为"车小微"的创新理念，确保了按照约定的送货方式，为客户提供无所不在的优质服务。通过构建一个以"送装同步→3小时极速达"为特点的高度差异化的末端配送网络，成功地在全国范围内实现了村村通和户户达的服务能力。他们所提供的服务标准已经从最初的"24小时准时送达、送货与装货同步"逐步提升到现在的"3小时最快送达"。

（7）智联服务

智联服务平台代表了一个高度智能化的服务体系，它从最初仅供用户报修的被动维修模式，转变为现代智能网器的主动服务模式，确保了服务的完整周期和流程。在这个平台上，产品能够自我诊断问题并主动提供服务，同时服务人员也可以根据需求主动抢单进行服务，用户还可以对服务进行评价。通过这种方式，解决了以前售后服务中存在的报修难、乱收费、回访繁等问题，为用户提供了更便捷、高效的服务体验。

2. 横轴

互联工厂的企业价值创新主要体现在建立持续引领的智能制造技术体系。这个体系不仅支撑了互联工厂内部的各个环节，还为互联工厂共创共赢生态圈平台的搭建提供了坚实基础。具体来说，这个价值创新可以分为以下4个层次。

（1）模块化

模块化的设计方法是个性化定制的核心。该技术能够将产品中的各个组件转化为可以单独设置的模块，从而为满足用户的多种需求提供更大的灵活性。早在2008年，海尔就已经开始尝试模块化的设计方法。过去，一个冰箱可能包含超过300个部件，但如今，在一个统一的模块化平台上，这些部件已被融合为23个单独的模块。这样的通用性和配置性设计让用户能够根据自己的独特需求来定制他们的产品。

（2）自动化

这里所强调的核心是实现互联自动化，它通过满足用户的个性化需求来促进生产的自动化和柔性化。互联自动化不只是简单地用机器替代人工操作，它涉及所有参与方预先进行的并联互动，从而在满足用户需求的前提下，实现设备之间的联动和提供灵活的定制体验。现在的模式与过去相比有3个关键不同点：

从单线买卖到整体解决方案：设备供应商不再是简单的销售商，而是整合各方资源，提供综合解决方案并在整个设备生命周期内提供服务。

用户需求驱动的互联自动化：设备不再是孤立的自动化机器，而是在用户需求下进行联动。这种模式同时推动员工从简单操作者向知识型员工的转型。

从事后维修到预测性维保：维修模式从以前的事后维修和计划维修变为状态维修，同时基于大数据进行征兆预测，实现更智能、高效的维保模式。

（3）数字化

海尔以 iMES 系统为中心，成功地实现了物联网、互联网和务联网三大网络的整合，并进一步实现了人与机器、机器与物品、机器与机器以及每个人之间的互联。如此一来，这家工厂仿佛变成了一个智能化的系统，能够自主地为用户提供个性化的订单反馈。更明确地说，海尔的数字架构的核心部分是基于智能制造的执行系统 iMES。该系统成功地融合了 ERP、WMS、PLM（涵盖 CAD/CAPP/设计仿真和制造仿真）以及 SCADA（设备监控和控制）这4个核心系统，确保了各业务环节之间的无缝连接。借助数字化的连接方式，从制造到研发，再到物流，整个流程都能够实现无缝对接。以胶州空调互联工厂为研究对象，该工厂采用基于 iMES 的5大系统集成技术，能够让用户的订单直接送达工厂，从而满足用户个性化的生产需求。通过整合人员、设备、物资和订单等资源，各个环节能够迅速合作，以更好地满足用户的各种需求。基于用户对服务体验的反馈，信息处理流程得到了完整的闭环，从而实现了生产智能化的全面进步。

（4）智能化

智能技术的进步主要集中在2个核心领域：产品与生产工厂。随着时间的推移，产品变得越来越智能化，它们可以自动地感知用户的需求和使用习惯，从而达到自我控制、自我学习和自动优化的效果。与此同时，工厂也逐渐走向智能化，通过处理不同种类和数量的订单，工厂的生产模式能够自动进行优化和调整。以海尔的天梅空调为例，它内部集成了智能 Wi-Fi 模块，可以实时在线收集产品的运行数据。这批数据经过大数据的深入分析后，能够为问题提供自动预警。当预警信息被发送到海尔云平台时，它会自动地向用户发出提醒信息，并激活服务团队为用户提供上门服务功能。胶州空调互联工厂等工厂在智能化方面已经部署了超过 12000 个传感器，并且每天生成的制造大数据数量已经突破了 4000 万条。这批数据分析工具能够对整个工厂的运营状况进行实时跟踪，并对任何异常情况发出即时警告。

第 16 章

商务智能的未来

16.1 商务智能的发展趋势

商务智能的应用范围非常广泛，已经在金融、电信、医疗等多个行业取得了成功的经验。商务智能作为企业信息化的高端产品，已经被越来越多的企业管理者所接受。据统计，全球商务智能的收入逐渐增加，在这其中，中国市场所占的比重也在逐年增加。未来几年，中国将成为全球商务智能发展的重要引擎，商务智能的发展将呈现以下态势。

16.1.1 技术

数据库技术、统计分析、模式识别和机器学习等技术的发展为商务智能提供了手段。随着竞争的加剧，企业对数据资产分析的需求在不断增加，相应地也不断对这些技术提出了新的要求。新兴技术，如企业搜索、社会性软件、交互式可视化技术和内存分析技术等先后被纳入商务智能当中。目前，Oracle、ArcPlan、JasPer 等已建设了支持云计算的商务智能平台。

未来的商务智能将实现随时随地的数据查询与分析——移动商务智能，它融合了计算机技术、通信技术、互联网技术，消除了时间和空间的限制。移动商务智能决策的准确性也会有所提升，将成为企业高层管理人员决策的有力辅助工具。同时由于可以随时随地查看数据，它也将实现决策分析的实时动态管理。

为了满足用户观看数据结果的便利性，改变传统的报表和图表展示形态，以可视化和个性化展示为目标。友好的数据可视化技术要求同时拥有数据处理和数据展示的功能。新型的数据可视化工具在满足这两项功能的基础上，还必须具有交互功能。最近 Business Objects（SAP）、IBM 等公司通过收购一些搜索厂商，把非结构化的数据导入到数据仓库中，并为商务智能增加文本分析功能，提供数据分析的统一视图，使系统简洁和易于使用。未来在市场驱动的作用下，会产生更加专业化、更加简便、更加灵活的数据展示。

16.1.2 业务

完善商务智能系统，主要把焦点聚集在技术方面时，必然会对业务方面把握不准确，技术与业务的脱离是商务智能项目失败的主要原因之一。有些企业过于追求技术的完美性，忽略了设计这套系统的主要目的，使用的技术越来越复杂，却不能满足用户的需求。对于 IT 技术人员而言，商务智能意味着制作报表、查询工具、在线分析处理工具以及数据挖掘等。而对于使用它的用户而言，意味着决策支持。

意识到这一点之后，商务智能逐渐转向业务驱动，开始由业务人员来主导设计。商务智能已嵌入 ERP、CRM 和 SCM 等软件拓展商务智能市场，向用户提供分析支持。目前领先的商务智能厂商基于 ERP、CRM 和 SCM 等软件拓展商务智能市场，向顾客提供整合的解决方案。

【例 16-1】Gaylord 饭店借助商务智能提高顾客满意度

旅馆需要重视顾客体验，因为顾客满意度是企业经营之本。这需要及时了解顾客如何看待旅馆的硬件配置以及服务的水平，从中找到旅馆内部需要改进的地方，减少住房率以及会议项目业绩的下滑。位于田纳西州 Nashville 的知名连锁旅馆 Gaylord 改变了过去人工调查顾客想法和意见的低效做法，从 2008 年开始采用 Clara bridge 公司提供的内容分析技术，通过对调查访问、电子邮件、电话访谈（转化为文本）以及时下流行的文字信息、在线实时对话等内容进行分析，很快就能精确地发现顾客不满意的来源，找出服务弱项或者表现欠佳的服务人员。同时也可以找出服务强项在整个企业内推广。此外，内容分析软件也加强了 Travelocity 公司与合作伙伴的关系，例如在收到特定供货商的意见后，就可以反映给他们，这样有价值的顾客信息就能够共同分享。

16.1.3 数据集成

数据的不完整性会对分析结果产生重大影响，因此，整合所有可用的数据是提高分析准确性的关键。许多大型企业拥有众多信息系统，数量可达几十个或几百个。要将这些数据整合到数据仓库中，通常需要使用 ETL 工具来提取多个数据库的数据，甚至包括非结构化数据（如 XML、Excel、文本等）。将这些数据导入操作数据存储（操作数据存储是一个用于支持企业即时、可操作、集成信息需求的面向主题、集成的、可变的当前细节数据集合）时，需要经过加工、整理等过程，最终以规范化、标准化的格式存储在数据仓库中。未来，随着企业规模的增大，数据整合将变得越来越重要。

16.1.4 平民化

从企业的使用情况来看，大型企业通常能够承担高昂的商务智能软件费用。然而，中小型企业尽管信息化起步较晚，但也逐渐认识到信息化管理的重要性和紧迫性。因此，它们对商务智能软件的需求将不断增加。许多软件厂商已经发布了专门针对中小企业的商务智能套件，例如 Cognos Express 等。此外，国内的商务智能厂商也推出了价格较低的商务智能产品。中小企业在投入 ERP、CRM 等产品后，必然会逐步采用商务智能，因此，中小型企业在商务智能应用中扮演着非常重要的角色。另外，随着移动商务智能的兴起，越来越简单且可移动的工具出现，未来将进一步普及商务智能的使用。

16.2 商务智能在中国的发展及展望

在我国，包括金融、电信、保险、能源、零售和政府在内的多个行业的决策者都对商务智能表示出浓厚的兴趣和欢迎态度。在这些行业的信息化进程中，商务智能起到了至关重要的作用，它被视为最核心的工具。近期的一系列收购活动有效地缩小了全球软件大公司在商务智能市场上的实力差异，目前还没有一家商务智能企业在市场份额上占据绝对的领导地位。一些虽然规模不大但具备一定创新潜力的企业抓住了这一机遇，通过软件大公司的收购和整合，力图在商务智能行业中确立自己的地位。受到市场需求、技术革新以及竞争压力的共同影响，商务智能市场正逐渐向高端应用、中小型企业应用以及各类应用系统的整合方向发展。在最近几年中，国内的部分企业管理软件供应商已经在他们的 ERP、CRM、SCM 等产品中整合了商务智能的某些功能，例如用友、金蝶、博科等知名公司的产品。除此之外，国内的商务智能企业也在通过代理国际商务智能企业的产品来满足市场的需求。面对全球大公司的竞争压力，一些小型的商务智能企业，例如菲奈特和尚南科技，依靠本地化和价格上的优势，持续增强创新实力，并从 2006 年开始实现盈利。自 2006 年的下半年起，电信和金融等多个行业对商务智能的需求有了明显的上升，众多的商务智能制造商在这些领域都找到了生存的机会。根据智研数据研究中心公布的《2014—2019 年中国商务智能（BI）市场研究及投资潜力研究报告》，2010 年、2011 年和 2012 年，中国 BI 软件市场的规模分别达到了 36.61 亿元、43.34 亿元和 51 亿元。商务智能市场的需求一直很旺盛，预计市场的规模会持续快速扩大。

我国的商务智能市场呈现出快速的增长态势，市场竞争异常激烈，其中高端市场主要是由几家国际知名大厂商所主导，而大部分成熟的商务智能软件及解决方案都是由国际公司提供的。尽管如此，大部分国内公司在商务智能方面的应用依然主要集中在基础报表和其他基础功能上。低端市场主要是由国内的商务智能供应商、独立的软件开发者以及集成商所主导。在国内外的商务智能软件企业中，实施和应用的水平存在明显的差异。国外企业已经进入了多维分析和数据挖掘的阶段，而我国的商务智能发展仍然相对较新，其应用范围和程度与国际水平存在一定的差距。在商务智能应用方面，大部分国内企业仍然停留在基础数据整合和基础统计分析的初级阶段，真正进行深度数据分析的项目则相对较少。我国的商务智能应用正面对以下几个核心问题。

16.2.1 起步较晚

在国内和国外，商务智能市场发展存在明显的差异。国外，特别是在欧美等发达国家，商务智能已经有着较长的发展历史。然而，在国内，很长一段时间内，许多管理者更依赖传统的管理方式和经验，而非基于真实数据作出科学决策。然而，随着市场经济的不断发展，管理者逐渐认识到信息化和数据驱动决策的重要性，对商务智能的需求逐渐增加。一些国内企业，如工商银行、民生银行、广东发展银行、乐百氏和双汇等，已经开始使用商务智能系统，试图解决管理中的问题并提高效率。然而，目前这些应用的效果还需要时间来检验。国内商务智能市场正处于起步阶段，与国外相比，市场尚未形成高、中、低端产品的完整格局，渠道也需要进一步健全，功能的完整性也需要提高。

随着国内企业信息化水平的逐渐成熟，已有近一半的企业开始了整体信息化系统的构建。然而，这种整体信息化建设在实际应用中仍然有待完善，目前较为成熟的信息化领域主要集中在以财务管理为核心的部门。对于那些信息化程度相对较高的企业而言，他们所面临的主要问题为大量业务数据的分析和知识在企业内部以及供应链上下游企业之间的共享。同时，商务智能的角色也逐渐发生变化，不再局限于简单的查询和报表功能。它正在演变成一个综合的平台，涵盖数据整合、数据分析以及数据应用等多个方面。商务智能的未来将更加强调分析数据背后的规律，将数据转化为有价值的信息和知识，以帮助企业更好地应对竞争激烈的市场环境。

16.2.2 差距拉大

目前，国内各行业在商务智能的发展水平存在差异，不同规模的企业在应用商务智能方面也存在较大差距。商务智能的发展在国内呈现出区域和行业的不均衡分布。就区域而言，华北、华东和华南地区占据了商务智能软件市场的大部分份额。而在不同行业中，电信、金融、服务业等领域的企业由于拥有充足的资金和早期的信息化投入，以及使用了大型信息系统（如 ERP、CRM 和 SCM），商务智能的应用具有丰富的数据资源。其中许多企业已经建立了部门级别的数据仓库和简单的前端展示系统，正在逐步推进向企业级商务智能应用的发展。然而，国内市场中应用商务智能的企业数量有限，深度应用商务智能的企业更加稀缺，同时，成熟的、专业的商务智能实施顾问也相对不足。

商务智能在不同行业中存在差距，中小企业由于规模相对较小，起步较晚，通常具有较少的历史数据积累。因此，这些企业更加关注当前的运营数据，而对历史数据的需求相对较低。这也导致了商务智能在中小企业中的普及率相对较低。中小企业在行业竞争日益加剧的情况下，对商务智能的需求变得更加迫切。他们需要商务智能来提供市场分析、战略定位等关键信息，以帮助他们更好地应对市场挑战并实现可持续发展。因此，商务智能供应商纷纷关注中小企业市场，推出专门为这一类用户定制的解决方案。举例来说，IBM、SAP、Oracle 和 Microsoft 等行业领先者都推出了适用于中小企业的商务智能解决方案。例如，IBM 在 2009 年 9 月推出了 IBM Cognos Express，这个解决方案具备部署迅速、易于使用、成本低廉、风险较小等优点，提供了中小企业所需的基本业务管理功能。

16.2.3 普及仍有待时日

随着国内商务智能市场的不断发展，用户变得更加理性，传统行业中涌现出越来越多精通商务智能的专业人才。这使得商务智能的发展变得更加务实和稳定。商务智能已被普遍认为是将数据转化为知识，为企业决策提供支持的重要工具。这一认识的深化将推动商务智能领域的进一步发展。然而，由于技术、观念和管理水平相对滞后，商务智能的普及仍需要较长时间。

16.2.4 供应商有待成长

随着时间的推移，更多的公司选择进入商务智能领域，这与商务智能市场的潜在增长是紧密相连的。国际商务智能制造商很早就意识到了商务智能的巨大潜能，并在这方面取得了先发的优势。在过去的几年中，这些企业通过合并和收购不断地丰富其产品系列，快速地拓展了他们的业务领域，并为多个行业提供了创新的解决策略，从而在商务智能市场中获得了主导地位。这批国际商务智能供应商在过去的几年中也踏足了中国市场，并加大了对国内市场的资金投入。例如，

Cognos（IBM）公司于 2006 年 7 月宣布在中国推出 Cognos 8 BI 解决方案，而 Business Objects（SAP）在 2005 年年初发布了整合 Crystal EnterPrise X 和 Business Objects 6.5 的 9I 平台。同时，国内厂商通过与国际商务智能提供商合作、代理其产品，积累了商务智能领域产品研发和实施的经验。一些国内厂商已开始独立开发商务智能产品，尽管在功能方面仍需不断完善，但已迈出了坚实的步伐。例如，国内一些小型商务智能企业，如用友 BQ 和尚南科技的 BlueQuery 产品，可以制作各种类型的报表，在处理大量数据和进行二次开发等方面也有一定竞争力。因此，面对国际巨头，国内企业不能简单地模仿国外的产品，而应该根据市场差异和本土化的优势来发展自己的商务智能产品。这将是未来的发展方向。

总的来说，随着商务智能应用范围的扩大和用户认知度的提高，商务智能软件面临着新的发展机遇。虽然大型企业仍然是商务智能的主要应用群体，但是中小企业对商务智能的需求也逐渐崭露头角。中小企业已经认识到信息化的重要性和紧迫性，对商务智能系统的需求不再停留在了解阶段，它们将成为我国商务智能市场的重要力量。